北京世纪文景文化传播有限责任公司　出品

# 中国触动

百国视野下的观察与思考

张维为 ◎ 著

国家出版基金项目
NATIONAL PUBLICATION FOUNDATION

世纪出版集团 上海人民出版社

1983 年 4 月 15 日上午 9 点 30 分，我由北京首都机场搭乘中国民航 973 号班机经广州飞往泰国，这是我第一次出国。23 年后的 2006 年 7 月 17 日清晨 8 点 50 分，我乘乌克兰航空公司 218 号班机由索菲亚起飞，经贝尔格莱德飞往乌克兰，走进了我的第 100 个国家。如果加上曾去过的香港、澳门、台湾等地区，那么迄今为止，我已走访了 106 个国家和地区……

除特别注明外，书中所有图片均由作者提供。

1983 年曼谷商业区（新华社图片）

1983 年 北京王府井（新华社图片）

　　今天访问泰国曼谷归来的很多国人，谈起曼谷都不屑一顾，无非是一个热热闹闹而又乱糟糟的城市。但我从 1983 年 4 月 15 日抵达曼谷国际机场的那一刹那起，就不时感到"震惊"。在这个地方，我第一次看到了汽车飞驶的高速公路。第一次看到了晚上 9 点还在营业的超级商场，各种商品应有尽有，主要街道到了晚上 10 点钟还是车水马龙，热闹非凡。

　　从泰国回来不久，我就到外交部翻译室报到。我参加的第一场重要外事活动是接待菲律宾马科斯总统的夫人伊梅尔达·马科斯。马科斯夫人先派了一个先遣组来北京为她的访问做准备。因为马夫人是世界闻名的采购高手，所以她的先遣组成员个个都是采购高手。他们干脆开玩笑，称自己是 advance shopping group（先遣采购组）。他们老是打听北京哪里购物最好，礼宾司总是推荐北京友谊商店，这是当时北京为数不多的涉外商店，所以菲律宾先遣队很快有了个口头禅，"Friendship Store again?（怎么又是友谊商店？）""北京除了友谊商店还有其他商店吗？"他们好几次问我。

　　时间飞逝。30 多年过去了。今天我可以说，在现代化的进程上，中国已经大步地走在泰国、菲律宾这样的国家之前了。我后来访问泰国不下 10 次，泰国和中国的差距逐步显现，曼谷和上海、北京的差距也明显拉大。

与法国前总理法比尤斯合影

　　实际上，不管你是否使用"中国崛起"这四个字，国际社会似乎已普遍接受了这个概念。置身国外时，对此感受尤深。中国的崛起似乎是一个无处不在的事实。当然，对于中国的崛起，除了赞誉之外，也有不少担心、疑虑甚至反感。我去意大利米兰做访问教授，一位当地学者私下对我说："很多意大利人害怕中国人：中国人来了，把经营不下去的杂货店和餐馆都买下，然后开意大利餐馆，卖比萨饼和面点，比我们意大利人做得还好，还便宜，再加上偷税漏税，我们怎么竞争？"意大利和西班牙后来都出现过针对华人的骚乱。

　　有一次我去巴塞罗那开一个讨论中欧关系的学术会议，见到法国前总理法比尤斯，他对我说："我们欧洲人心里真是有点害怕中国，不是担心你们要打仗，而是担心这么一个问题：除了需要人与人直接接触的服务外，在几乎所有其他的领域，中国最终都可能成为我们的竞争对手。"

横穿孟买城区

孟买的"南京路"

印度城市的特点：陋宅包围高楼

　　谈中国崛起，有国际比较才有说服力。国际比较中最有意义的大概就是中国和印度的比较，因为中印两国都是人口大国，起点比较相近。中国有13亿人口，印度是12亿人口。两个国家过去几十年走了不同的政治道路，半个多世纪过去，中印两国差别巨大。中国的粮食产量是印度的2倍，中国的经济规模、外贸总额、原油产量、发电量等大约是印度的4倍。中国的外汇储备、钢产量、电视机数量等大约是印度的6倍，而艾滋病人数低印度6倍。中国吸引外资额大约是印度的10倍，中国的人均寿命也高印度10岁。在高铁、高速公路、奥运会奖牌总数、妇女地位、贫民窟状况等方面，中国的情况比印度不知好多少倍。

　　如果你去印度实地访问，你可能会感觉这个差距更大。你可以驾车从北京或上海市中心出发，往任何方向开20个小时，你把你一路所看到的贫困现象加在一起，会少于你从印度的孟买、新德里、加尔各答市中心往城外开2个小时所看到的贫困。

和印度杰恩教授在欧洲政策中心

　　2008年1月我去布鲁塞尔参加一个由欧洲政策中心举办的中印崛起研讨会。我和来自印度尼赫鲁大学的杰恩教授分别介绍了中国和印度的崛起及其对欧洲的影响。杰恩教授承认欧盟和中国的战略对话已经有相当的深度，印度还达不到这个水平，他说："印度还没有到中国的水平，中国是奥运会级别的，印度只是英联邦运动会级别的。"该中心的创始人克劳斯克教授是一位资深的学者，他让我比较中印两国的政治制度，我说："民主制度是一种手段，它最终要落实到国家的治理水平。迄今为止，中国的国家治理水平要好于印度。"

　　我对印度的杰恩教授说，从我自己的研究来看，还没有发现一个发展中国家能通过一人一票而实现现代化的，但我倒是希望印度能走出一条实现现代化的道路，从而能为更多的发展中国家带来希望。近年印度在不少方面也取得了一些突出的成绩，特别是软件业、制药业等，其中不少独特的经验值得我们借鉴；但总体上看，由于没有一个致力于现代化的强势政府，印度未能克服一些制约现代化建设的根本问题，如种姓制度、妇女解放、土地改革、文盲和赤贫等。

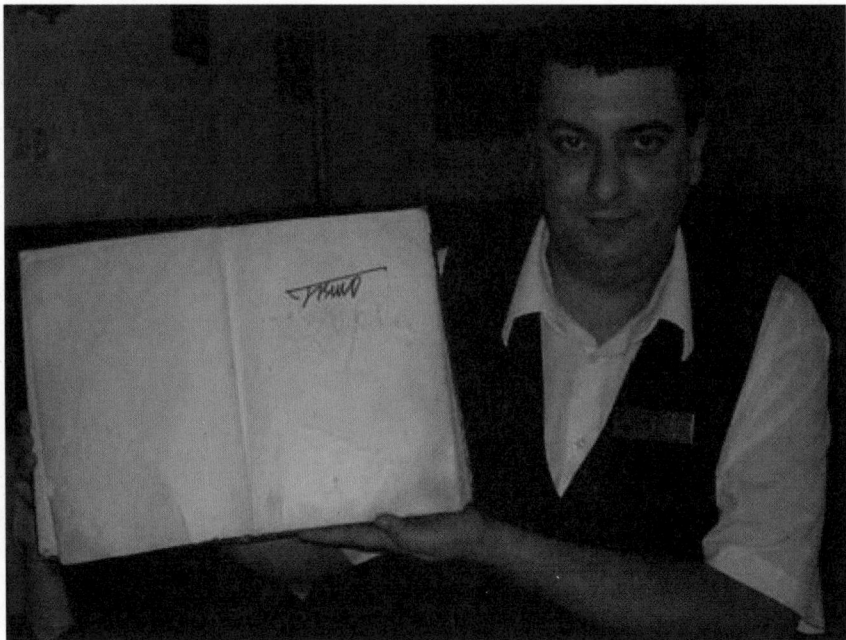

铁托的签名

　　中国崛起要顺利，要精彩，就要学习别人的长处，汲取别人的教训。就我自己的经历而言，对南斯拉夫解体前后的实地观察是我难以忘怀的经历。

　　1986 年 7 月，我以英文译员的身份随总理访问南斯拉夫。1986 年的南斯拉夫已经非常开放，欢迎我们的宴会在一个名为"三顶草帽"的酒吧餐馆举行。歌手唱了许多爱国歌曲，其中一首叫《南斯拉夫颂》，坐在我边上的南外交部的一位官员告诉我，1980 年铁托逝世后的那些日子，无论你走到哪里，人们都唱这首歌，广播电台也不停地播放这首歌，"我们一定要团结，这是铁托生前的嘱托"。

　　塞尔维亚驻日内瓦联合国机构大使沃克维奇曾对我说："现在回想起来，铁托在世时，大家对南斯拉夫的认同还是很强的。如果铁托能够多活几年，也许我们就可以完成与欧共体的谈判，使整个南斯拉夫作为一个整体加入欧盟，这样后面的国家解体和战争，大概都可以避免了。当然，现在一切都已无法挽回了。"

　　20 年后，我又踏上了旧地重游的征途。我把行李放在旅馆，叫了辆计程车赶往那家令我难忘的"三顶草帽"酒吧餐馆。我碰到了饭店的老板，一说起 20 年前的事，他说："我知道，我知道，那是我父亲时候的事。"于是他进入里屋，从一个红色的大柜子里拿出了三本厚厚的贵宾签名册，帮我找到了当年美国总统老布什和铁托的签字。指着铁托的笔迹，他感叹："老头子来这里吃过好几次饭，他是我们最怀念的人。老头子死了以后，我们的国家就每况愈下。"他说："从整个 70 年代到 80 年代初，那是我们最好的日子。"他不无遗憾地说："铁托是政治家。一人一票选不出铁托，却选出了米洛舍维奇，最后国家都垮在这些政客的手里了。"他还愤愤不平地说："你看，现在科索沃又要独立了。"我可以理解他的感情，只要想一想这 20 年塞尔维亚人所经历过的大灾大难。但他最后还是笑着对我说："经历过战争的人都喜欢一句话：'不管怎样，我还活着。'活着就应该感到幸福。"他举起手里的杯子，和我一起把那苦涩的塞尔维亚啤酒干完了。

科索沃当年的"民族团结纪念碑"

　　在科索沃首府普利什蒂纳，我和科索沃电视台的总经理 A 君谈天，他自己在贝尔格莱德念的大学，"我当时最好的朋友都是塞尔维亚人，"他对我说，"但是后来米洛舍维奇搞大塞尔维亚主义，我和我夫人是阿族，我们就失业了。这种迫害甚至涉及了孩子，塞族孩子和阿族孩子天天打架，最后只好分开，上不同的学校，等于是种族隔离。"我们一起散步到市中心，看到了穆斯林的清真寺、东正教和天主教的教堂，A 君说，你看，不同宗教完全可以和平相处。不远处还有一个纪念碑，由三根高高的柱子组成。他告诉我："这是纪念铁托生前最后一次访问科索沃而矗立的，象征了阿族、塞族和其他民族的团结，当时，科索沃省是南斯拉夫不同民族、不同宗教和睦相处的模范省。"

一个国家的发展，就像人的一生，主要就是关键的几步。这几步走对了，一切都会比较顺利，前景会比较光明。这几步走错了，就会伤筋动骨，甚至全盘皆输。回头看一下中国走过的 30 年，不能说没有犯错误，有些错误也不能说不严重，但是在最关键的几步上，我们走对了。改革开放从 1978 年底开始，回头看来，如果不是邓小平这位强势领导人的主张和坚持，中国本来也可能选择不同的路径。比如选择"极右模式"，走一条全盘西化，用一个亲西方的政府取而代之的西化模式。关于西方模式在发展中国家的实效如何，我可以简单谈一谈菲律宾的情况。因为没有一个发展中国家的西化比那里更彻底了。我是 2005 年夏天访问菲律宾首都马尼拉的，首先入目的就是大量的贫民窟。菲律宾全国 30% 的人生活在贫困线以下，平均每日的收入不到一美元。现在每十个菲律宾人中就有一个背井离乡，在海外打工，总计约 800 万人，使菲佣成为菲律宾整个国家的名片。菲佣的汇款也成了菲律宾外汇收入的主要来源。菲律宾的机场都设有为劳务输出人员开辟的专门通道。

香港中环，每到周末菲佣的休息日，她们会在这里休息聚会

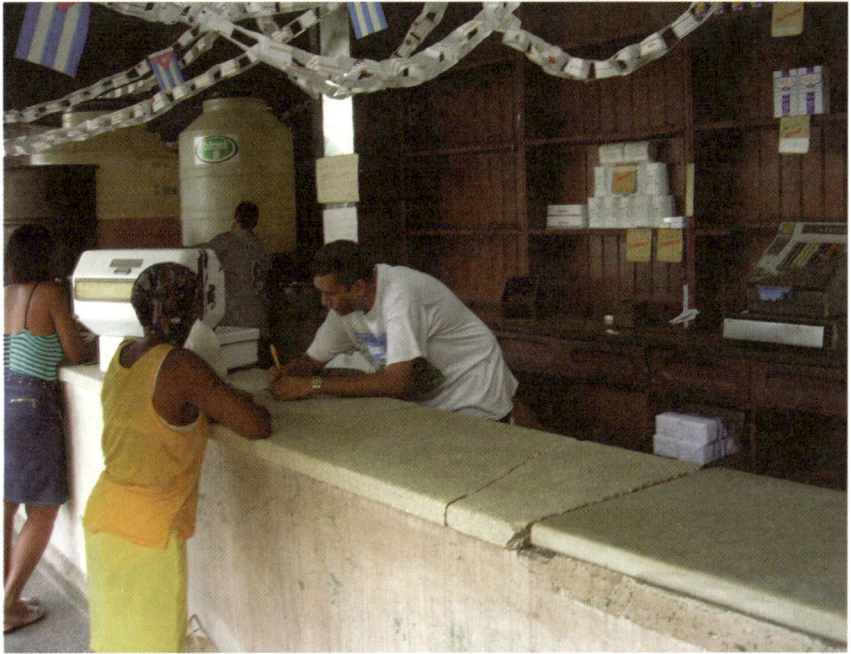

古巴哈瓦那的副食品商店

　　古巴的改革模式可以称之在政治上和经济上都尽量坚持原来的体制，在局部地方作一些小打小闹的改革。古巴坚持计划经济，但也增加了有限的市场调节，和中国改革开放初期很有影响的"计划经济为主，市场调节为辅"思路颇有共通之处。2005年8月，我到古巴访问了10天，住在一个朋友家中，所见所闻，感触颇多。古巴给人的印象是令人失望的。如果用两句话来总结，那就是：古巴的经济太困难了，人民的生活太艰苦了。我对自己说，如果中国当时没有能够勇敢地走向市场经济，接受全球化的挑战，中国今天的状况可能不会比古巴好多少。哈瓦那主要商业街上的商店大都空空如也，服装店的橱窗就是几件白衬衫，药房出售的，包括红药水、紫药水在内，大概只有二三十种药。市场供应给人的感觉比北京、上海在"文革"期间还要萧条很多。我的房东告诉我，主要生活用品都实行配给供应。面粉、猪肉、鸡蛋，甚至食用糖，都凭证供应。牛肉是国家专营，私人买不到，只供应给涉外的饭店和餐馆。

我去过很多发展中国家的城市，如印度的孟买、新德里、加尔各答，去过巴基斯坦的卡拉奇、拉瓦尔品第，去过菲律宾的马尼拉，去过巴西的里约热内卢、圣保罗，去过墨西哥的墨西哥城，去过肯尼亚的内罗毕，去过南非的约翰内斯堡，去过科特迪瓦的阿比让，去过尼日利亚的拉各斯，去过马达加斯加的塔那那利佛。在这些地方的实地观察告诉我：这些国家城市中的贫民窟规模超过中国3倍、5倍、10倍甚至更多。我们的大城市贫富差距也不小，也有城中城和城乡接合部的陋宅等，但那不是发展中国家贫民窟的概念。发展中国家的贫民窟指的是一种成片的甚至一望无际的，非常拥挤、肮脏、人居条件极端恶劣的简陋窝棚。

　　以印度的最大城市孟买为例，60％的城市人口至今仍住在贫民窟。那种恶劣的居住条件是我们难以想像的……我也看过非洲肯尼亚首都内罗毕一个叫做基贝拉(Kibera)的贫民窟。内罗毕50％的人口住在贫民窟。司机只带我在贫民窟外面转了一圈，解释说："除非两辆警车开道，否则你给我1000美金我也不进去，因为进去就出不来了。里面的人肯定把我的车和钱都抢走，命也保不住。"联合国秘书长潘基文曾在重兵保护下去这个贫民窟访贫问苦，当地的居民打着标语欢迎他："我们在挨饿！""我们在生病！""我们正在死去！""我们的孩子没学上！"光这个贫民区的人口就有75万，没有电，没有自来水，只有50％的家庭拥有收音机，艾滋病发病率高于城市其他地方3倍。

印度贫民窟（之一）

印度贫民窟（之二）

肯尼亚内罗毕基贝拉贫民窟

加纳首都阿克拉的"王府井"

加纳首都阿拉克市中心

西方民主模式在发展中国家鲜有成功的例子，中国的政治改革一定要走自己的路。如果西方真心诚意要在发展中国家推动民主，就应该认真总结自己民主发展的历史，其中一个关键问题就是民主化的顺序。西方原生态的民主社会演变的顺序大致可以这样概括：一是经济和教育的发展，二是市民文化和法治社会的建设，最后才是民主化。这个顺序搞错了，一个社会要付出沉重的代价。

西方关心的只是表面的形式民主，认为形式本身就会产生正义，但正如肯尼亚出生的英国记者Aidan Hartley对一些非洲国家的选举发表的坦率评论："选票无非是给那些贪官污吏一件合法的外衣，使他们可以随心所欲地掠夺百姓5年，这个周期一结束，下一个同样的周期又开始了。"

非洲许多国家的社会结构还是传统部落和宗法社会。非洲不少国家的政治往往是一种零和游戏，赢者得到一切，输者失去一切。选举的结果又几乎完全是按照部落和宗教区分的，同一个部落的人，永远选自己部落的人，同一宗教的人永远选自己宗教的人，结果是选举一次，人民的分歧加剧一次，直到格斗、动乱、内战。据我的观察，在非洲这么多穷国中，大概只有坦桑尼亚和加纳等为数不多的国家基本走出了部落主义的怪圈，但即使这样，坦桑尼亚和加纳的经济发展仍然落后，光是看它们相对繁华的城市，如阿鲁沙和阿克拉，给人感觉也像是30年前的中国县城。

战火中的黎巴嫩（新华社图片）

贫困与民主：拉各斯街景

西方公民社会理论强调对立和对抗，这在族群比较单一、法制比较健全、教育普及、中产阶级壮大的国家，不会造成太大的问题，但是在那些不具备这些条件的发展中国家，这种对抗容易带来社会分裂和冲突。我1994年曾访问过黎巴嫩，当时整个黎巴嫩已经摆脱了长达15年的内战，一派百废待兴的景像。从我在实地了解的情况来看，黎巴嫩的公民社会在内战之前、之中和之后，都是相当活跃的。但是这种公民社会是完全分裂的，分别附属于不同宗教、不同派别，如马龙教派、德鲁兹教派、逊尼派、什叶派、长枪党等，更像是中国"文革"时期的各种闹派性的组织，它们实际上加剧了黎巴嫩的分裂和冲突。

我在黎巴嫩驻埃及的领事馆办签证时，看到领事馆的墙上挂了一张画有和平鸽的宣传画，上面写着："黎巴嫩：死去1000次，再1001次复生。"我到黎巴嫩实地一看，这个曾被称为"中东巴黎"的城市里，到处都可以看到战争的痕迹，整个市中心，包括希尔顿饭店、假日酒店等都只剩下残垣断壁了。这场内战使这个当时人口才300多万的国家失去了14万生命。我的导游是个60来岁的亲历者，他对我说："战争已经过去几年了，但黎巴嫩人的薪水还在一路走低，谁都想离开这个国家，如果我有女儿，一定让她嫁给你。"

尼日利亚也是一个公民社会颇为发达的国家。但我去过它最大的城市拉各斯，那里白天治安都非常差，晚上更是危险。我的感觉是，你能白天在拉各斯市中心大街上太太平平地散步半个小时，就是一种奢侈。尼日利亚有那么多促进人权的非政府组织和政府组织，但究竟保护了多少人权？非政府组织越多，社会管理得越好，民主就越成功，这个观点至少在发展中国家还不能成立。

# 序　言

　　《中国触动全球》是我走访百国后写的第一本书，于 2008 年出版，读者的积极反应鼓舞了我，促使我写了走访百国后的第二本书《中国震撼：一个"文明型国家"的崛起》，于 2011 年出版，读者的反响非常热烈。这两本书可以说是一对姐妹，前者讲的是中国触动，后者讲的是中国震撼；前者更感性一些，后者更理性一点；前者是后者的铺垫，后者是前者的升华，但一条主线贯穿其中：中国人要用自己的话语来解读中国和世界。

　　我很高兴上海世纪出版集团同意以《中国触动》的名字来出版《中国触动全球》的修订版，使这本脱销已久的书得以再生。《中国触动》的名字更加言简意赅，某种意义上也更加符合我写作此书的本意之一，即触动更多的国人以一种全新的国际视野来看待自己国家的崛起、问题和前景。

　　我把全书又看了一遍，书中的主要论点没有改动，我想它们经得起时间的考验。但书的结构作了一些调整，从原来的七章变成了现在的六章，我把原来专门谈国际比较的"环球同此凉热"一章拆开，分别融入了现在的第一章和第四章，从而更加突出这些章节里国际比较的内容。修订版还在不少地方充实了新的内容，如在"与世界比较，中国打几分"一节中，增加了治安问题的国际比较；在讨论软实力的最后一章中，增加了关于中国模式的内容。此外，还更新了一些数字，纠正了一些笔误，增加了更多的图片。

我在本书原版的《后记》中曾说过："一本书一旦出版，便获得了自己的生命，读者或褒或贬，均不在作者的掌控之中，但我也以为自己写作此书的意愿，即用中国话语来论述中国和世界只会随着中国的崛起，而越来越有生命力。"这还是我今天的观点，真是希望更多的中国人一起加入中国话语崛起的潮流，客观自信地评述自己的国家和外部的世界，不必跟在西方话语后面亦步亦趋，那是没有出息的。

谨借此机会诚挚地感谢上海世纪出版股份有限公司陈昕总裁和施宏俊副总裁以及文景公司的蔡欣和袁晓琳编辑，感谢他们为此书修订版的出版所做的许多工作。我也再次感谢许多学者和朋友的不断鼓励和帮助，特别是李君如、李世默、金仲伟、史正富、陈平、黄仁伟、姜义华、张文木、王文、萧思建、罗伯特·库恩等。在本书原版的《后记》中我还感谢了许多人。

不久前，哈佛大学教授尼尔·弗格森在一篇文章中追述自己如何产生了"世界向东方倾斜"的命题。他追忆到：可能是在2005年首次于上海外滩散步的时候，可能是后来在重庆听当地干部描绘未来中国西部金融中心的时候，也可能是在北京奥运会的开幕式上。他从中国这三个地方的巨变中悟出了一个大命题：世界正在见证"西方500年支配地位的终结"。在此书修订的二个月内，我正好也有机会在这三个城市逗留，再加上自己过去走访百国的经历，我得出的结论和弗格森教授是一样的：世界在向东方倾斜，在向中国倾斜。本书就是这种结论的证明。我们正处在人类历史上一个最激动人心的变革时代，而中国是这场历史性变革的中心。愿我们能把握方向，抓住机遇，扫除国内外各种敌对势力所设置的障碍，沿着自己探索出来的成功之道大胆前行，去实现中华民族的伟大崛起，实现中华文明的辉煌复兴。

张维为

2012 年 2 月 22 日于沪上

# 目 录

# 引 言

我是个幸运的人。

1983 年 4 月 15 日上午 9 点 30 分，我由北京首都机场搭乘中国民航 973 号班机经广州飞往泰国，这是我第一次出国。23 年后的 2006 年 7 月 17 日清晨 8 点 50 分，我乘乌克兰航空公司 218 号班机由索菲亚起飞，经贝尔格莱德飞往乌克兰，走进了我的第 100 个国家。如果加上曾去过的香港、澳门、台湾等地区，那么迄今为止，我已走访了 106 个国家和地区。

上世纪 80 年代中期，我又有幸为中国改革开放事业的最高领导人邓小平担任过英文翻译，亲身感受了他作为一个杰出政治家的才略和气度，以及作为一个普通人的情趣和性格；随后我又在一个更广阔的范围内，感受到了他的思想对中国崛起所产生的决定性的影响，感受到他的智慧对于解决中国和世界面临的挑战所具有的意义。

我的世界大串联大致可分为四类：

第一类是"国事访问"。我 80 年代做翻译的时候，有机会陪同不少中国领导人走访了亚、非、欧、美许多国家。回想起来，常会感慨万千。

第二类是参加各种国际会议。我后来去国际组织工作，做翻译，搞研究，参加世界各地举行的国际会议，可以说是一种知识会餐，受益匪浅。

第三类是学术访问。中国的崛起触动了世界，引起了各国学术界的高度关注，与各国同行探讨、交流，甚至辩论各种与中国崛起有关的问题，丰富了自己的学识和思想。

最后一类就是纯粹的旅游，让心情自由飞翔，感受不同文明的风采和魅力。

细细想来，这样分类也无必要，因为"国事访问"并不都是"国事"，放松的时候就是游客。学术访问也并非总是学术，会议之后便是旅人。一路走来，最终的一切都化为自己的感受、回忆和思考，当然还有那挥之不去的中国情，无论走到世界哪个角落，所见所闻，都会联想到自己的国家，并因此而获得某种感悟和认知。

古人云"读万卷书，行万里路"。这种理念不知影响了古今多少人士，我今天也大胆地充当其中一员，做学问的同时，也走遍天涯海角，自然有所见，有所闻，有所思。作为一个中国人，通过旅行、思考、读书、写作，并与整个世界进行对话和交流，既是一种难得的机遇，又是一种心智的挑战。这种难得的心路历程，值得与大家分享。

我有时也想，现在是信息爆炸的时代，一个人不出国似乎也可以了解天下事，我对外国的知识难道就一定比那些出国少的人多一些吗？不一定，我生活中也确实碰到过像邓小平这样智商极高的人物，他们出国不能算多，但对外部世界的把握之准令人叹服；不过我也相信这种情况只限于少数智商悟性极高的人，像我这等凡人之辈，还是比较相信自己亲眼见过的东西。

一路走来，自己真是有很多的感受可以与读者分享，但万事总有个开头、有个切入点。我反复考虑后，决定把自己对中国崛起的感受和思考作为切入点，来写自己百国归来的第一本书。中国的迅速崛起触动了世界，触动了这个世界的许多敏感的神经。我力求从一个比较宽广的国际视野出发，结合自己对邓小平思路的感知，对国际政治学的研究，力求用平铺直叙的中国话语来谈谈中国与世界，特别是探讨与中国崛起有关的热点问题，再尖锐的问题，也不回避。我相信随着世界进入"后美国时代"，世界也将进入"后美国话语时代"，中国人对于自己的发展，对于国际问题的认知，应该在汲取世界智慧的同时，也用自己的价值观加以检验，用自己的话语加以论述。一个只会使用别人话语的民族在世界上是没有分量的，中国崛起的过程也必然是一个中国话语崛起的过程，而这个危机四伏的世界也确实需要中国人的智慧。

国家的命运，有点像人生。人要活得有意义，就最好对自己一生有某种总体的把握，这样才能活得自信、充实和幸福。同样，一个民族要真正崛起，也需对自己的过去、现在和未来有一种总体上的认知和把握，这样这个民族才能目光远大、无惧风浪、国运昌盛。在一些涉及中国崛起的关键问题上，自己走的国家越多，形成的比较和感悟也越多，自己竟以为这样的比较和感悟也可以算是对事物发展的某种总体认知和把握，故不揣肤浅，信笔直书，以求与所有关心中国命运的人共同探讨这些环绕在心的问题。但愿自己所写的内容对大家有所裨益。

# 第一章

# 环球视野下的中国崛起

　　一个国家的命运就是这样，关键的几步不能走错。回头看一下中国走过的30年，不能说没有犯错误，有些错误也不能说不严重，但是在最关键的几步上，我们走对了，中国也因此而赫然崛起。

　　不管我们今天面临多少挑战，我们还是处在1949年以来最好的时候，处在近300年来最好的时候，而且处理各种问题的资源和回旋余地都是前所未有的。我们可以冷静从容地应对各种挑战，继续在中国960万平方公里的大地上推进这人类历史上最波澜壮阔的现代化事业。

# 一、第一次出国的震惊

今天访问泰国曼谷归来的很多国人，谈起曼谷都不屑一顾，无非是一个热热闹闹而又乱糟糟的城市。但我从 1983 年 4 月 15 日抵达曼谷国际机场的那一刹那起，就不时感到"震惊"：我第一次看到了现代化的繁忙机场，来自世界各地的波音客机不断地降落起飞，而地面调度又显得那么井然有序，候机大厅明亮宽敞，机场商店货品琳琅满目，比当时北京最漂亮的王府井工艺美术品商店还要富丽堂皇。当时的北京首都机场比曼谷国际机场可差了一大截。

在这个地方，我第一次看到了汽车飞驶的高速公路。第一次看到了晚上 9 点还在营业的超级商场，各种商品应有尽有，主要街道到了晚上 10 点钟还是车水马龙，热闹非凡。我第一次感到了什么叫服务：商店的服务员是那么友善、那么客气，哪怕你只是在门口路过张望一下，服务员都会迎上前来，带着微笑问你是否需要帮助。在当时的北京，这种服务态度我从未见过。泰国不仅服务好，而且效率高：你今天定做一套西装，明天就做好，送到你的饭店，价钱也不贵。

曼谷的繁华使我这个来自大上海的青年学子深感不安。毕竟上个世纪 30 年代当上海成为远东第一大都市的时候，曼谷恐怕比中国的一个县城好不了多少。后来我还访问了马来西亚、新加坡和日本，一个更比一个现代化，泰国还是其中最落后的。一想到邓小平在 1978 年 10 月至 11 月的两个月内，也先后密集地访问了这四个国家，我可以想像他老人家当时所受到的震动。当年去法国勤工俭学，邓曾路过新加坡，现在亲眼看到新加坡的巨变，怎能不感慨万千？他后来多次说过中国要向新加坡学习，要比新加坡做得更好。他在日本参观了日产汽车公司后说："我明白了什么叫现代化。"从这些国家访问归来的邓小平，在 1978 年 12 月启动了中国的改革开放的历史进程。

从泰国回来不久，我就到外交部翻译室报到。我参加的第一场重要外事活动是接待菲律宾马科斯总统的夫人伊梅尔达·马科斯。马科斯夫人先派了一个先遣组来北京为她的访问做准备。因为马夫人是世界闻名的采购高手，所以她的先遣组成员个个都是采购高手。他们干脆开玩笑，称自己是 advance shopping group（先遣采购组）。他们老是打听北京哪里购物最好，礼宾司总是推荐北京友谊商店，这是当时北京为数不多的涉外商店，所以菲律宾先遣队很快有了个口头禅，"Friendship Store again？（怎么又是友谊商店？）""北京除了友谊商店还有其他商店吗？"他们好几次问我。

时间飞逝。20 多年过去了。今天我可以说，在现代化的进程上，中国已经大步地走在泰国、菲律宾这样的国家之前了。我后来访问泰国不下 10 次，泰国和中国的差距逐步显现，曼谷和上海、北京的差距也明显拉大。2006 年泰国的军事政变又给该国经济和社会发展带来了不确定因素。但泰国还是有不少地方值得中国学习，例如，泰国航空公司的服务质量，全世界有口皆碑。

2005 年我还访问了菲律宾，我看到马尼拉的棚户区居然延绵不断，如果光从外表看，马尼拉的城市面貌，与今天北京的差距至少20 年。过去这 20 多年里，菲律宾不停地搞政治，所谓的"人民力量"一波又一波，换了 5 位总统，经历了不可悉数的各种兵变，而整个菲律宾的经济过去 20 多年增长有限，人民生活鲜有改善。

当然北京的发展也有些太快了。这个中国传统的经典城市失去了太多原本不该失去的特色。这种损失会随着时间的推移，随着人们文化水准的不断提高，越发让人感到遗憾。这似乎也从某种意义上反映了我们过去 30 年发展模式的成就及其问题。

但是，持平地说，无论我们的发展模式有多少不足和问题，在过去的 30 年里，中国致力于改革开放，致力于现代化建设，整个中国的面貌已经发生了令人叹为观止的变化。比方说，消除贫困在国际上历来是一个十分棘手的难题，但中国仅用了短短近 20 年的时间，使得数亿人脱贫，成了世界上第一个提前实现联合国贫困人口减半的"千年发展目标"的发展中国家，而且整整提前了 12 年。虽然还是比较低水平的脱贫，但你只要去任何一个典型的发展中国家看一看，大部分国家在过去 30 年里，政治动荡，经济和社会发展停滞不前，人民生活水平没有下降就不错了。

## 二、在海外感受中国崛起

实际上，不管你是否使用"中国崛起"这四个字，国际社会似乎已普遍接受了这个概念，而且从我的观察来看，大部分使用这个概念的人对中国并无恶意。至于印度是否真正崛起，国际上还有争论。但对中国的崛起，世界似乎已形成了共识。

置身国外时，对此感受尤深。中国的崛起似乎是一个无处不在的事实。我 1983 年访问泰国的时候，泰国还鲜有来自中国的客人。我下榻的饭店经理用怀疑的眼光打量着我："你真的来自'红色中国'？"我离开之时，他说："请向邓小平总统问好。"而今天，中国游客已成为泰国最大的客源。15 年前我到台湾访问，在台南市中心一家餐馆吃小火锅，老板娘听说我来自中国大陆，惊讶得盘子几乎掉在地上："你跟我们长得一样啊？"而今天，台湾很多出租车司机都会说："听说大陆进步很快呀。"实际上，整个中国周边的地区，从朝鲜，到韩国，到泰国，到越南、老挝、柬埔寨，甚至到澳大利亚，几乎一夜之间，中国游客就成了他们最大的客源，随之而来的就是在这些国家和地区，人民币几乎都可以兑换了。

在欧洲，"中国热"也一直持续着。除了商店里有很多中国制造的产品外，带有中国文化元素的东西，从中式老家具到老子的《道德经》都很受欢迎。瑞士的名牌表店，家家配上了华人职员。德国汉莎航空公司现在每周有 77 个航班直飞北京、上海、广州、香港、南京等城市，上座率近百分之百。从布鲁塞尔到巴塞罗那，从慕尼黑到阿姆斯特丹，从巴黎到伦敦，与中国崛起有关的讨论会一场接一场，让人应接不暇。不久前，参加了在里斯本举行的中欧论坛分组讨论会，葡萄牙总统致词强调："欧中关系的前景无比广阔。"

拉美情况也类似。巴拿马和中国还没有外交关系，但我到巴拿马参观闻名世界的巴拿马运河，运河管理局的经理一听我来自中国，便为我一人单独介绍了半天这条运河的历史和今天，最后说："我们早该和中国建交了。"我到阿根廷首都布宜诺斯艾利斯，计程车司机问我是日本人还是中国人。我说"中国人"。他以拉美人特有的夸张口气说："中国人来了，我们的问题都可以解决了。"在巴西，一位多次访问过中国的学者对我说："20 年前，上海比不上圣保罗，现在圣保罗比上海落后了一大截。"

我在发展中国家讲学，每当提起中国经济 30 年内增加了 18 倍以上，并且提前 12 年实现了联合国 2015 年极端贫困人口减半的"千年发展目标"，听众甚至会自发鼓起掌来。正因为这样，今天的非洲也特别关注中国。莫桑比克工商部官员对我说："我们欢迎中国的投资，越多越好。"我到坦桑尼亚的第二大城市阿鲁沙，旅店经理与我开玩笑："只要中国人每人捐给我们一分钱，我们国家就现代化了。"在约翰内斯堡，一位黑人教授对我坦言："非洲很难重复中国奇迹，因为上层没有邓小平这样的领导人，下层缺少中国人那种吃苦耐劳的精神。"一次在内罗毕谈中国发展模式，一位听众问："中国出口到非洲的产品质量不怎么好，这是什么原因？"没等我回答，会议主持人、肯雅塔大学的校长就说："过去日本产品的质量也很差，中国很快就会赶上来的。"讲座结束，我坐上计程车回旅馆，司机听说我来自中国，对我说："中国货质量还不错，但中国人建的路更好，车开上去真舒服。"

对于中国的崛起，除了赞誉之外，也有不少担心、疑虑甚至反感。我去意大利米兰做访问教授，一位当地学者私下对我说："很多意大利人害怕中国人：中国人来了，把经营不下去的杂货店和餐馆都买下，然后开意大利餐馆，卖比萨饼和面点，比我们意大利人做得还好，还便宜，再加上偷税漏税，我们怎么竞争？"意大利和西班牙后来都出现过针对华人的骚乱。

有一次我去巴塞罗那开一个讨论中欧关系的学术会议，见到法国前总理法比尤斯，他对我说："我们欧洲人心里真是有点害怕中国，不是担心你们要打仗，而是担心这么一个问题：除了需要人与人直接接触的服务外，在几乎所有其他的领域，中国最终都可能成为我们的竞争对手。"我最近去非洲也有这样的感觉：随着中国在非洲影响的迅速扩大，不少当地人开始抱怨中国产品损害了非洲的民族工业，抱怨中国人不与当地居民接触。

在日内瓦举行的一次讨论亚欧经济制度比较的研讨会上，一位丹麦学者甚至提醒"欧洲经济要当心'中国化'"。他说："你看，欧洲现在90%以上的企业都是小公司，现在很多小公司的经营方式越来越不规范：不开发票，非法雇用东欧工人，节假日也干活。"另一位学者则持异议："这是欧盟扩大和经济全球化带来的竞争使然。中国的企业倒是在从不规范走向规范，否则中国不可能吸引到这么多的外国直接投资，而欧洲企业则需尽快摆脱许多不合时宜的规范，否则欧洲将失去国际竞争力。"

美国人对中国崛起的心情更是复杂。我前年到纽约出差，住在曼哈顿上东区的一所公寓里。临走时，我的美国房东老太太以略微犹豫的口气问我："现在我们是朋友了，你能不能坦率地告诉我：中国和美国之间以后会不会打仗？"老太太在朝鲜战争时期是美军护士，毕竟是过来人，知道中美交恶对双方带来的代价。美国近期的民意测验表明，近三分之二的美国公众认为美国应该和中国发展互利合作的关系。但一位美国资深的中国问题专家私下对我说，美国一方面感受到了中国的崛起已势不可当，但另一方面，又总觉得很难接受一个不信上帝的民族，一个"共产党国家"竟然会成功，竟然要与美国平起平坐。与欧洲相比，美国的宗教势力影响更大，意识形态色彩更浓，这也影响了很多美国人对中国事务的判断。

美国研究中国问题的人众多，但对中国前景误判的人也最多，不少所谓的中国问题专家先是预测邓小平百年之后中国要大乱，后又预测中国会像苏联一样解体。有一个叫章家敦的美籍华人2000年出版了一本名叫《中国即将崩溃》的书，还上了《纽约时报》的畅销书榜。他认为中国政治经济体制将在加入世贸组织的冲击下迅速走向崩溃，但中国加入世贸组织 10 年之后，非但没有崩溃，而且通过改革开放和体制创新，经济总量翻了两番，经济规模跃居世界第二，中国还成了世界第一大出口国和带动整个世界经济增长的主要火车头。现在回头一看，不是中国崩溃了，而是这些唱衰中国的观点崩溃了。不久前，在巴黎一个中国问题研讨会上，一位学者不经意地提到了章家敦的名字，会场发出一阵笑声，一切尽在不言之中，他成了国际学术界的笑柄。当然，美国乃至整个西方仍有不少人死抱住僵化的意识形态不放，天天盼望着中国的崩溃，那也没有办法，就让他们去吧。

很久以来，中国总是对发达国家说：我们人均收入比你们低很多，赶上你们还早着呢。但西方很多人，特别是工商界人士往往不这么看。他们说：你们人民币的汇率是扭曲的，不能反映中国人的实际生活水平。你们沿海发达地区在硬件的很多方面已接近甚至超过了发达国家的水平。你们的发达地区就有 3 亿多人口，总体上已经接近南欧发达国家的水平。你们内地的发展速度也不慢，和沿海正在形成一种良性互动。西方持续不退的"中国热"很大程度上与这种研判有关。

令人欣慰的是中国人自己十分清醒。中国知道自己面临的各种严峻任务：遏制和消除腐败，缩小贫富差距，建立社保体系，推动生态文明，推进法制建设和政治改革，确保中国的长治久安，等等。中华民族的全面复兴还需要全体国人今后几十年的不懈努力。我们不会为国际社会的种种赞扬而忘乎所以，也不会为任何暂时的挫折而垂头丧气。中国迄今所取得的成绩还只是初步的，还有很多问题要解决，笑在最后才笑得最好。这种清醒姿态的背后是一种新的民族自信心：通过过去几十年的努力，我们已经基本上摸索出了中国走向现代化的路径。不管我们今天面临多少挑战，我们还是处在1949年以来最好的时候，处在近300年来最好的时候，而且处理各种问题的资源和回旋余地都是前所未有的。我们可以冷静从容地应对各种挑战，继续在中国960万平方公里的大地上推进这人类历史上最波澜壮阔的现代化事业。

## 三、中国崛起的意义

中国崛起具有不同凡响的意义，它首先反映了中国社会的深层结构已出现了前所未有的质的变化，中国走向现代化的势头已经不可阻挡。从1840年鸦片战争以来的很长时间内，中国社会的主要变迁大都局限在上层结构。占中国社会人口大部分的农村还是处于自然经济和半自然经济，甚至到了1978年，我们的社会在相当程度上还是一种自然经济。农民日耕夜作，勉强糊口。工业基础已经形成，但在计划经济的体制下，没有活力。1949年以前还存在的一些微薄的商品经济也给取消了，计划和票证控制了社会每一个细胞，社会流动性极低，也没有外贸和国际市场的概念。除了连绵不断的政治运动外，社会节奏发展相当缓慢。中国过去许多的仁人志士致力于改变中国的政治体制和意识形态，现在，通过以市场为导向的经济体制改革，我们已经彻底打破了小农经济和计划经济的格局，整个中国的经济和社会结构也因此而发生了翻天覆地的变化，人们的生活方式也发生了巨大变化。这才是中国真正的千年未有之大变局。

中国已完成了从一个封闭的农业社会转向一个开放的工业和商业社会的过程，并几乎和西方同步地转向信息社会。工业社会、商业社会、信息社会已经成了中国今天社会的主要特征。这种新的结构性的变革已经产生了对法治社会和市民文化的真正内需，产生了对适合中国国情的政治体制改革的真正内需。

我走过的大部分国家是发展中国家。他们的情况往往和我们相反：社会底层还是一个中世纪的经济和社会结构，社会生产力和人民生活水平非常低下，传统部落和宗法社会主导着大部分人的生活，实际上这些国家的内部并没有产生对西方式民主政治的真正内需，但是在西方国家的压力下，这些社会的上层结构却形成了一种后现代的西方民主政治结构，其结果就是整个国家上下结构完全脱节。社会上犯罪率不断飙升，白天上街都危险，晚上没人敢上街，但议会里却在讨论向"文明国家"学习废除死刑。老百姓为每日的柴米油盐而挣扎，艾滋病吞噬着大量的生命，政府连把药品发到基层的能力都没有，而各种政党却忙于争权夺利，永远以民主的名义，行使部落主义、宗派主义或民粹主义之实，结果往往是国家持续动荡、政府无力整合社会、经济与民生凋敝，甚至导致内战和国家分裂。这个问题在非洲特别突出。

中国结构性的变化也体现在国家财力的增强，这为我们今天解决各种社会矛盾创造了必要的条件和回旋余地。你去发展中国家访问，如印度尼西亚、柬埔寨、老挝、缅甸、尼日利亚、肯尼亚，会发现一些发展中国家的典型现象：城市街道的人行道少，马路上的路灯少，有路灯也不一定亮，不少地方的垃圾堆成山，阴沟污水四溅，但几乎没人管这些事。这实际上反映了政府治理能力疲软和财力不足。要么是经济落后，没有多少税可以收；要么是政府能力弱，税收不上来；要么是贪官污吏截流了财税收入。不少发展中国家的财政干脆主要依赖有限的外援，国库空空又导致了官员和军队的极端腐败、基础设施缺乏、公共服务非常有限，甚至连邮局、医院都处在半倒闭状态。

与此相反，西方国家虽然讲民主，但中央和各级政府的税收从不马虎。以法国为例，付税日超过一天，就多收你10%，一点通融的余地都没有。历史学家黄仁宇说过，中国历史上，好像皇权无限，但实际上天高皇帝远，经济基础是无数自耕农，农业税收不到多少，政府的财政收入往往并不高。但过去这30年，中国的经济基础已经出现了质的飞跃。2011年，中央财政收入已突破10万亿元。邓小平1984年曾说，到了2000年，我们的国民收入到了1万亿美元，我们可以做这个做那个，而我们现在光是外汇储备就达3.2万亿美元，居世界第一。邓小平生前反复强调综合国力，中央和地方的财政收入就是综合国力的重要体现。中国比较充裕的财力使我们能够比较从容地处理各种棘手的社会和经济问题。

我们的基础设施建设过去10年突飞猛进，就和国家财力有关，整个世界都为之惊叹。我们的高速公路，10年前在世界上前30名都排不进去，但现在中国高速公路的总里程数已居世界第二。我们的高铁从无到有，迅猛发展，其规模和速度已稳居世界第一。这一切都极大地推动了中国的经济发展和社会进步。

在中国，随着经济和社会结构变化，人们心理的变化，是千年未有之大变局另外一个重要特征。中国近代史上的变革往往局限在社会的精英阶层，大众心理则变化不大。但现在不一样，普通老百姓的每一个细胞都调动起来了，要发展，要挣钱，要自我实现，整个社会充满了活力，充满了机会。当然，当一个社会处在这种快速变革的时候，也会凸显各种不安和矛盾，很像一个处在青春期的少年，生机勃勃，充满希望的同时，又带有青春期的风险。但是从历史发展的长期合理性角度来看，恐怕是任何一个社会走向现代化的必经阶段。

我自己出去访问，很注意观察街上无所事事的人是多还是少，并以此作为判断一个国家发展的潜力和势头的重要指标。你去约翰内斯堡、去开罗、去阿尔及尔、去金边，可以看到游手好闲的人很多，说明这些国家失业问题严重。去孟买这个被称为"印度的上海"的大城市，你会感到无所事事的人比上海要多好几倍。仅此一点，你就可以得出结论：孟买要赶上上海，谈何容易。

我20多年前第一次访问瑞士，感觉到瑞士生活的快节奏，匆匆上班的人群和他们急促的脚步声给我留下深刻印象。当时国内还比较优哉游哉。现在相反了，中国现在可以说是世界上最忙碌的国家，特别在沿海城市，生活节奏比世界任何其他地方都快。当然物极必反，国内现在也开始讨论放慢生活节奏的问题。这是一个现代化和后现代化的关系问题，中国人最终也一定会在两者之间找到一个合理的平衡。但是从一个社会实现现代化的进程来看，生活节奏加快，恐怕是现代化进程的一个必经阶段。

这一点也反映在中国手机的迅速普及上。我感觉没有一个国家使用手机的人比中国多。当然这不一定是好事。欧洲很多人说，手机是一种新的公害，也不是没有道理。但从一个历史发展的大角度来看，这个事实反映了中国人的横向联系前所未有地增加。法国社会学创始人之一杜尔凯姆认为现代社会和传统社会最大差别就是，传统社会是纵向联系为主，现代社会是横向联系为主，因为社会分工日益细化、社会生活日益丰富，一个社会就这样由传统的纵向的"机械凝聚"转为现代的横向的"有机凝聚"。一旦"有机凝聚"基本形成，现代化进程便势不可挡。

这种横向联系也把中国和世界日益紧密地联系在一起：今天的中国经济已和世界经济融为一体，中国离不开这个世界，世界也离不开中国。回想起来，当人们还普遍认为中国的开放只是对发达国家开放的时候，邓小平就反复强调：中国的开放是对全世界的，既对发达国家开放，也对发展中国家开放，这是极富战略眼光的大思路，为中国和整个世界都创造了大量的发展机会，我 2006 年夏天去贫穷的科索沃访问，在一个人口只有 200 来人的小镇，看到两三个商人满头大汗地从卡车上卸下中国生产的鞋子和百货产品。科索沃国家电视台的负责人对我说：没有中国产品，我们无法想像科索沃人今天将怎样生活。

英国一位学者曾这样对我概括中国因素给世界带来的变化：凡是中国能大量生产的，你就要尽快回避，否则是自掘坟墓。凡是中国不能大量生产的，你就要拼命生产，那才无往不胜。这种颇为夸张的说法倒是勾画出了中国崛起给世界经济带来的大量机会和挑战。当然最好再补充一句：中国崛起给世界带来的机会多于挑战。

一位欧洲学者曾问我怎么看待美国推动的世界民主国家联盟，我坦率地说：关键是没有中国的合作，这个联盟什么国际问题也解决不了。中国的崛起意味着，在今天，从反恐斗争到全球环境治理，从化解朝核危机到处理伊朗核问题，从多哈新一轮贸易谈判到世界金融秩序的稳定，都需要中国的合作。把中国看作敌人，只会损害美国自己的利益。我还补充了一句："中国崛起的一条重要经验就是：拒绝意识形态挂帅，把所有国家都看成是自己的朋友，或者是潜在的朋友。美国难道就不能从这种智慧中得到一点启发吗？"德国前总理施密特就极为赞赏这一点，他最近说："如果世界所有国家、所有势力集团都能像中国这样小心谨慎，那世界就会太平一些。"这是智者之言。

中国神话般的崛起，背后确实有很多智慧。中国的崛起不只是经济总量、外贸总量、外汇储备总量、国民生产总值、高速公路总里程等，而且是一种新型的发展模式及其背后的指导思想。这个模式并非十全十美，恰恰相反，它还衍生出不少问题，我们自己在国内抱怨这个、抱怨那个（其实别国老百姓抱怨不比我们少），就说明这个问题；但是与西方主导的发展模式相比（如国际货币基金组织在非洲推行的"结构调整方案"和美国在俄罗斯推行的"休克疗法"），中国模式的效果要好得多。正是在这一点上，中国的崛起实际上也是中国软实力的崛起。西方的软实力迄今为止并没有能够解决当今世界的一系列严峻问题，如极端贫困、不同文明冲突、恐怖主义威胁等。中国模式的相对成功，不仅使中国自己发展起来了，而且带动了整个世界的发展，同时也为中国赢得了宝贵的话语权，展现了中国增长中的软实力，这一切对发展中国家会有启迪，对重新思考如何共同对付人类面临的诸多挑战也会有帮助。

## 四、印度：能赶上中国吗？

谈中国崛起，有国际比较才有说服力，而国际比较中最有意义的大概就是中国和印度的比较，因为中印两国都是人口大国，起点比较

相近。中国有 13 亿人口，印度是 12 亿人口。新中国成立于 1949 年，
印度独立于 1947 年。当时两个国家都很穷，但印度情况比中国略好
一些，因为中国连续经历了数十年的动荡战乱，印度则相对稳定。两
个国家过去几十年走了不同的政治道路，半个多世纪过去，中印两国
差别巨大。从世界银行等机构公布的 2010 年的统计数字看，印度和
中国的差别大致可以概括为 2、4、6、10、20 和不可比。

2 就是中国的粮食产量是印度的 2 倍，尽管中国的可耕地少于印
度。中国的网民数量是印度的 2.5 倍。

4 就是中国的经济规模、外贸总额、原油产量、发电量等大约是
印度的 4 倍。

6 就是中国的外汇储备、钢产量、电视机数量等大约是印度的 6
倍，而艾滋病人数低印度 6 倍。

10 就是中国吸引外资额大约是印度的 10 倍，中国的人均寿命也
高印度 10 岁。

20 就是中国吸引的境外游客的数量约为印度的 20 倍。

不可比就是两国在高铁、高速公路、奥运会奖牌总数、妇女地
位、贫民窟状况等方面，两个国家无法比，中国的情况比印度不知好
多少倍。

这些还只是数字上的差异，如果你去印度实地访问，你可能会感
觉这个差距更大。你可以驾车从北京或上海市中心出发，往任何方向
开 20 个小时，你把你一路所看到的贫困现象加在一起，会少于你从
印度的孟买、新德里、加尔各答市中心往城外开 2 个小时所看到的贫
困。此外，印度的腐败程度也高于中国，环境污染也比中国严重。西
方总觉得"民主"的印度应该超过"不民主"的中国，但不比不知

道，一比吓一跳。印度要赶上中国，还真不容易。

当年英国首相丘吉尔根本不相信在印度这么一个落后的地方能搞民主，但今天这个制度在印度已经稳定下来，大部分印度人也认可和接受了这个制度，从这个意义上来讲，这个制度是成功的。但是一个社会的经济、文化、教育水准和传统的力量就像一把钢矩铁尺，无情地决定了其政治制度的品质。印度无论从什么角度来看，都还是一个相当典型的发展中国家，其民主制度的品质不高。以我之观察，印度的政治制度难以创造现代化建设所需的一些基本条件，如社会平等、土地改革和妇女解放。没有这些基本条件的实现，印度是无法赶上中国的。

在社会平等问题上，印度面临的最大挑战是种姓制度，印度的"民主"制度虽然从法律上废除了种姓制度，但未能在人的思想层面和社会生活层面真正废弃这种严重违反人权的制度。在印度社会生活的方方面面，种姓制度依然我行我素。印度独立都60多年了，但你去印度农村的小学教室看一看：高种姓的孩子有小木凳坐，有课本念，有小石板写字；低种姓的孩子坐在地上，没有课本，没有石板。为什么政府不能废除种姓歧视呢？我得到的答复是：法律上是废除了，但这里的校长、教员和学生都是印度教教徒，大家都觉得这样做很自然，并不别扭，低种姓的孩子自己也觉得这样做是合情合理的。在印度教里，贱民信徒去上香，都只能逗留在印度教庙宇的外面，不能进入庙宇。

印度也有不少致力于废除种姓制度的非政府组织，他们自己办学，平等对待不同种姓的孩子，精神可嘉，但这些工作只能是杯水车薪，无济于事。种姓制度实际上是印度教的一部分，而印度教本身未经历

.

过宗教改革运动，印度的"民主"体制也无力推动社会革命，结果种姓制度就一直困扰着印度社会。你问 10 个印度人，有没有可能在今后30 年内消除这种制度，9 个人会告诉你"做不到"。印度的贱民阶层人口为 1.6 亿，这么大一个群体没有真正解放，印度怎么实现现代化？

持平地说，印度政府为了消除种姓制度做了很多的事情。例如政府部门和公立学校都有给某些种姓的人保留的位置，你申请政府机关和学校的职位，都要填上种姓，因为你可能因此而得到照顾。但在实践中这些措施都改变不了种姓制度无处不在的事实。种姓制度和职业有关，也与地域分布有关。比方说，孟买会有很大一片街区的居民只食蔬菜，他们不会容纳食肉者，也不会接受出售肉食的餐馆和商店。不同种姓之间通婚很少。印度的民主选举制度，在某种程度上也帮助延续了这种制度。在联邦政府这一级，政党是全国的，超越种姓的，但是在地方上，没有这样的规定，所以许多地方政党完全是以种姓为基础的，这就导致了种姓制度在事实上的永久化。

印度也曾进行过土地改革，但很不彻底。具有社会主义倾向的政府想把大地主的土地分给农民，但一直遇到巨大阻力。英国人给印度留下的法律包括了私有财产不可侵犯的法律。拥有土地的大地主都强调土地改革是违法行为，这些人还可以通过各种手段，竞相成为各级议会的议员，阻扰政府出台任何土改方案。印度、巴基斯坦、尼泊尔等南亚国家，地主阶层在议会的代表比例都很高，使得任何真正的土地改革方案都很难在议会获得通过。

南亚地区无地农民的人数巨大。即使一些通过土改而得到土地的农民，往往也由于家庭成员多，每人分到手的土地少，无力进行规模经营，最后大都把土地转卖了。印度的传统习俗又规定，土地是传给儿子或兄弟的，而男人往往喜欢进城找报酬更高的工作，留在农村的妇女无力耕作，最后也把土地卖了。印度还有妇女嫁妆的传统习俗，很多人家把土地卖了，为女儿出嫁办置彩礼，这也是失地农民增多的一个原因。

印度的妇女解放也还有很长的路要走。包办婚姻、童婚广泛存在。女子出嫁要向男方赠送大量的嫁妆，每年因嫁妆不足而被活活烧死的妇女成千上万。在印度教里，一个妇女结了婚，她的丈夫一般就被看作是她的主人。妇女地位低下，阻碍了印度妇女智慧和能力的发挥。虽然印度政坛有英迪拉·甘地、索尼娅·甘地这样的重量级人物，但与巴基斯坦的贝·布托夫人一样，这并不说明这些国家妇女地位高，而恰恰说明了这些国家的民主品质的问题，大部分民众仍然对名人的配偶或后代抱有一种盲目的迷信。

2008年1月我去布鲁塞尔参加一个由欧洲政策中心举办的中印崛起研讨会。我和来自印度尼赫鲁大学的杰恩教授分别介绍了中国和印度的崛起及其对欧洲的影响。杰恩教授承认欧盟和中国的战略对话已经有相当的深度，印度还达不到这个水平，他说："印度还没有到中国的水平，中国是奥运会级别的，印度只是英联邦运动会级别的。"该中心的创始人克劳斯克教授是一位资深的学者，他让我比较中印两国的政治制度，我说："民主制度是一种手段，它最终要落实到国家的治理水平。迄今为止，中国的国家治理水平要好于印度。"

实际上，印度民主品质问题集中体现在其政府服务的品质不高。S君是我一个很优秀的印度学生。一次我们聊起了印度政府的品质，他对我说：和印度政府部门打交道，很像去印度教庙宇拜神，你要学会一整套世界上最复杂的动作，懂得什么时候要跪下、什么时候要趴候要趴下、什么时候要躺下、什么时候要念经。他说，申请一个护照出国要经过十来个人，排几天的队。最后大家都想办法花钱去买通关系，这些都是公开的秘密。S君还对我说，印度扫盲落后也有政治原因：扫盲工作一般是地方政府负责的，而地方政府首脑对扫盲往往不热心，甚至私下认为文盲越多，自己就越容易在选举中得票。西方学者在研究中印发展模式的差别时也强调政府的作用。

　　西方也有不少人认为印度是一个法治国家，所以比中国更有前途。实际上你只要去印度实地观察一下，就知道印度的法律在很多方面已经构成了印度的沉重包袱。几十年前制定的法律，早已不合时宜，但你要改动却很困难。最明显的就是使外商头疼的印度劳工法。印度的劳工法是一个体系，包括了40多项不同的法律，其中有1926年的工会法和1947年的劳动争议解决法，公司要解雇一个工人非常困难。这样的法律看似保护了工人的利益，但实际上则因为阻碍投资，减少了人们的就业机会。一位印度朋友告诉我，他在开封市住了3天，印象最深的就是每天一大早，开封的环卫工人就开始打扫街道了。他说在印度新德里和孟买这样的大城市，都做不到这个水准，环卫工人都"组织"了起来，有自己的工会，一半人经常找各种借口不来上班，所以城市总体上很脏。

　　印度的改革和中国的改革还有一个巨大的差别，这就是中国可以大张旗鼓地宣传和推动改革，印度的很多改革却只能悄悄地进行。印度虽然有所谓言论自由、媒体自由，但主流意识形态从1947年独立以来一直是偏"左"的，而现在进行的改革一般被认为是偏"右"的，所以政府很少公开宣传改革的必要性，大部分印度人也不知道有"改革"这桩事，政府的改革派实际上也是"少说多做"。但是如果没有民众对改革总体认识的提高，改革在实践中自然会遇到很多障碍。印度模仿中国建了各种特区，但进展速度非常慢，遇到各种势力的抵制，就是一个例子。表面上看，印度是个开放社会，但实际上印度普通民众对外界的了解远不如中国。美国的芝加哥全球事务理事会 2007 年在印度作了一个调查，居然发现大部分被访人认为他们的国家已经是仅次于美国的世界第二强国。（《国际先驱论坛报》，2007 年 2 月 2 日）

我曾对印度的杰恩教授说，从我自己的研究来看，还没有发现一个发展中国家能通过一人一票而实现现代化的，但我倒是希望印度能走出一条实现现代化的道路，从而能为更多的发展中国家带来希望。近年印度在不少方面也取得了一些突出的成绩，特别是软件业、制药业等，其中不少独特的经验值得我们借鉴；但总体上看，由于没有一个致力于现代化的强势政府，印度未能克服一些制约现代化建设的根本问题，如种姓制度、妇女解放、土地改革、文盲和赤贫等。从这个意义上，印度要赶上中国确实不易。现在全世界都在谈论中国和印度的崛起。欧盟的一位官员曾对我说，欧洲的投资者普遍认为：你去中国和印度投资都可能会经历失败，但如果你不去那里，那么你已经失败了。中印这两个亚洲大国最终应该携起手来，取长补短，走出自己现代化的道路，这将是真正改变世界政治和经济格局的大事。

## 五、别了，南斯拉夫

中国崛起要顺利，要精彩，就要学习别人的长处，汲取别人的教训。就我自己的经历而言，对南斯拉夫解体前后的实地观察是我难以忘怀的经历，值得与读者分享。1986 年 7 月，我以英文译员的身份随总理访问南斯拉夫。我们的专机一早从罗马尼亚首都布加勒斯特起飞，不到一小时，就抵达了贝尔格莱德上空，从飞机上往下俯瞰，说句老实话，我们惊讶了，下面是宽敞的高速公路和无数飞速行驶的轿车，还有点缀在青山绿野中的一栋栋橘红色房顶的小别墅，从经济窘困的罗马尼亚来到繁荣富裕的南斯拉夫，这个反差太大了。

中国当时的驻南斯拉夫大使谢黎是位资深的外交官，非常简明扼要地给我们介绍了南斯拉夫的情况，他说"可以用一、二、三、四、五、六、七来概括南斯拉夫"：一个国家、两种文字（俄文字母和拉丁字母）、三种语言（塞尔维亚—克罗地亚语、马其顿语、斯洛文尼亚语）、四种宗教（东正教、天主教、耶稣教、伊斯兰教）、五个民族（塞尔维亚、克罗地亚、斯洛文尼亚、马其顿、黑山）、六个共和国（塞尔维亚、斯洛文尼亚、波黑、克罗地亚、黑山、马其顿）、七个邻国（阿尔巴尼亚、希腊、罗马尼亚、保加利亚、匈牙利、奥地利、意大利）。

当时南斯拉夫的人均住房面积已达 18 平方米，平均每 8 人就有一辆轿车，市场看上去很繁荣。但繁荣的背后已经隐藏了危机，如通货膨胀、政治权力过分下放等。当时的南斯拉夫中央政府几乎只剩下了外交和国防的权限。铁托 1980 年 5 月 4 日去世后，南斯拉夫联邦政府实行了国家元首集体轮流的做法，结果无法形成坚强有力的领导核心，6 个共和国各自为政。

铁托生前的经济政策也有严重失误，他总想对各个共和国一碗水端平，没有按照经济规律办事，没有形成一个统一、高效的国内市场。塞尔维亚一位学者后来对我说，铁托的做法就是如果塞尔维亚要建一个钢铁厂，那么其他几个共和国也要建一个，结果在南斯拉夫境内建了一大批经济效益低下的"政治工厂"。

回想起来，当年邓小平反复强调中国要搞两个开放，一个是对内开放，一个是对外开放，以及两个市场，一个是国内市场，一个是国际市场，这是极富远见的。所谓对内开放和国内市场，就是建成一个巨大的、统一的、高效的国内市场，以这个市场为后盾与国际市场对接，中国就有了自己的实力和本钱，就有了国家统一的坚强经济基础和制度构架。中国现在虽然还存有不同程度的地方保护主义，但通过30多年的改革开放，中国正在形成世界上最大规模的统一市场，这对中国的长治久安具有重要意义，对于中国最终超过美国，成为世界最大的经济体将具有决定性的意义。

回想起来，1986年的南斯拉夫已经非常开放。迎接外国领导人举行会谈的联邦大厦（1999年被北约导弹击中）一楼大厅，布置得像一个现代艺术博物馆，展示了一些大幅的现代派绘画作品和抽象派的雕塑作品，效果很好。在巨大的空间内展示抽象艺术品，给人一种天马行空的视觉震撼，但整个氛围还是浑然一体、气势磅礴。南斯拉夫总理米库利奇举行欢迎宴会，一般不选在国宾馆或五星饭店，而是选在当地艺术家、诗人和小资最喜欢相聚的酒吧街，大概相当于上海的新天地和北京的什刹海，那时的中国还没有这么时尚的地方。

欢迎我们的宴会在一个名为"三顶草帽"的酒吧餐馆举行，双方都没有正式的发言，大家围着几个长长的木桌，喝南斯拉夫自己生产的葡萄酒，吃地道的贝尔格莱德风味牛排，还有一位留着小胡子的中年歌手和他的三人小乐队，边弹边唱，为我们助兴。歌手唱了许多爱国歌曲，其中一首叫《南斯拉夫颂》，坐在我边上的南外交部的一位官员告诉我，1980 年铁托逝世后的那些日子，无论你走到哪里，人们都唱这首歌，广播电台也不停地播放这首歌，"我们一定要团结，这是铁托生前的嘱托"。

小胡子歌手还为我们弹唱了一首他自编的歌，名字叫《欢迎远方来客》，歌词大意是："贝尔格莱德的心脏跳动起来了，因为我们迎来了远方伟大国家的友好使者。在这动荡的世界上，人分为好人和坏人，但来到这儿的都是好人。欢迎你们，这里有南斯拉夫人民的美好祝愿。有诗人说过，友谊和爱情开花的地方，就是贫穷和寂寞死亡的地方。"塞文翻译是个中文说得很好的小伙子，把歌词译得恰到好处，像一篇美丽的散文，把我们的晚宴的气氛推向了高潮，大家起立举杯共祝"中南友谊万古长青"。说句老实话，我们这代人，都有某种南斯拉夫情结，我们都看过《瓦尔特保卫萨拉热窝》，都知道南斯拉夫游击队抗击德寇英勇善战，都知道毛泽东主席说过，"铁托像铁一样硬。"同样，南斯拉夫老百姓也大都知道中国红军的万里长征、知道毛泽东和邓小平。

后来我们又启程去访问斯洛文尼亚，这是南斯拉夫最富裕的省份，紧邻奥地利，下榻在铁托生前居住过的官邸。我问饭店的接待员，您是南斯拉夫什么地方的人，她给我一个灿烂的微笑，"我是南斯拉夫人"。我一下子意识到这是南共长期教育的结果，大家都只说自己是南斯拉夫人。不说是哪个共和国的人。这和中国不一样，在中国，你可以说自己是湖南人、江西人，因为大家不言自明，都是中国人，但"南斯拉夫人"这个概念是需要培植的。后来的发展证明：南共长期的政治教育敌不过民粹主义者煽动的民族主义情绪。塞尔维亚驻日内瓦联合国机构大使沃克维奇曾对我说："现在回想起来，铁托在世时，大家对南斯拉夫的认同还是很强的。如果铁托能够多活几年，也许我们就可以完成与欧共体的谈判，使整个南斯拉夫作为一个整体加入欧盟，这样后面的国家解体和战争，大概都可以避免了。当然，现在一切都已无法挽回了。"

南斯拉夫解体首先由经济危机引发，持续的通货膨胀，最高时曾达到2400%，人民生活水平急剧下降，各种罢工事件不断。1988年开始，米库利奇政府已有点风雨飘摇。接替米库利奇的是马尔科维奇，他对南斯拉夫的问题把握得比较到位，他曾说过，南斯拉夫过去政策犯了两个错误：一是把市场与资本主义等同起来，没有进行更为彻底的市场改革。二是整个南斯拉夫的经济变成了"契约"经济，不是那种根据市场经济规律形成的"契约"，而是根据一些政治原则，通过行政手段达成"自治协议"。工人和管理阶层之间、共和国之间、中央和地方之间、企业之间都有各种协议。一旦一个环节出了问题，就会影响一大片，甚至影响整个国家的经济运作。这种联系不是有机的、市场的，而是人为的、行政的，其离心力甚至大于向心力。

在西方推动的"民主化"浪潮冲击下，南斯拉夫整个知识界完全接受了西方的政治话语，而这种话语的核心是一个天真的梦：只要采用了西方的政治制度，南斯拉夫面临的所有问题就会迎刃而解。一种激进的革命气氛迅速形成，南共联盟的地方党部也先后接受了西方的政治话语，纷纷推出了一个比一个更为激进的政治改革方案。斯洛文尼亚共盟于1989年3月首先提出了"结束一党制，实行多党制"，之后整个政治局势演变得一发而不可收，联邦政府和南共联盟的中央机构被完全架空。实际上，这不是一党制与多党制孰优孰劣的问题，而是在南斯拉夫特定的国情下，推动西方希望的政治变革一定会导致国

家的解体和战争，但一般民众，甚至多数知识分子，当时都没有看到
这一点。

1990 年 7 月，南联邦通过了《政治结社法》，正式实行多党制，
一个人口只比上海多一些的南斯拉夫一下子出现了 200 多个政党，而
赢得最多选票的都是高举民粹主义大旗的政党，他们的口号就是"斯
洛文尼亚属于斯洛文尼亚人"、"克罗地亚属于克罗地亚人"、"科索沃
属于科索沃人"，口号越激烈、越极端，越能赢得选票。1991 年，从
斯洛文尼亚开始，一个接一个的共和国宣布独立，脱离联邦，南斯拉
夫"内战"随即全面爆发。

第一个承认斯洛文尼亚和克罗地亚独立的是德国。尽管多数欧
共体成员还有疑虑，他们的疑虑不是因为他们赞成维持南斯拉夫的统
一，而是认为从欧盟有关法律文件来看，宣布独立的克罗地亚在人权
问题上，还没有能力保障当地少数民族（塞族）的权利，造成了 20
多万塞族人迁徙塞尔维亚的难民潮。但德国以欧盟应统一对外为由，
游说欧共体成员承认这两个国家的独立。我后来问过塞尔维亚的一位
资深外交官，怎么解释德国如此热衷于承认斯洛文尼亚和克罗地亚的
独立。他认为，刚刚实现了统一的德国要重建其势力范围，斯洛文尼
亚是其近邻，而克罗地亚在二次大战期间是德国的傀儡国。不管这个
观点是否站得住脚，但欧洲大国可以为了自己的利益而牺牲原则、牺
牲别国的利益，则是毫无疑问的。

我对德国一般有好感，因为德国对二次世界大战作了认真的反
省，这与日本的态度形成了鲜明的对照。但是在南斯拉夫解体这个问
题上，我认为德国的行为是极不负责任的。即使南斯拉夫这个国家
应该解体，也不应该用这种打开潘多拉盒子的方式来解体。但德国也

好，整个西方也好，很少顾及别人利益。当斯洛文尼亚和克罗地亚在德国和西方的支持下获得独立后，南斯拉夫境内的战争就像多米诺骨牌，一场接一场发生，最终导致了 20 多万人丧生，无数人致残，数百万人流离失所，创下了二次世界大战后欧洲最大的人间悲剧。

当 2007 年德国总理默克尔夫人在总理府会见达赖喇嘛的时候，当 2008 年西方媒体几近疯狂地为藏独叫好的时候，我的感觉就是：如果中国某一天愚蠢地照搬西方模式，让自己内乱了，最终导致台独、藏独、疆独势力泛滥的话，美国、英国、德国、法国乃至整个西方都会出来承认，他们一定会有各种冠冕堂皇的理由，什么人权啊、民族自决权啊。实际上他们内心深处都有强烈的意识形态情结：对他们中的很多人来说，今天的中国就是一个放大了几十倍的东德。他们不了解，也不愿意了解中国人在自己的历史上经历过多少动乱，每次动乱又导致多少家破人亡。他们不理解为什么今天的中国人如此珍惜自己国家的稳定和发展，不愿意去相信现在是 1949 年以来中国最好的时候，更不愿意接受中国人走自己道路的坚定意志和决心。当然，中国不是苏联，也不是南斯拉夫，他们这种愿望注定是要落空的，邓小平早在 1982 年就掷地有声地说过："任何外国不要指望中国做他们的附庸，不要指望中国会吞下损害我国利益的苦果。"

20 年后，我又踏上了旧地重游的征途。我是 2006 年 7 月从克罗地亚的首都萨格里布坐长途客车进入那个曾令我心动的贝尔格莱德。就在中国迅速发展的 20 年中，塞尔维亚却经历了一个又一个灾难，特别是科索沃危机引来了北约的密集轰炸。我抵达的贝尔格莱德长途汽车站，仿佛是 20 年前中国的一个县级汽车站，人声鼎沸，尘土飞扬，卖票的地方人山人海，六七个人走过来拉我坐他们的计程车，还有要求换外币的。但出了车站，贝尔格莱德还是那么一种大都市的气派，宽宽的街道，漂亮的欧式建筑，遍布城市每一个角落的咖啡馆，衣着得体的男男女女，只是商店的橱窗和摆设给人感觉已经大大落伍了，还有北约轰炸留下的残垣断壁。

我把行李放在旅馆，叫了辆计程车赶往那家令我难忘的"三顶草帽"酒吧餐馆，好像那个地方也保留了我青春的一部分，尽管那只不过是一场独特的晚宴。我碰到了饭店的老板，一说起20年前的事，他说："我知道，我知道，那是我父亲时候的事。"于是他进入里屋，从一个红色的大柜子里拿出了三本厚厚的贵宾签名册，帮我找到了当年美国总统老布什和铁托的签字。指着铁托的笔迹，他感叹："老头子来这里吃过好几次饭，他是我们最怀念的人。老头子死了以后，我们的国家就每况愈下。"他说："从整个70年代到80年代初，那是我们最好的日子。"他不无遗憾地说："铁托是政治家。一人一票选不出铁托，却选出了米洛舍维奇，最后国家都垮在这些政客的手里了。"他还愤愤不平地说："你看，现在科索沃又要独立了。"我可以理解他的感情，只要想一想这20年塞尔维亚人所经历过的大灾大难。但他最后还是笑着对我说："经历过战争的人都喜欢一句话：'不管怎样，我还活着。'活着就应该感到幸福。"他举起手里的杯子，和我一起把那苦涩的塞尔维亚啤酒干完了。

我那天还在旅馆里碰到一位刚从上海回来的塞尔维亚电器商人，他说："你们上海日新月异，每半年出版一张新的上海地图。我们这里是每半年换本护照，先是南斯拉夫护照，后来是塞尔维亚和黑山共和国护照，现在大概又要变成塞尔维亚共和国护照了，因为黑山共和国几天前也宣布独立了。"他的感叹真是一语道出了中国与南斯拉夫两个国家在过去20年的不同命运和沧桑。

从贝尔格莱德坐车去波黑共和国，边界检查很严，波黑的警察把塞尔维亚人当贼看，我们车上有4个塞族人，警察把他们的证件看了又看，然后要他们下车，打开每一件行李。整整耗了我们1小时40分钟，那种种族仇恨显然尚未消退。边界哨所挂着波黑的国旗，也挂了欧盟的旗帜，可见欧盟的影响力，这里使用的也是欧元。车沿着山路不停地转，终于在黄昏时分，看到山下一大片城区，无数清真寺的高塔，我知道萨拉热窝到了。

我去萨拉热窝老城，老城一派古色古香，街道熙熙攘攘，人们似乎已经忘掉了战争的阴影。其实战争的阴影还是挥之不去，给我当导游的波黑姑娘尼娜，一讲到她经历过的波黑战争，眼圈就红了起来，指着对面那个山头，"炮弹就从那个地方打过来，落在下面的那个小镇，我叔叔全家四人被当场炸死"。战争留下的残壁断垣还历历在目。老城许多商店都出售用炮弹壳和子弹壳做的工艺品，我买了三个子弹壳，上面刻了三种不同的伊斯兰花纹图案，我问店主，这些图案是什么意思，他说：一个是和平，一个是幸福，一个是爱情。我突然想到世界上老百姓的祈求不就是这么三个愿望吗？但世界上总有人以各种名义要去剥夺人民的这种愿望，甚至不惜付诸武力。波黑一位学者对我说："千万不要相信人是理性的，铁托时期我们大家都相处得很好，但是后来政客一煽动，人的民族情绪和宗族情绪就被调动起来了，人就成了失去理性的动物，互相厮杀起来。昨天还是朋友，今天就是仇人。"我走进老城的一家画店，里面居然四分之一的画像都是铁托。我问店主人——一个满脸皱纹的长者：

"您还是非常尊重铁托？"他说："那当然，一个真正为老百姓做事的领袖，人民永远铭记他。"

在克罗地亚也可以看到战争留下的痕迹。战争还在这片土地上留下了大量尚未爆炸的地雷，至今仍然威胁着人民的生命安全。克罗地亚人仇恨米洛舍维奇，"我们打了6年仗，死伤人数到现在还没有确切的数字，我们的生活水平，至今还没有恢复到南斯拉夫时期的水平。"克罗地亚朋友K君对我说。当地的报纸称已发现了138个大型坟地，埋的都是战争中被塞族打死的克族人，但我无法核实。我们路过了萨格里布的大教堂，祷告者无数，教堂人满为患，K君对我说："经历了战争，人人心里都有阴影，不少人都闷闷不乐，大家都想从宗教中找到更多的安慰，但是尽管信教的人越来越多，我国的自杀率还是世界领先。"

晚上，我与K君夫妇共进晚餐，他们说在前南斯拉夫所有的共和国，包括最早独立的斯洛文尼亚，声望最高的政治家仍然是铁托。我问："你们怀念铁托，主要怀念他什么？"K君说："怀念那个时候的和平和懒散，怀念那个时候的免费医疗、免费教育、带薪休假。铁托那个时候，除了上街游行会有麻烦，其他你什么都可以做。"他夫人补充说："还有铁托的个人魅力，现在的领导人无人可比，他是一个非常有自尊和个性的共产党领袖，他抽雪茄，住别墅，戴瑞士名表。"K君狡黠地一笑："还有他和那些漂亮女演员的故事。"分手时，K君给了我他最新的名片，我注意到，上面电子邮件地址用的是南斯拉夫的域名。

在科索沃首府普利什蒂纳，我和科索沃电视台的总经理A君谈天，他自己在贝尔格莱德念的大学，"我当时最好的朋友都是塞尔维亚人，"他对我说，"但是后来米洛舍维奇搞大塞尔维亚主义，我和我夫人是阿族，我们就失业了。这种迫害甚至涉及了孩子，塞族孩子和阿族孩子天天打架，最后只好分开，上不同的学校，等于是种族隔离。"他还告诉我，自己一次与夫人去马其顿办事，返回科索沃的时候，守卫边境的塞族警察禁止他们入境，他们只能在边界宿营，整整等了三天三夜。在科索沃开车旅行，不时会看到一片一片的公墓，普利什蒂纳的山坡上还有漫山遍野的坟墓。"这场战争，我们每个家庭都有失去的亲人，所以恢复塞族和阿族的和谐已经不可能了。"他叹息地对我说。

我们一起散步到市中心，看到了穆斯林的清真寺、东正教和天主教的教堂，A君说，你看，不同宗教完全可以和平相处。不远处还有一个纪念碑，由三根高高的柱子组成。他告诉我："这是纪念铁托生前最后一次访问科索沃而矗立的，象征了阿族、塞族和其他民族的团结，当时，科索沃省是南斯拉夫不同民族、不同宗教和睦相处的模范省。"我认识不少塞族人，也认识不少阿族人，这两个民族都有一个共同特点，待人热情洋溢，和他们交朋友很容易。如果有个能够主持公道的好政府，这两个民族完全可以和睦相处，但是在民粹主义政客的煽动下，一个民族和睦相处的模范之省很快就变成了民族仇恨与厮杀之地。

与塞尔维亚人讨论这个问题，他们都强调外部势力的干预导致了危机。塞尔维亚一位学者对我说："科索沃当时的所谓的'解放军'，杀害了很多塞族人，在1998年以前，美国自己还把这个组织列为恐怖主义组织，但为了肢解南斯拉夫，美国改变了政策，向这个组织提供大量物质支持和人员培训。国际政治中有多少正义？一切都是赤裸裸的利益。"说这话时，他的语气很肯定。现在科索沃在西方一些主要国家的支持下已经正式宣布了独立，但塞尔维亚、俄罗斯和世界上多数国家尚不承认，这也意味着这场南斯拉夫分裂引发的危机还远远没有结束。

在马其顿首都斯科普里，我碰到一位60多岁的作家，他说："当年整个东欧都羡慕我们南斯拉夫，他们搞的是死板的计划经济，而我们这里美元可以随便兑换，房子可以自由买卖。"这位作家还见过铁托，"当时铁托已近80岁，但红光满面，身体看上去很硬朗。他喜欢爵士乐，喜欢富裕的生活，不过他也想办法使他的老百姓富裕起来。"我们的话题转到了马其顿政治。他说，铁托有政治诚信，而今天政客最缺少的是政治诚信。"我们这里喜欢拿政客开玩笑，"他说，"我们最新的笑话是：我们的总理去布鲁塞尔要求加入欧盟。欧盟对他说，你们必须建立一个100%的民主体制。我们的总理回答，没关系，我们已经建立了超过110%的民主体制。"他说马其顿今天面临的最大问题是马其顿人与阿尔巴尼亚人的关系，现在阿族人已占人口的三分之一，"说不定哪一天，他们要求和科索沃合并呢。这样的话，我们的国家则要解体了"。前南斯拉夫地区就是个潘多拉盒子，一旦打开，就问题没完。科索沃人担心"大塞尔维亚"，马其顿担心"大阿尔巴尼亚"，而在隔壁的希腊，人们担心的是"大马其顿"。

一个国家的命运就是这样，关键的几步不能走错。一失足而成千古恨的情况太多了，南斯拉夫就是一个典型例子。西方有不少人希望中国也会出现类似南斯拉夫这样的解体。但他们的这种愿望是不会实现的，因为维护中国国家的统一是13亿中国人的坚定意志。但是在中国崛起的进程中，我们还是要深入思考苏联和南斯拉夫解体的前车之鉴，从中汲取有益的教训，从而使我们的崛起更加顺利、更加精彩。

## 六、东欧：家家都有难念的经

20 多年前，东欧国家选择了全盘西化的道路，而中国则选择了继续走自己认定的道路。两种不同的选择自然产生了不同的结果。过去 20 年中我几乎走遍了所有的东欧国家，也和东欧的各种人士有广泛的接触和交谈，自然有所感悟，有所感叹。记得 2006 年夏天的时候，我在阿尔卑斯山脚下的德国小镇埃姆看过一场白俄罗斯演员用俄文表演的独幕话剧，那是只有一个演员表演的那种真正的独幕剧。表演不是在剧场进行，而是在我下榻饭店一楼的咖啡厅内进行，五六十个观众，一边喝咖啡，一边看演出。话剧的名字叫《穿牛仔的一代》。西方国家把白俄罗斯看作是欧洲剩下的最后一个"专制"国家，而这个话剧是"反专制"的，在白俄罗斯被禁演，所以现在就在欧盟的资助下，在欧洲各地做巡回演出。因为有英文字幕，我看懂了这个话剧。

剧情非常简单：一个白俄罗斯的青年男子，非常向往西方，起初是收集西方游客使用过的色彩缤纷的塑料袋，向自己的朋友们炫耀，后来开始倒卖西方的牛仔裤。一次在与外国人换美元时，被警察抓去询问。最后他又参与了反政府的示威，被投入监狱。他躺在监狱里做了很多梦，梦到监狱外面美丽的田野，梦到监狱的厚墙倒下了，梦到了当年为反对苏联入侵而在布拉格温瑟拉斯广场自焚的捷克青年。最后，他终于走出了监狱，嘴里嚼着口香糖，右手举着一根长长的木杆，上面挂着一件牛仔衫，象征了反专制统治的旗帜，走在游行队伍的前列。

40分钟左右的短剧结束，男演员和我一边喝咖啡一边聊了起来，他见我来自中国，不无好奇地问："能不能坦率地问你一个问题？"我说："越坦率越好。""中国和这个话剧描述的情况一样吗？"我笑了："还真不一样。你可能还不知道：中国是世界上最大的牛仔服生产基地，中国愿意持有美元的人也在锐减，因为美元越来越不保值呀。"他觉得有点不可思议，我建议他最好自己去中国看一看。不过我也对他说："我理解您的这个故事，中国也经历过商品极度短缺，文化生活极端枯燥的岁月，很多人当时也把西方想像得无限美好，但那个时代已经过去了。中国和东欧采用了不同的变革方法，各有利弊，我个人觉得中国的方法略胜一筹。"他半信半疑地看着我，然后说："以后一定要去中国看看。"

东欧当年剧变的原因很多，但对多数普通老百姓来说，最直接的原因就是日常生活消费品的匮乏和文化生活的枯燥。我1986年曾随一位中国领导人访问罗马尼亚，当时的罗马尼亚电视节目非常单调，以齐奥塞斯库的活动和没完没了的会议为主，电视机也都是罗马尼亚国产的，质量很次，国宾馆的电视机，也只能雾里看花。我还抽空去了布加勒斯特最繁华的百货商店，看到人们排着长队购买日用品，走近一看，顾客在抢购上海生产的美加净牙膏。后来我又有机会，坐车从维也纳去斯洛伐克首府布拉迪斯拉瓦，入境的一瞬间就感到强烈的反差：路灯昏暗、道路狭窄、人的穿着土气，我在布拉迪斯拉瓦第一次看到欧洲还有这么多的穷人，三五个穿着邋遢呢大衣的斯洛伐克男人挤在火车站餐厅喝土豆汤，吃黑面包，整个斯洛伐克首都最大的中央车站餐厅，就提供这么一种怎么也无法使人产生食欲的"菜肴"。当时的波兰的情况要好些，但消费品种类也少，款式陈旧，商店的橱窗布置简陋，卖水果的商店就在橱窗上画一些苹果，街上跑的都是东欧自己生产的简陋的甲壳虫小车。

当时的东欧社会主义，尽管有"铁饭碗"和各种福利制度（这也是现在不少人怀念那个时代的原因），但整体经济实力和物质生活水平明显不如西方，前面白俄罗斯话剧中所描绘的西方的塑料袋、口香糖、美元，都是西方更为优越的物质生活的符号，中国 20 世纪七八十年代也有类似的经历。东欧后来的政治危机也源于经济形势恶化。从 1980 年开始，波兰经济走下坡，失业剧增，导致了席卷全国的罢工浪潮。虽然东欧国家在 20 世纪 70 至 80 年代都进行了不同程度的经济改革，但总体成效有限。与西方相比，他们在物质生活上的差距还在拉大，引起了这些国家人民的强烈不满。这也给西方很大的心理优势和政治话语权。

当时的苏联和东欧流传着很多关于物资匮乏的政治笑话，一个人们反复引用的经典笑话是：一天，集体农庄庄员伊万在河里捉到一条大鱼，高兴地回到家里对妻子说："看，我们有炸鱼吃了！"妻子说："没有油啊。""那就煮！""没锅。""那就烤！""没柴。"伊万气得把鱼扔回河里。那鱼在水里划了一会儿，跳跃了起来，激动地高呼："勃列日涅夫同志万岁！"从这个角度看，中国 30 年来翻天覆地的变化，从物资极度匮乏到经济空前繁荣和人民生活水平的巨大改善，其意义怎么评价都不过分。邓小平说过：不发展经济，不搞改革开放，不提高人民生活水平，只能是死路一条。东欧大致就是这样走上死路的。

当然，东欧共产党政权相继垮台还有其深层原因。例如，这些国家的政权存有先天的不足：这些政权（除了南斯拉夫和阿尔巴尼亚外）几乎都是二次大战后靠斯大林为首的苏共扶持上台的，国内群众基础薄弱。邓小平1989年对访华的泰国总理差猜曾这样解释中国与这些国家的区别："中华人民共和国是打了22年仗建立起来的，建国后又进行了3年抗美援朝战争。没有广泛的群众基础，不可能取得胜利。这样一个国家随便就能打倒了？不可能。不但国内没有人有这个本领，国际上也没有人有这个本领，超级大国、富国都没人有这个本领。"得之易，失之也易，这是生活中的规律，也是政治中的规律。

另外，东欧的经济改革普遍没有中国走得远，思想僵化了，始终未能突破市场经济等于资本主义这个意识形态的紧箍咒，政治话语也大都从苏联教科书批发而来，没有多少自己原创的东西，对本国老百姓没有吸引力和说服力。1989年，控制东欧政治的苏联领导人戈尔巴乔夫自己乱了方寸，在强大的西方话语面前毫无招架之力，被西方话语彻底击败，至此，东欧共产党政权纷纷下台就是意料中的事了。经济上没有搞好，政治上失去了自信，最后自然也被自己的老百姓所抛弃。

东欧剧变至今过去20多年了。这些国家近况如何？人民生活得怎么样？他们的民主质量如何？有没有什么中国可以汲取的经验教训？我十分关注这些问题。从2000年开始，我走遍了几乎所有的东欧国家。总体上看，东欧国家中，阿尔巴尼亚和摩尔多瓦还是典型的发展中国家，政治上采用了西方模式，经济上仍然非常落后，这两个国家至今还属于欧洲最穷的国家。2001年，我从土耳其的伊斯坦布尔乘飞机去阿尔巴尼亚访问，坐我边上的是一位50多岁的沙特阿拉伯工程师，叫阿卜杜拉。他说想去地拉那看看，如可能的话，准备买套房子，晚年可以在此退休。我问为什么选择阿尔巴尼亚，他说，阿尔巴尼亚是穆斯林国家，房价又便宜，以后还可能加入欧盟。我微笑地点点头，理解他的天真。我们抵达了地拉那，排着长队，耐心地等候阿尔巴尼亚边检人员为来访者一个一个地手工进行登记，因为没有电脑，一切都非常慢，阿卜杜拉直朝我摇头，说："我在这里买房子的念头开始动摇了。"等我们坐着破旧的计程车一起上了通向地拉那的坑坑洼洼的公路，他说："太没意思了，我明天就离开。"我倒是在地拉那高兴地逗留了3天，还去了港口城市杜拉斯。阿尔巴尼亚人热情好客，很多人还记得当年中国给予阿尔巴尼亚的援助，甚至给我唱《大海航行靠舵手》。

东欧其他国家的发展程度要高得多。在1989年剧变之前，大部分东欧国家已属于中等水平的工业化国家，其特点是农村人口一般都低于30%，其中比较富裕的是东德、捷克、匈牙利，较穷的是斯洛伐克、罗马尼亚、保加利亚。这些国家经过剧烈的市场化改革后，经济最终都复苏了，并有了相当的发展，特别是已加入欧盟的8个国家（爱沙尼亚、拉脱维亚、立陶宛、波兰、捷克、斯洛伐克、保加利亚、罗马尼亚），但在2008年开始的金融海啸中又遭重创。这8个国家中，我走了7个，但也只是去了他们的首都，难以和中国作一个全面的比较。应该说这些国家的首都还算繁华，人们的生活水平比20年前提高了不少，欧盟的各种财政援助产生了一定的效果。但如果拿这些城市和上海等中国沿海城市比较的话，或者和重庆这样的迅速发展的内地城市相比的话，无论是城市的基础设施、商业的繁华程度、市民的消费水平、新建筑的规模、式样和质量以及人的精神面貌，上海和重庆都明显胜出。总体上，我觉得中国的发达地区和内地的一些大城市已赶上甚至超过了东欧多数城市的水平，但整个中国要达到东欧今天的水平还需要更多的时日。

中国与东欧的最大差距还是在市民文化方面。无论是办事排队还是开车上路，人家做得比我们更有规矩。在市民文化方面，东欧的历史比我们长，像布拉格、布达佩斯、里加等城市，早在第二次世界大战前，已经形成了相当庞大的中产阶级，高级公寓、别墅和咖啡馆随处都有，市民文化传统延续至今。

至于这些国家1989年以来的政治发展，我只能说路途很不顺利，效果也不如人意，甚至可以说，家家都有难念的经。这也再一次证明：一种新政治制度的建设是一个非常复杂、艰巨的过程，需要时日，才能逐步健全，甚至有可能由于种种原因而迟迟健全不起来。20来年过去了，尽管有欧盟大量的资金投入和专家指导，这些国家宪政的架子都有了，民主的形式也存在了，但就是没有产生多少真正的民主主义者。一大批自私自利的政客在那儿争权夺利，导致东欧百姓普遍对自己的政府失望，连欧盟对这些国家的民主进程也相当失望。本国老百姓也好，欧盟也好，原来都以为，只要政治制度一变，一切都会变好，结果谈何容易。革命是浪漫的、兴奋的、热血沸腾的，但革命后人们发现旧的习惯和行为方式依然根深蒂固，甚至丝毫未变，社会深层次的变化是非常缓慢的。

根据2008年初欧洲权威机构 Eurobarometer 公布的民调，大部分东欧国家人民对自己政府的信任度均非常低：保加利亚为16%，波兰为17%，拉脱维亚为19%，罗马尼亚、匈牙利和捷克为21%，远远低于今天的中国。欧盟老成员中，惊呼上当的不少，一些东欧国家为了加入欧盟，进行了改革，但一旦拿到了欧盟的入场券，各种改革就停滞了，反而把自己的很多原来的问题带进了欧盟。但有意思的是，这个民调也表明，这些东欧国家民众虽然对自己选出的政府不信任，但对欧盟却相当信任，这种信任度普遍都超过了50%，超过了老欧盟成员国人民对欧盟的信任度。

这是一个很有意思的现象。东欧这些国家的政府，理论上是人民直接投票选出来的，但人民最后反而对他们不信任，而欧盟则是一个非经选举产生的机构，但东欧的人民对其则比较信任。实际上，美国也是这样，人们当年对未经选举产生的美联储主席格林斯潘的信任远远超过对选举产生的美国国会议员的信任。就东欧来说，这不是坏事，因为选举产生的政府往往上台不久就使人失望，而在他们的上面有个欧盟来管一管，这些投机政客有时不得不收敛一些。这种上面有个"帽子"的政治安排往往效果不坏：泰国的国王，东欧国家上面的欧盟，香港上面的中央政府，在一些关键时候，都发挥了独特的、不可替代的作用，也就是邓小平谈到香港时曾讲过的话，有些干预恐怕还是必要的，关键要看这些干预是否有利于香港人的利益。

这里还要提一下台湾。众所周知，陈水扁主政的8年，大搞民粹主义，族群分裂，还有两颗子弹的丑闻，贪腐现象有增无减，但英国《经济学人》下属的EIU发表了一个民主质量评估指数，认为东欧国家民主的品质普遍还不如陈水扁时期的台湾。这个评估把台湾民主排在第32位，而上述的东欧国家中只有捷克超过台湾，排在第18位，其他均排在台湾之后：爱沙尼亚为第33位，匈牙利第38位，斯洛伐克第41位，拉脱维亚第43位，波兰第46位，保加利亚第49位，罗马尼亚第 50 位（见 EIU Democracy Index 2006）。如果这个评价是公正的话，人们就可以想像这些东欧转型国家民主的品质了。

即使是相对表现比较好的捷克，其民主质量也有很大的问题。我2006 年底，到布拉格访问，12 月 23 日抵达饭店，打开电视才知道捷克已经整整 100 天没有政府了。议会内两派旗鼓相当，互不让步。而政治人物一个接一个地陷入贪污丑闻。先是总理卷入了腐败丑闻下台；他的接班人又被议会罢免，但拒绝下台，挺了几个星期；他后面的一个叫托波拉内（Mirek Topolanek）的，10 月份被任命，但因为议会是 101 票对 100 票，他的任命一直得不到批准。捷克是一个经济比较发达的 1 000 万人口的小国，如果是发展中国家，碰上这样的事，恐怕国家就要解体了。

波兰政治也很有意思：2005 年的大选，选出了卡钦斯基当总统，但不久他孪生的哥哥就当了总理。我在布鲁塞尔见到欧盟的官员，他们私下一谈到这对双胞胎，总是带点苦涩的尴尬。布鲁塞尔一家报纸干脆出版了一幅漫画，调侃了一下两兄弟：波兰不停地克隆出一个又一个长相一模一样的新领导人，让人看了忍俊不禁。其实这也无妨，关键是兄弟俩奉行的政策很令欧洲头疼：他们先是高举民族主义大旗，要和德国算二次大战还没有算完的账，后来又提出了在波兰禁止同性恋、恢复死刑、扩大天主教会影响等主张，使欧盟老成员一下子不知所措，因为欧盟很多国家已经把保护同性恋的权利看作是核心人权。

波兰一位政治学者对我说：我们的政府代表了波兰的极右势力，搞"政治正确"，提出了一个新的法案，要追查每个人在过去共产党时期的表现，抓出共产党的合作者，反对党说这等于是麦卡锡主义，恐怕会使今天波兰的数十万的教师、学者、专家等专业人员的前途受到影响，对波兰有百害而无一利。

斯洛伐克是东欧变化比较快的国家。十分健谈的斯洛伐克前副总理伊万·密克罗什对我说："改革不容易，我完全理解中国今天的成绩，这是来之不易的。"密克罗什是个经济学家，曾在斯洛伐克政府内两度担任副总理，因为推出了征收统一的19%所得税（企业与个人所得税都降为19%）而名噪一时。他告诉我："我们改革的一条经验就是：有很多事情一定要先做后说。先说了，就做不成了。"但即使这样，在2005年的竞选中，他所代表的党输掉了大选，反改革的党赢了。但反对党上台并没有推翻所有的改革（如他们竞选中所发誓的那样），而只是推翻了前政府"不太受人欢迎的医疗改革"。对于斯洛伐克选出的新政府，最反感的是欧盟，因为新内阁包括了一些极端的民族主义者，如Jan Slota，他公开仇视斯洛伐克的两个主要少数民族——匈牙利人和吉普赛人，称匈牙利少数民族是"丑陋、罗圈腿、骑在令人可憎的马上的疑似蒙古症患者"。密克罗什对我说："亏得上面有个欧盟，使这些激进分子在国家政策方面还不敢走得太远。"

一般认为匈牙利是一个比较成功的转型国家。但2007年却爆发了关于"骗子总理"久尔恰尼的争议。这个年轻的总理在2007年5月执政党的一次内部讲话中坦承："我们搞砸了，不是一星半点儿的糟糕，是糟透了！没有一个欧洲国家比我们干得更蠢了……在我们执政的4年里，政府拿不出引以为傲的业绩。我们该如何向选民交代我们所做的一切？我们采取了一切措施保证使这个秘密在大选之前不被泄漏出去。过去2年里，我们一直在撒谎。"这段话后来在网上披露出来，匈牙利举国哗然。本来大家都以为匈牙利是东欧国家转型最成功的，结果并非如此。匈牙利老百姓本来对实际生活水平停滞不前早就有怨言，特别是为了加入欧元区而紧缩财政，提高税率，引发了广泛不满。于是这个本来东欧最平静的国家开始了几天的骚乱，首都上万抗议示威者到布达佩斯议会门口请愿静坐要求总理辞职，发生了东欧剧变以来最大的警民冲突。匈牙利的物价水平和西欧国家不相上下，但一般的退休金每月才200欧元。对于匈牙利政治乱象，匈牙利历史学家海斯勒有一句很到位的评论：匈牙利人缺乏"政治文化和妥协的智慧"，所以今天的匈牙利是"一个深深分裂的社会"。

保加利亚和罗马尼亚是欧盟新成员中相对比较落后的国家，虽然加入了欧盟，但距离欧盟的各项标准还有很大差距，特别是腐败问题非常严重。索非亚的一位朋友告诉我："我们最大的政治问题是官员腐败，最大的社会问题是人才外流。"保加利亚加入欧盟前，进行了很多面子上的改革，加入之后，改革派就被赶下了台。我的一位保加利亚研究生对我说，新上台的总统是原来的共产党，"普京给他一个电话，他就和俄罗斯签署了天然气管道协议，欧盟很不高兴。"罗马尼亚政治丑闻也不断，2006年罗马尼亚总统巴塞斯库遭到国会四分之三的议员反对而被罢免，但总统不久又通过全民投票，保住位子。罗马尼亚政治恶斗，是老百姓对政府失望的主要原因。

立陶宛是一个我比较喜欢的国家，也是东欧为数不多的可以看到笑容的国家。维尔纽斯是个充满生气的城市，这个国家又被称为波罗的海的西班牙。立陶宛面临的一个棘手问题是如何处理和俄罗斯人的族群关系。"我们和俄罗斯人一般相处没有问题，如果说有什么分歧的话，那就是他们不愿意学习我们的语言，这是对我们的不尊重。"一位当地学者对我说，"苏联的时候，俄罗斯人要拍故事片，要选欧洲的背景，就到波罗的海三国来，要尝尝正宗的欧洲咖啡，就要到维尔纽斯或者里加来。"俄罗斯人在这些国家实际上是二等公民，没有投票权，要加入立陶宛籍才能投票，而加入国籍必须通过当地语言的考试，而语言考试难度很大，政府就用这个办法来限制俄罗斯人入籍。"我们不能给他们投票权，否则我们又要失去自己的祖国了。"这位学者对我说。民主是很现实的。瑞士外国人的比例，占人口的五分之一，也没有投票权，就是怕改变国家的性质。

拉脱维亚给人的第一感觉是没有笑容。商店的服务员，理发店的理发师，旅馆的接待员，都没有笑容。另外就是女性的比例明显高于男性。我的导游丽娜说，"历史上外国人统治了我们800多年，所以这儿的人笑容就少了。男人少，是因为过去的战争，还有就是酗酒死的，开车死的，我们的男人心理不成熟，男人的自杀率是世界最高之一。"拉脱维亚一位报社编辑对我说，"在波罗的海三国中，我们拉脱维亚人的特点就是抱怨多。所有老百姓都抱怨政客，所有政客都抱怨欧盟。在所有东欧国家中，对欧盟支持率最低的就是拉脱维亚。"谈到拉脱维亚国内政治，她说了句很有意思的话："我们这儿的说法是，到9月份，问题都来了。"9月就是议员们休假结束，议会开始工作的时候。像拉脱维亚这样的东欧国家，采用了西方竞选制度，老百姓前三天新鲜，之后就是普遍的厌倦，而厌倦的原因就是竞选上来的基本上都是政客，空谈多于实干。

美国引发的2008年金融海啸和随后的欧洲主权债务危机又使东欧面临新的危机。标准普尔已将乌克兰的长期外汇评级调降至"CCC+"的全欧最低水平，把罗马尼亚和拉脱维亚的信用评级下调至"垃圾级"。东欧经济转型过程中，主要银行几乎都给西欧的银行收买，造成银行业过度依赖外资和外币贷款规模过大。金融危机袭来后，西欧金融机构纷纷从东欧大规模撤资，引发了东欧金融业的系统性风险。东欧国家在出口上对西欧国家的过度依赖也加剧了当前的危机。东欧国家的出口遭遇重创，进一步减弱其偿债能力，使债务危机更加深化。今天几乎所有东欧国家均陷入了严重的财政赤字，包括匈牙利、波兰、捷克等的货币的下跌幅度都超过 30%，波兰和捷克的外债水平已达 GDP 的 100%。据摩根士丹利最新调查结果显示，如今东欧国家外债总计约 1.7 万亿美元，超过该地区 2008 年 GDP 的总和。

东欧剧变 20 多年过去了，东欧国家在民主建设上也是困难重重。《经济学人》杂志对今天东欧民主体制的状况是这样评述的："在经济危机面前，整个地区的改革都停顿了下来。公共服务质量很差。媒体的声音微弱。政党竞选资金筹措过程充满了腐败。造成这些问题的原因之一是加入了欧盟后，许多东欧国家的经济和政治改革的努力都停滞不前了。同时，由于金融危机，也由于美国威望的下降，（东欧国家）照搬西方模式的愿望受到了挫折。所有这一切为普京式的领导人出现提供了肥沃的土壤。"文章以匈牙利总统奥尔班（Orban）上台后修改宪法，限制司法独立，加强对媒体的控制来说明东欧国家正在出现所谓的从民主滑向专制的"普京化"趋势。（《经济学人》2010 年 12 月 18 日）

欧盟对东欧民主的总体评价确实很低，其主要批评是：一、当年东欧经济转型大都是比较激进的私有化，而得益最大的都是原来的政府官员。民主化后，这些人摇身一变，成了最大的企业老板，随后又靠经济实力，组成了自己的政党，或者把原来政党的名字改变一下，而政党运作的方法与过去没有多少差别。二、20 年过去了，但这些国家都还是没有形成真正独立的司法体系和高效率的公务员队伍，政府机构办事还是拖拖拉拉，官僚主义陋习不改，腐败问题仍然非常严重。三、东欧政坛上崛起了一大批新的政客，但没有出现真正的政治家。他们努力加入欧盟只是为了从欧盟捞到各种补贴，而不是为了什么更加崇高的目标。四、虽然有很多拿着欧盟资助的非政府组织，但高质量的公民社会还没有形成。

随着时间的推移，这些国家的民主建设也许能够取得新的突破，形成品质较好的民主制度，但也可能长期徘徊在低品质民主的行列里。东欧国家本来的经济、教育都比较发达，早就扫除了文盲，人口远远少于中国（波兰人口 3800 万，大约是江苏的一半；罗马尼亚人口2100 多万，少于上海；捷克是 1000 万，其他的人口都只有几百万，少于中国的中型城市），与西方文化的同质性也明显高于中国，还有欧盟和美国提供的大量援助和专家指导，但采用了西方政治制度 20年后的结果竟是如此不如人意，其中的很多教训值得我们中国人深思。上面提到的"深深分裂的社会"、"没有出现真正的政治家"、"没有独立的司法体系"、"没有高效率的公务员队伍"等问题，都是我们在民主建设中必须考虑的。这也可以使我们更加坚定探索中国自己道路的决心，跟着西方模式亦步亦趋，对于我们这么一个历史文化传承与西方的差异远大于东欧的超大型国家，成功几率大概为零。

## 七、从欧洲到美国

中国今天已经是世界第二大经济体。如果没有大的意外，中国的经济总量可望在 10 年左右的时间内超过美国。美国则非常担心失去世界经济老大的位置，所以忙于对中国处处设防，以延缓甚至扭转这个过程。正因如此，中国迈向世界第一的过程可能会遇到美国设置的各种障碍。我们因而有必要更多地研究和了解美国。惟有这样，我们才能更好地"知己知彼"，才能更好地与美国打交道，并争取在越来越多的方面超越美国。我在这里把美国与欧洲进行了一些比较，以帮助读者更好地了解美国这个国家，顺便也更多地了解整个西方。

中国人初见欧洲人，是分不出哪国人的，同样，欧洲人初见亚洲人，也分不出中国人、日本人还是韩国人。但和欧洲人接触多了，会逐步看出一些差异。欧洲有个流传很广的笑话：有人问，"在欧洲什么是天堂般的生活？"回答是："让法国人当你的厨师，德国人当你的工程师，英国人当你的警察，意大利人当你的情人，而这一切都由瑞士人来组织。"反过来的生活方式就是地狱般的，即"由英国人当你的厨师，法国人当你的工程师，德国人当你的警察，瑞士人当你的情人，而这一切活动都由意大利人来组织"。这种夸张的调侃或多或少地反映出欧洲民族文化的差异。

如果说欧洲各国的文化差别不小，那么从欧洲到美国，你就会感到更大的差异了。当你从欧洲一下子空降到美国，欧美文化的差别立刻扑面而来。我自己从欧洲去美国大概有十来次，从诸多细节中可以感受到这种差别。比方说你从日内瓦国际机场飞抵纽约肯尼迪国际机场，你想找个推车来拉行李，突然发现这里的推车是要付钱的，而且不多不少3美元，颇令人尴尬，你往往正好没有3美元的零钱，你就不得不去换零钱。欧洲也有不少机场需用硬币才能取行李车，但这是为了让你用完后把车还回指定地点，还车后可取回硬币，所以行李车还是免费的。

　　等你上了美国的计程车，司机座位的后面贴着"顾客权利宪章"。在中国，这个地方贴的是"乘客须知"，在欧洲，较少贴这些东西，类似的规定属约定俗成，不言自明。计程车很快就上了六车道的高速公路，路上的车普遍比欧洲大。看得出，和欧洲相比，美国还是以开大车为荣者居多，这显然是一个比欧洲更加浪费能源的社会。

　　到了旅馆，你打开电视，迎面而来的是铺天盖地的广告。故事片，一刻钟打断一次，而且广告词大都涉及赚钱：100万，200万，300万。欧洲主流电视台，商业广告一般放在故事片的前后，中间最多打断一两次，而且广告拍得比较有品位，一般不出现钱数。欧美的差别还有不少，比如欧洲的咖啡是小杯的，属于讲品位的精致文化；美国的是大杯的，属于大众的消费文化。家庭观念方面，欧洲社会更传统一些，孩子大学毕业后住在家中的仍不少。在美国（英国也类似），孩子到了18岁，甚至更早，就自己出去奋斗了。美国人普遍不相信政府，总觉得个人可以比政府做得好，而欧洲国家，特别是法国、德国、西班牙等国，政府的作用大得多。这种差异与美国历史有关，当初的清教徒逃到美洲大陆，就是为了逃避政府和教会的迫害。

　　从大的方面说，欧美文化，特别是政治文化，主要有五大差别：一是宗教差别。欧洲的宗教影响总体上在走弱，美国则相反，特别是"9·11"之后，宗教在美国的影响迅速走强。礼拜天，美国教堂里人满为患，布什总统自己也每天做祷告，他讲话中使用的宗教词汇明显多于欧洲领导人。据说2001年南海撞机事件发生后，布什马上问周边的人："美国的机组人员现在能看到《圣经》吗？"欧洲的教堂，人满为患的状况不多。欧洲很多人称自己是不上教堂的基督徒。给人的感觉宗教日益演变成一种文化，倒有点接近中国传统中对宗教的态度，宗教的主要作用不再是严格的教义，而是一种文化规范。这种差异也反映在欧洲和美国的对外政策上。美国对外政策中，虽然名义上政教分离，但其外交政策受宗教势力的影响为西方国家之最。美国本来就有强烈的"传教士传统"，认定美国是上帝的"特选之国"，在小布什时代这种感觉更强，而且常常是"惟我正统，别人都是异教"，甚至连民主问题也宗教化了，在全世界到处传播美式民主的"福音"。美国现在推行的所谓"价值观外交"也说明这一点。坦率地说，只要美国的这种"宗教"心态没有大的变化，美国对于像中国这样一个非基督教、非西方文化的"共产党国家"的崛起，心理上总很难接受。从这个角度看，中美关系的真正和谐不易实现，推而广之，整个世界的真正和谐也很难实现。我曾和美国亚洲协会名誉会长卜励德先生讨论过这个问题，他比我乐观一些，认为多数美国人还是温和与世俗的，宗教势力不会过多地影响美国的对外政策。我也希望如此，而且我们都同意这么一点：中美双方的各种利益已经把我们两国联系在一起，双方完全可以寻求合作双赢，并理智妥善地处理双边关系中的一切问题。

欧美的第二个差异是美国的民族主义情绪远远高于欧洲国家。我的德国朋友告诉我，2006 年世界杯足球赛在德国举行，很多德国人一生中第一次看到这么多德国国旗，他们感觉很不习惯。由于两次世界大战的浩劫，在欧洲"民族主义"几乎变成了贬义词，一般国民很少谈爱国主义。荷兰人常说：我们是最没有民族主义的。我的一位法国朋友对我讲，他现在只有在买车的时候，还有点爱国主义，其余时候就没有了。我的丹麦学生告诉我，他在丹麦当过兵："我们的军队从来不宣誓，也没有爱国主义教育，以后只能帮助别的国家做些维和之类的事情。"北约内部之前就增兵阿富汗而引起很多争议，背后也反映了这种认知上的差别。

美国不一样，"9·11"过后那段时间，你的车开出去，不悬挂美国国旗，人家要敲打你的车窗，让你赶快挂上美国国旗。每年7月4日美国的国庆节更是热闹，几乎所有的美国人都会去公园，去喝酒聊天，去挥舞国旗，听爱国音乐，唱爱国歌曲。美国平时是个非常个人主义的国家，大家自管自，但到了国庆这一天，似乎特别集体主义，特别爱国主义，大家通过这样欢聚一堂，展现自己作为美国人的爱国主义精神。

民族主义情绪强的美国，其战争倾向也远远高于欧洲。如果从1950年的朝鲜战争算起，美国先后发动了1961年的入侵古巴的战争、1968年的越南战争、1986年入侵格林纳达的战争、1989年入侵巴拿马的战争、1994年入侵海地的战争、1999年入侵南联盟的战争、2001年入侵阿富汗的战争、2003年入侵伊拉克的战争和2011年对利比亚的军事干预。相比之下，欧洲大陆的民间还是和平主义潮流为主，更多地相信外交的作用和多边主义，这当然也和欧洲的军事实力远远弱于美国有关，但更深层次的原因还是由于历史上欧洲经历了无数战争，特别是两次世界大战的浩劫，绝大多数欧洲人对战争厌倦了。法国每年都隆重纪念第一次世界大战，那场战争中，法国死了130多万人（当时整个法国的人口才3 000万左右）。相比之下，美国1776年以来所有战争死亡的人数加在一起，还不到这个数目的一半，而美国的人口是法国的5倍。当然，这两年情况有一些变化，由于欧洲国家纷纷陷入了金融和经济危机，欧洲右翼势力的影响明显上升，不少政客力求通过发动规模可控的、稳操胜券的战争来转移民众对本国问题的视线，欧洲国家最近参与对利比亚的军事干预，并热衷于支持干预叙利亚内乱就有这样的背景。

欧美在军费预算方面也存在相当的差异。美国现在一年的军费超过世界上军费开支最大的 20 个国家的总和。2012 年美国的国防预算近 7 000 亿美元。其背后反映出的实际上是美国军火工业的既得利益。这么庞大的军工产业需要生存和发展，需要超额利润，大家都在华盛顿砸重金、搞游说，找出各种借口，说服政府维持强大的国防力量，确保美国霸权地位不会衰落。伏尔泰过去说，没有上帝也要创造一个上帝。美国有这么庞大的军工产业，总需要有一个敌人。没有敌人，也要创造一个敌人。如果说前面讲的美国宗教原因使美国容易把不信上帝的中国看成敌人，那么美国军火工业就更有这么个需求，要把中国妖魔化，然后就可以继续推动一本万利的军火工业。这大概也是美国媒体"中国威胁论"总是阴魂不散的深层原因之一。

第三个差别体现在竞争文化上、特别是社会政策上。总体上，欧洲社会福利多、生活节奏较慢。长期以来，欧洲主要国家的政府都是通过税收来调节社会不同利益，弱势群体的利益保护相对较好。但大部分国家也开始感到，这种制度缺乏竞争力，容易养懒人，欧洲也开始改革这种制度。例如，法国年轻人大都喜欢到政府系统工作，因为工作安逸，生活有保障。法国前总理法比尤斯曾对我讲过一个笑话：法国教师喜欢说自己这份工作有三个好处，第一个好处是 7 月，第二个好处是 8 月，第三个好处是 9 月（指的是法国教师夏天的三个月带薪假期）。丹麦进行了不少改革，例如，过去一个人失业，就可以拿到失业金，现在则是把一部分失业金转为学习新技能的费用，如果失业者要拿到这部分钱，就需要去学习一些新的技能。

相比之下，美国社会竞争非常厉害，社会流动性也大于欧洲，一个美国人一生中，平均要搬 14 次家，这在欧洲是不可思议的。欧洲大部分人还能保证每天至少有一顿饭是和家人一起吃的，这在美国就成了很大的奢侈，美国人一年到头在外面吃快餐为主的不在少数。我的一位意大利朋友，是慢吃运动的积极倡导者，有一次对我解释慢吃运动的意义："吃，是一种文化，需要不断地回味和体会，才能获得享受，所以快餐只能是垃圾。"但我有一位从美国来日内瓦出差的朋友，看到欧洲慢悠悠的生活方式，大为不解："这样的社会怎么会有竞争力？"实际上欧洲的竞争力并不算太低，甚至有统计数字说明，法国人的每小时平均生产率高于美国。

第四个差异是自我认同方面的文化差异。美国人认为自己是美国人，而欧洲大部分人则首先认同自己是某一个国家的人，然后才认同自己是欧洲人，而且后者更多是文化意义上的。一个欧洲人，到了美国或者中国，一下子感到自己是欧洲人，不是美国人也不是中国人，但在政治上，他们更加认同的是自己的国家，而不是欧盟，因为欧盟还不是一个国家。

美国虽然是移民国家，但人们对美国的自我认同远远强于欧洲。从历史上看，美国的形成从 13 个州联合开始，开始时连宪法都达不成一致，只能通过一个《邦联条款》，随后人们又感觉到需要有统一的货币、统一的外交和军队，最后才走到美利坚合众国。欧洲还远远没有到这一步，所以欧洲没有成为一个"国家"，欧盟虽然有不少权力，但要在国际社会作为一个整体发挥影响力，还有很长的路。当然，美国内部也有分歧，有人把这种分歧称为"美利坚"与"合众国"的对立。右派强调"美利坚"，左派强调"合众国"。小布什 2004

年再次当选后，一些不喜欢小布什的人甚至说，美国应该一分为二，让不喜欢布什的那些州单独组成一个国家，但这只是开开玩笑而已，实际上美国的内部凝聚力极强，特别是在危机时刻。

美国有一些擅长战略思维的学者，经常未雨绸缪，如哈佛大学的亨廷顿教授，曾写过一本名为《我们是谁》的书。他担心由于拉美裔人口的迅速增长，几十年后拉美裔的美国人将成为美国人口的主体，超过欧洲裔的白人，这将会带来一系列的变化，挑战美国的一些基本信念。他甚至担心美国的多元文化这样发展下去，美国社会最终可能会分崩离析，英语也可能失去官方语言的尊位。

一次参加学术会议，我与美国学者格雷·维瓦（Gray Weaver）教授聊起他对这个问题的看法，他认为"亨廷顿的这本书，是一本会导致十字军东征的书"。他说："亨廷顿和拉登一样，都仇视不同民族之间的融合"。"对亨廷顿来说，来 100 万瑞典人没有问题，来100 万墨西哥人就绝对不行。"根据格雷·维瓦教授的研究，无论是拉美裔还是亚裔，第二代的母语都是英语，其中三分之二的人会与其他民族的人结婚。他还说，美国的穆斯林人口的平均收入高于白人的平均收入。

我对亨廷顿的许多观点也有保留，特别是文明冲突论，但我有一点是同意亨廷顿的：那就是随着全球化，人们越来越意识到自己和别人的差别。关键是要防止有人利用这种差异来制造恐惧和仇恨。在这个日益多样化的世界上，中国的"和而不同"的理念更具优势。亨廷顿的文明冲突论无助于解决这些问题。当然，尽管有分歧，美国社会的总体整合能力还是远远高于欧洲。欧洲有远见的政治家和学者反复强调欧洲团结、提高欧洲整合能力的重要意义，因为他们很清楚，随着中国、俄罗斯和印度的崛起，如果欧洲还老是不能以一个声音说话，欧洲在世界的话语权将会进一步式微。

欧美的第五个差异就是环保文化上的差异。总体上，欧洲人的环保意识普遍高于美国人，欧洲各国政府的环保意识也高于美国政府。法国前总统希拉克在一次联合国气候问题会议上当着美国代表的面说，一个法国人人均能源消费比美国人低2倍。欧洲许多民调都显示，欧洲国民最关心的问题是环保问题，所以他们对小布什政府退出《京都议定书》都很反感，这也成了欧洲对布什政府耿耿于怀的一个重要原因。欧洲大部分人开比较省油的小车，美国大部分人开耗油的大车。与此相关的就是欧洲国家几乎都把环保外交作为自己外交的一个重要组成部分，并在环保领域内带头提出了很多倡议。相比之下，环境外交这种软性的东西从来不是美国外交的主要关切点。

国内崇拜美国的人不少，实际上美国自由主义模式的代价很大。美国的《新闻周刊》杂志（2007年5月14日）提供了一些颇为令人震惊的数据：美国每年有200万青少年有自杀的企图，美国少女怀孕的数量是法国、意大利的5倍。美国只有四分之一的中学生数学及格。美国每年有550万青少年需要心理咨询。美国80%的青少年参加过赌博。美国的犯罪率和囚犯人数，无论从人均比例来算，还是从绝对人数来看，都远远高于欧洲，也大大高于中国。另外，美国人口才3亿多一点，但却有近5千万人没有医疗保险。

我曾有机会近距离接触过一些美国政要，包括美国三位前总统：里根、老布什和卡特。这三人中，卡特谈美国自己的问题时最坦率。2002年3月，卡特到墨西哥参加联合国一个关于发展问题的会议。会议之后，他和公民社会以及媒体的代表见面，主动谈到了美国国内存在着两个世界：一个是发达的第一世界，另一个是不发达的第三世界。我当时向他求教了一个问题："以美国的财富，为什么不能解决美国自己国内的贫困问题？"他看着我，然后点了点头说："你这个问题提得好，如果我们每个美国人都问自己一下这个问题，我们也许就可以解决这个问题了。"

当年做博士的时候，我曾坐地铁去纽约哥伦比亚大学的东亚图书馆查资料，但不小心，坐错了车，哥伦比亚大学位于曼哈顿的西北部，我坐了北上的地铁到了曼哈顿的东北部，也就是有名的黑人居住的哈莱姆区。一出地铁，感觉就是一个内罗毕，房屋失修，街道污秽，无所事事的人满街都是，很多只眼睛盯着你，又是黄昏时分，真有点令人毛骨悚然，毕竟这里是美国吸毒、枪杀、抢劫最严重的地方之一。我叫了一辆计程车马上离开了。后来据说在强势市长朱利安尼的领导下，这个区的情况大有改善，但总体上美国很多大城市的中心城区，成了穷人聚居、犯罪猖獗的地方。这种局面，尚未改变。

在纽约坐火车也很有意思，从曼哈顿中心的 Grand Central 出发，开始时各种肤色的乘客都有，随着火车逐渐远行，先是黑人下车了，然后是棕色的拉丁人下去了，最后满车剩下的都是白人，夹着一些亚洲人。这大致也是美国收入状况的一个写照，收入越低的，住得离市区越近，富人住得越来越远。不过在曼哈顿仍有不少"高尚"地段，如公园大道和上东区等，都是美国富翁居住的首选之地。

美国这种贫富分化现象在公民素质上也有所体现。世贸大楼"9·11"遭飞机撞击，烈焰奔腾，但楼上的人步行从安全梯向下走，并没有特别的慌张，而是相当有序，人们给消防队员、妇女、小孩等让道，反映了美国中产阶级的文化水准和修养。当然，当时这些人可能并不知道整个大楼顷刻之间就会整体塌陷，如果知道的话，是否还能那么从容不迫，我不得而知。

但是 2005 年 8 月一场"卡特里娜"超级飓风袭来，暴露了美国的另外一面，"第三世界"的一面。"卡特里娜"飓风席卷了美国南部新奥尔良市，全城顿时陷入一片混乱，城市 150 万居民中三分之一是穷人，很多人瞬间被洪水吞没，联邦政府的救助迟迟不到，而抢劫、强奸、枪杀等案件层出不穷，警察对黑人的心理防范似乎压倒了对治安和救助的关心，最后死亡人数高达 2 000 多人，甚至灾后十多天，很多浮尸和垃圾还无人清理。相比之下，中国 2008 年抗震救灾的表现比其不知好多少倍。

其实欧洲也好，美国也好，都有自己的长处和短处，但他们的一个共同问题是过去 20 来年基本没有大的变化。可能自以为是发达国家了，就自满自足了。相比之下，中国一直在不停地改革和进步，整个国家面貌也因此而发生了翻天覆地的变化。这种变化给西方带来了相当的震撼。美国《纽约时报》专栏作家托马斯·佛里德曼 2008 年访问上海、北京、大连后感叹：相比之下，纽约已经更像第三世界了。今天国内一些人还天天在贬低自己的国家，开口闭口美国如何如何，对于真正了解美国的人，确实有点贻笑大方。

有媒体曾问我，你说中国比欧美好，为什么还有这么多人移民。我说，我没有说过欧美比中国好，也没有说过中国比欧美好，因为这样的比较太笼统、太简单。如果你看重的是官方汇率计算出来的人均 GDP，那么非洲的赤道几内亚都比中国好，但它首都大部分居民连自来水都没有。如果你像大部分国人一样，认为只有拥有房产才有幸福感，那么中国比瑞士要好得多，瑞士住房自有率是 36%，只有中国的一半。如果你喜欢社会治安好的地方，那中国一定比美国好。如果你喜欢吃西餐，那么法国更好。如果仅从享受生活的角度来说，一个有一定财富积累的中国人生活在上海或海南应该比生活在纽约或伦敦自在和舒服得多。对于一个仍在奋斗的年轻人，中国能够提供的发展机遇也远远多于西方。

其实，我并不觉得有很多中国人移民，中国人口基数大，移民的比例仍然非常之小。即使有很多人移民，我也不担心这个问题，因为海外中国移民我接触的很多。我自己有一个粗略的估算，至少70%的人出去以后会变得更加爱国。在国内抱怨越多的，出去后往往转变得越快，因为他们把国外想像得太好了，他们对欧美的印象是电影和广告上看来的，和真实的西方差距十万八千里，结果出去后失望的很多。过去十年中，假如你生活在中国，特别是中国的发达版块，你的财富可能已经增加了二到三倍了；假如你移民去了美国，你的财富由于赶上了金融危机可能早已缩水四分之一，今天要衣锦还乡都不容易了。错过了中国迅速崛起的伟大时代和众多机遇，至今都是许多海外华人的心头之痛。

依我之见，即使由于种种原因而移民欧美的所谓中产阶级人士，绝大多数都把根留在国内，包括自己的企业和资产等，因为他们也了解今后至少10年20年内，中国还将是世界上机会最多的国家。每年流入中国的资金也远远超过流出的资金；每年回国的留学人员现在已超过了出去留学的人数。只要我们有一点中长期的战略眼光，适度规模的移民对中国的利远远大于弊。出于各种原因，一些人移民出国了，他们以后回来也好，克服种种困难后呆在国外也好，对中国都有好处，因为中国的利益已经覆盖欧美，覆盖全球。如果海内外能有更多的人来推动中国与欧美、中国与世界的联系，推动整个中华民族的崛起，此乃民族之大幸。中国崛起的广度和力度及其所提供的大量发展机遇，整个人类历史上都从未见过，一个人能够参与这个过程应该是一种千载难逢的幸运。如果有人要放弃这种幸运而移民，没有人会阻拦他。

# 第二章

# 最不坏的模式？

一个国家的发展，就像人的一生，主要就是关键的几步。这几步走对了，一切都会比较顺利，前景会比较光明。这几步走错了，就会伤筋动骨，甚至全盘皆输。中国模式，虽不完美，但关键的几步走对了，与那些西方主导的发展模式相比，还真是不错。

在一个人口比美国、日本和整个欧洲之和还要多的国家，进行了这样一场翻天覆地的工业革命、技术革命、社会革命，没有走西方殖民主义侵略和扩张的老路，在内部克服各种困难，并使之成为带动世界经济增长的主要火车头，这就是中国奇迹。

# 一、中国的另外四种选择

一个国家的发展，就像人的一生，主要就是关键的几步。这几步走对了，一切都会比较顺利，前景会比较光明。这几步走错了，就会伤筋动骨，甚至全盘皆输。回头看一下中国走过的 30 年，不能说没有犯错误，有些错误也不能说不严重，但是在最关键的几步上，我们走对了。改革开放从 1978 年底开始，回头看来，如果不是邓小平这位强势领导人的主张和坚持，中国本来也可能选择不同的路径。我想到了以下四种可能的选择。

第一种就是"极左模式"：不改革开放，全面肯定和延续过去的"以阶级斗争为纲"，"政治挂帅"，"抓革命、促生产"的思想。改革初期提出"两个凡是"的人基本上是这种思路。如果当时中国走这条路的话，中国的结局恐怕不会比我国北方的那个邻国好。

第二种选择是"极右模式"，走一条全盘西化，用一个亲西方的政府取而代之的西化模式。我记得 1980 年代，主张"全盘西化"的学者在大学里演讲，总能赢得一片喝彩。"中国最需要的是进口一个总理"，下面一片掌声。连"最好让西方把中国殖民一段时间"的观点，支持者也不少。关于西方模式在发展中国家的实效如何，我可以简单谈一谈菲律宾的情况。因为没有一个发展中国家的西化比那里更彻底了：菲律宾先是西班牙的殖民地，人们的宗教信仰都改成了天主教，后来又是美国的殖民地，很长时间内被视为亚洲的"民主橱窗"，其政治体系和制度几乎完全照搬美国，三权分立，政教分离，至今民主和宪政确立了 100 来年了，虽然其间有日本占领时期和 10 来年的马科斯独裁政权统治，但 1986 年一场"人民力量"推翻了独裁政权。

2001 年又是"人民力量"赶走了埃斯特拉达总统。可是这个国家却长期陷于政治动荡，一个曾经在东亚仅次于日本的强国，一个美国树立起来的"民主橱窗"，却由盛转衰，经济发展远远落后于四小龙，又很快地被中国超过。

我是 2005 年夏天访问菲律宾首都马尼拉的，首先入目的就是大量的贫民窟。菲律宾全国 30% 的人生活在贫困线以下，平均每日的收入不到一美元。现在每十个菲律宾人中就有一个背井离乡，在海外打工，总计约 800 万人，使菲佣成为菲律宾整个国家的名片。菲佣的汇款也成了菲律宾外汇收入的主要来源。菲律宾的机场都设有为劳务输出人员开辟的专门通道。

因为我过去曾在北京接待过马科斯夫人一行，我便问马尼拉大学的一位教授，现在的菲律宾和马科斯的时候比怎么样？她坦率地说："现在更糟。什么人民力量都改变不了菲律宾少数声名显赫的家族控制整个菲律宾政治的现实，他们是既得利益者，通过自己的财力和人脉，影响菲律宾的各级政府。"她还谈了这么一个观点："过去是马科斯家族和他的亲信腐败，他们贪够了之后，倒也为老百姓做点事情。现在是换一个政府，就是新一轮贪污的开始。你怎么办？老百姓怎么能富裕起来？"

菲律宾人现在说，菲律宾民主最后归结为 3g，也就是枪（gun）、钱（gold）和暴徒（goons）。我的导游对我说："过去马科斯政权的时候，只有马科斯和他的亲信可以这样，现在恢复民主了，谁都可以做这些事情，情况比马科斯的时候还要糟。马科斯一倒台，表面上看是民主胜利了，实际上，这三个 g 开始普及了。"我问他为什么菲律宾政治中有这么多谋杀，从 1986 年至今，已发生了近千起政治谋杀。

他说："政治职位是政界人物的财源所在，所以许多政客不惜铤而走险，雇用杀手，谋害政治人物和敢于揭露真相的新闻记者。政府连枪支都管不住，现在有 40 多万枪支散落在民间。"他让我出门也要当心。最后与我分手时，他说："这个国家就像一艘快下沉的客轮，船上的人都想离开。"

马尼拉虽然破破烂烂，但也充满活力，汽车大都抹得花花绿绿。2004 年，这个国家曾创造过 5 327 对情侣同时在首都马尼拉接吻的吉尼斯纪录。只有这样一个热情洋溢的民族才会把一个电影明星埃斯特拉达选上来当总统，然后又把他投入监狱，判终身监禁，最后阿罗约总统又把他特赦出来。不久前，刚下台的阿罗约总统因腐败指控被软禁在医院等候审判，也许不久之后这位前领导人也会入狱，然后再被特赦。真不知菲律宾哪年哪月才能摆脱这种内斗如儿戏的"游戏民主"。

类似菲律宾这样"全盘西化"的国家，在第三世界比比皆是。其最大特征是：经济和社会结构是中世纪的，上层建筑是后现代化的，结果就是政府和人民的需求严重脱节，人民迟迟摆脱不了贫困，国家长期处于动荡之中。老百姓在为基本生存而奋斗，社会失业率和犯罪率节节升高，国会里面在不着边际地讨论向"文明国家"学习，一会儿"修宪"，一会儿"废除死刑"。菲律宾在 2006 年也废除了死刑。

在排除了上述两种"极左"和"极右"的非改革模式之后，剩下的还有两种改革的模式：一是古巴的"保守改革模式"，二是前苏联的"激进改革模式"。

古巴的改革模式可以称之在政治上和经济上都尽量坚持原来的体制，在局部地方作一些小打小闹的改革。古巴坚持计划经济，但也增

加了有限的市场调节，和中国改革开放初期很有影响的"计划经济为
主，市场调节为辅"思路颇有共通之处。2005 年 8 月，我到古巴访问
了 10 天，住在一个朋友家中，所见所闻，感触颇多。对于古巴，我
是心怀某种敬意的，因为这么一个才 1 100 万人口的小国，竟然有勇
气向美国这个超级大国叫板，而且一叫就是 50 多年。还有传奇般的
人物卡斯特罗，我在欧洲近距离见过他两次，确实充满了个人魅力。
但是我也不得不承认：古巴给人的印象是令人失望的。如果用两句话
来总结，那就是：古巴的经济太困难了，人民的生活太艰苦了。我对
自己说，如果中国当时没有能够勇敢地走向市场经济，接受全球化的
挑战，中国今天的状况可能不会比古巴好多少。

那次，我是乘古巴航空公司的飞机从巴哈马首都拿骚起飞去哈
瓦那的，这也是我百国之行所乘过的最旧的飞机，前苏联制造的安波
洛夫 42 型螺旋桨飞机，看上去至少有 30 多年的历史。舱内 40 多度
的高温，但所有的空调都失效，一个小时的飞行如同洗桑拿，汗雨如
注。机上的乘务人员也是毫无笑容。飞机一起飞，坐椅上方的手提行
李舱门全被震开，其中一个手提包还掉了下来，幸好没有砸着人，但
大家都有些紧张。只有一个美国小伙子，一手搂着自己的古巴女友，
一边放声大笑。我看到一些古巴老年乘客对此有一种愤怒的表情，大
概感到古巴的尊严受到了侮辱，但也只能无奈。

哈瓦那主要商业街上的商店大都空空如也，服装店的橱窗就是几
件白衬衫，药房出售的，包括红药水、紫药水在内，大概只有二三十
种药。市场供应给人的感觉比北京、上海在"文革"期间还要萧条很
多。我的房东告诉我，主要生活用品都实行配给供应。面粉、猪肉、
鸡蛋，甚至食用糖，都凭证供应。牛肉是国家专营，私人买不到，只

供应给涉外的饭店和餐馆。街上的车大都是 20 世纪 50 年代的污染耗油的旧车，所以满城都飘散着汽车尾气的味道。车太旧了，所以抛锚的很多，在路边开着车盖修车也成了哈瓦那的一景，还有用卡车车头拖着公共汽车车身行驶的改装车辆。据说中国制造的新型大客车已于去年运抵古巴，立即成了整个古巴一道亮丽的风景线。

政府对社会的控制非常之严。手机受到严格管制，鲜有人使用。上网也很不方便。除了在市中心有一个我等了半小时还没有轮到我的网吧外，几乎只有涉外饭店才能上网，每 20 分钟收 3 个新比索，约等于 30 块人民币。价贵还不说，上网速度非常之慢，打开电子邮件，十几分钟就过去了。只有 4 个电视频道：1 个新闻台，播送的大都是枯燥无比的会议；1 个文艺台，播送一些不错的欧美经典故事片；2 个教育台，传授数理化、医学和文化方面的知识，优点是没有商业广告的打扰。报纸杂志很少，《格拉玛报》（Granma）是党报，8 个版面的小开本，都是口号和会议新闻，书店图书的种类和数量也很有限。

人们往往把古巴的问题归结为美国的封锁和制裁。但我和一些古巴朋友私下聊天，他们认为，人为的因素至少占一半。比方说，榨糖，为什么要凭证供应，因为糖价太低，糖农没有积极性。中国饭店的一位老板说得更痛快，什么禁运，主要还是自己禁运自己。企业一点进出口权都没有。看到有人赚了一点钱，政府就开始紧张，要征你税，最后搞得大家普遍贫困。古巴在 20 世纪 80 年代初曾尝试开放农民自由市场、物价改革、工资改革和外贸改革，但由于很快出现了投机倒把、贫富不均等问题，古巴政府就从 1986 年到 1989 年进行了"纠偏运动"，强调加强党的思想工作和精神鼓励，反对权力下放，使得经济又回到了原来计划经济为主的状态。我曾好奇地在路边一个只有两个个理发师的小店理了个发，但一打听，这小店也是国营的，离下班时间还有一刻钟，两人拍拍屁股走人了，外边等着的人就对不起了。

与古巴朋友私下聊天，可以感觉到卡斯特罗仍然深孚众望，但同时人心思变，他们大多数在探讨的不是卡斯特罗之后古巴会倒向美国，而是对中国模式和越南模式怀有浓厚的兴趣。卡斯特罗的弟弟劳尔·卡斯特罗，也多次表示要学习中国改革开放的经验，并在一些方面已经开始了行动，如通过了更加开放的农业政策，允许古巴市民购买手机、电脑，准许房屋买卖等，这些都是很好的事情。回想起来，如果中国当初没有走出计划经济的老路，没有大刀阔斧地进行市场导向的改革，而只对旧的体制修修补补的话，中国恐怕也很难告别古巴今天这种短缺经济的状况。

但古巴并不全是弱点，经济尽管如此困难，但还是实现了全民医疗低保。古巴的婴儿死亡率据说低于美国。计划配给供应，显然保证了人民的最低消费和营养，所以看上去没有一些发展中国家那种很多人营养不良的状况。古巴现在还为一些中南美洲国家的穷人提供医疗帮助，使很多中南美洲的穷人也到古巴来看病。比较起来，我想中国通过 30 多年的改革开放，国力大增，一年已有 10 万亿的财税收入，我们在社保方面可以做得比古巴更好。

讲到古巴，还有两件使我深有感触的见闻：一是在哈瓦那城东一街口矗立着一座为古巴独立而牺牲的华人烈士纪念碑，上面刻着古巴独立战争英雄蒂格沙达将军盛赞古巴华人的两句话："没有一个华人是逃兵，没有一个华人是叛徒。"对一个民族的赞扬，这大概是最高级了。在 19 世纪下半叶的时候，华人人口曾一度占到古巴人口的十分之一。在 19 世纪古巴独立战争中，数千名华人投入独立运动,有数支全由华人组成的部队,英勇善战,不屈不挠,扬名古巴。这个纪念碑今天仍使游客停步注目,令华人深感自豪。当年为古巴独立而长眠在异国他乡的同胞们,永远值得我们后人追念。古巴这个民族不是一个忘恩负义的民族,一个知道感恩的民族一定是一个有希望的民族。

在哈瓦那唐人街,我还看到正对着唐人街口的一栋大楼,上面刻着"太平洋酒店"的繁体字,但早已人去楼空。华人协会70多岁的陶先生告诉我,这些都是我们同胞的财产呀。这些华人业主当时都属于古巴的富裕阶层,古巴革命之后,逃避他乡,这些财产也就给政府充公了。他说:现在华人门可罗雀,大概只有200来人了,都老了。他还说,哈瓦那曾经是美洲最繁华的城市,"那个时候还没有拉斯维加斯,美国人周末都到这里来吃喝嫖赌。许多富人都在这儿买了房子,吃喝玩乐"。看着哈瓦那海边大片的现已年久失修的豪华别墅,你就可以想像当年那些富人生活的奢侈,但是巨大的贫富差距导致了1959年的古巴革命。仓皇出逃的富人中不少是华人,当然也带走了他们的资金、技术和人脉。这个世界上,缺少基本的社会公正和贫富差距过大总会导致动乱和革命,但革命是英勇的、浪漫的、痛快的,而革命之后的建设则是艰巨的、复杂的、耗费时日的。古巴人民在发展的道路上还在探索一条符合自己国情的道路,我相信古巴人民也最终会找到这样一条道路。

至于前苏联在戈尔巴乔夫领导下,走的是激进改革的道路,其结果大家都知道。但我们不能忘记在20世纪80年代,戈尔巴乔夫提出"新思维"和政治改革压倒一切,曾引来我们国内很多人的羡慕和赞扬。经历过"文革"等无休止的政治动荡的中国民间,特别是知识界,真诚渴望大规模的政治改革，因为我们政治制度中的问题确实不少。

比较一下中苏两国在改革战略上的差别，中国在邓小平的强势领导下，走了一条"稳健的改革道路"。如果从政治与经济互动的角度来看，中国的这个道路也许可以概括为：较大规模的经济体制改革与较小规模的政治体制改革，而政治改革重点是为经济改革铺平道路，这也可以称为"经济改革优先的模式"。这个模式产生的利弊大家有目共睹，但总体上利大于弊，中国避免了大的动乱，中国的经济规模已经18倍于1978年，人民生活有了很大提高。

戈尔巴乔夫则是以政治改革为主轴，用经济改革来辅助政治改革，结果成了首先要保证政治进程不可逆转，为此什么都可以做，违背了经济规律。改革的结果是灾难性的：苏联迅速解体，经济全面崩溃，人民生活水平大幅下降，人民多年的储蓄随着发疯似的通货膨胀化为乌有，人均寿命降到了60岁以下。

我是1990年6月访问苏联的，当时就感到了戈尔巴乔夫的方法行不通。首先是苏联经济非常困难，商品全面短缺。我去莫斯科最大的百货商店古姆商场，漂亮的俄罗斯传统拱顶商厦内，买什么都要排长队，在皮鞋和大衣的柜台，只有一两种式样，排队总有100来人，而且需要护照才能买。莫斯科的天气比我预期的要冷，我想买一件风衣，随即开始体验苏联式排队，一个小时后轮到了我，一个服务态度非常粗鲁的女营业员告诉我，仅有护照不行，还需要有在莫斯科居住的证明，我只能作罢。中午又步行了一个小时，找不到一个吃饭的地方，餐馆少，都排着长队，营业时间又短。

俄罗斯人很有幽默感，很能苦中作乐。我路过一家电视机商店，里面都是俄罗斯自己生产的笨重的黑白电视机，我好奇地进去望望，陪我的苏联社科院朋友拉了我一下，说："你可千万别买这家伙，它说不定会爆炸。我们这儿流行的说法是'苏联的电视机是专门为苏联的敌人生产的'。"

激进政治改革带来的一个巨大问题就是政治参与迅速爆炸，而苏联的体制完全没有为这种参与做好准备。激进政治改革首先导致了人们质疑苏联共产党的合法性，然后质疑整个苏联国家存在的合法性。立陶宛首先宣布脱离苏联而独立，拉脱维亚和爱沙尼亚也紧随其后。因为经济形势已经恶化，戈尔巴乔夫乱了章法，他本人的威望几乎荡然无存，谁都可以拿他寻开心。一个俄罗斯汉学家对我说了这么一个笑话，有个人发誓要去克里姆林宫把戈尔巴乔夫给杀了，于是他拿了把手枪便上路了，但不一会儿就回来了。人家问：怎么回来了？他说，要杀戈尔巴乔夫的人排着长队，我等不及了，只能回来。

我记得1993年"休克疗法"的策划者哈佛大学经济学家萨克斯教授曾来日内瓦大学做讲座。在场的一位俄罗斯知名学者、前苏联的美国加拿大研究所所长阿尔巴托夫，突然站起来提问。他用很清晰的英文质问萨克斯："我的祖国已经解体了，你高兴吗？"说完拂袖而去。萨克斯一脸错愕。他退场后，萨克斯说："不是我们的方案设计不好，而是刚才提问的那么一批共产党的老朽在阻碍我们的改革，使得我们的改革方案受挫。"但人们更要问的是：改革方案的设计怎么能不考虑到各种反对因素呢？

实际上关键还是这些美国学者不懂得俄罗斯的国情，乱开药方，而苏联从普通的公众到政治精英当时都迷信西方，迷信美国，全盘接受了西方政治话语，结果导致国家解体的悲剧。戈尔巴乔夫本人至今仍在西方受到推崇，但很多俄罗斯民众不能原谅他。戈尔巴乔夫在自己人民心中的地位一落千丈。1996年他曾参加俄罗斯总统竞选，得票率竟不到1%。一位俄罗斯朋友最近对我说："90年代那些年，对俄罗斯是一场空前的浩劫，只有了解了这一点，才能理解为什么今天的俄罗斯人对美国这么反感，对普京这么支持。"

综合比较中国过去30年可能出现的不同模式选择，我的结论是：我们的"稳健改革模式"虽然问题不少，但确实比"极左"和"极右"的模式要好，也比古巴的"保守改革模式"和前苏联的"激进改革模式"要好。一个13亿人口的大国，通过30多年的奋斗，经济迅速增长，大部分人的生活水平有了很大提高。中国已经成了世界第二大经济体、第一大出口国，而这些统计还是建立在人民币被低估的基础上的。西方人对中国有各种各样的批评指责，甚至到了吹毛求疵的地步，但否认中国这些成就的已经为数不多了。如果说我们从大约300年前开始落后于西方，那现在确实是赶上来了。

## 二、从丘吉尔的名言说起

在一个人口比美国、日本和整个欧洲之和还要多的国家，进行了这样一场翻天覆地的工业革命、技术革命、社会革命，没有走西方殖民主义和帝国主义侵略和扩张的老路，在自己内部消化所有伴随现代化而来的各种错综复杂的问题，整个社会保持了基本稳定，并使之成为带动世界经济增长的主要火车头，中国究竟怎么做到这一切的，全世界都想知道。

我曾出版过两本英文专著探讨中国发展道路的问题，2006 年 11 月我又在美国《国际先驱论坛报》上发表了一篇题为《中国模式的魅力》的评论，就这个问题谈了自己的看法。2007 年底，美国有影响的《新观点》季刊把这篇文章和基辛格、斯蒂格利茨、亨廷顿等人的文章编在一起，出版了一个探讨全球化有关问题的专刊。其实不是我的文章写得怎么好，而是西方一些有识之士也开始反思，为什么西方自己的模式在发展中国家收效甚微，而中国没有采用西方的模式却能够如此迅速地崛起。

30 年的时间不过是历史的弹指一挥间，中国却发生了巨变，整个世界为之惊讶，称之为"中国奇迹"，我们的经济总量增加了 18 倍，我们大部分人民生活改善的速度，堪称世界之最。但奇迹也伴随着问题，引来了争议，甚至非议。至此，我想起了英国大政治家丘吉尔在 1940 年代评论西方民主制度时说过的一句名言："民主制度很不好，但别的制度更不好。"他的意思是与其他制度相比较，民主制度尽管有很多问题，仍然是最不坏的制度。但丘吉尔是在西方发达国家的语境中说这番话的。他本人一贯捍卫与民主背道而驰的大英帝国法统。比方说，他坚决反对印度独立，更不要说支持印度采用西方的民主制度了。但现在丘吉尔的这句话，已被不少人抽离了特定的历史环境和文化条件，变成一种放之四海而皆准的圣旨，甚至导致了民主原教旨主义，结果也给这个世界带来不少麻烦。丘吉尔本人如果仍然健在的话，看到世界上这么多诸如菲律宾、海地、伊拉克这样的劣质民主，看到民主的印度至今还有 4.2 亿人仍然生活在贫困之中，不知他老先生会有什么感受，但这是后话。

我这里只想套用丘吉尔的句式说这么一句话：中国发展的模式很

不好（有很多问题和抱怨为证），但是在发展中国家实现现代化方面，别的模式似乎还没有中国模式好，也就是说相比之下，中国模式可能属于最不坏的发展模式。当然，我把中国模式看做是"东亚模式"的一种独特的延伸。也就是说，在发展中国家实现现代化方面，还没有比东亚（"四小龙"＋中国）模式更好的模式。亚洲"四小龙"在相似的历史、文化背景下，采取了具有现代化导向的政府干预，实行赶超战略，虽然也出现过各种严峻的问题甚至危机，但在提高人民生活水平、实现现代化方面，其他模式还无法比拟。与"四小龙"相比，中国又同时完成了现代化事业起飞和经济体制的转型。中国还是一个13亿人口的世界性大国，具有"四小龙"所无法比拟的规模效应，中国发展模式对整个世界的影响自然也更为深远。

中国发展模式虽然衍生出不少问题，但与其他发展中国家所走的道路相比，特别是那些执行西方主导的发展模式的国家相比，中国模式还真是不错。西方20世纪八九十年代曾在非洲推行了所谓"结构调整方案"，大力削减公共开支、减少政府的作用，结果使非洲的国家能力变得更加脆弱，一般认为这是导致非洲国家经济和社会危机恶化、艾滋病严重失控的主要成因。美国在俄罗斯推行了"休克疗法"，今天被很多俄国人称为俄罗斯历史上出现的第三次"浩劫"（前两次是13世纪蒙古铁骑的入侵和"二战"中德国纳粹的入侵）。"华盛顿共识"要求发展中国家，不管条件成熟与否，都推动资本市场自由化，结果引来了1997年亚洲金融危机和2008年从美国开始的金融海啸，使不少国家的经济倒退10到20年。回想起来，如果中国当初没有自己的主心骨，摊上了这三个馊主意中的任何一个，后果将不堪设想。多亏中国坚持走自己的道路，才避免了上述灾难。

## 三、东亚模式之争

"东亚模式"是有争议的，这里首先要对"东亚模式"这个概念作个界定。我这里讲的东亚模式指的是亚洲"四小龙"（新加坡、韩国、台湾地区、香港地区）在相似的历史、文化（尤指儒家文化）背景下，采取了具有现代化导向的政府干预，推行出口导向的经济政策，重视人力资源开发，实行赶超战略，迅速实现现代化的一种模式，而不是指包括印度尼西亚、马来西亚、泰国等国在内的泛义的"东亚模式"，因为那些国家我也都访问过，他们虽然想学"四小龙"，但我的感觉是他们远远没有达到"四小龙"的现代化水准。我讲的"东亚模式"也不含现代化后期的韩国和台湾地区（他们后来转而采用西方民主模式，但这条路走得并不顺当）。

在经济发展早期，韩国、新加坡、台湾的政府当局对经济进行直接干预，经济起飞后，又逐步转为间接干预，而香港政府的作用则表现在制定经济发展战略，制定引资政策，补贴公共商品供给，基础设施建设等方面。东亚模式尽管自身有不少弱点，但其总体的成功是不容置疑的，因为"四小龙"是战后世界上惟一从第三世界的起点出发，达到或接近发达国家水准的社会。

东亚模式由于1997年亚洲金融危机而备受争议，因为该危机使泰国、韩国、印度尼西亚、菲律宾、马来西亚等国家蒙受了巨大的损失。马来西亚总理马哈蒂尔曾说，一夜之间，我们过去20年的发展努力付之东流。在对亚洲金融危机原因的分析中，美国学者和国内不少学者都把重点放在"权贵资本主义"（crony capitalism），也就是说东亚模式的一个重要特点是政府主导经济，引起利益集团与政客勾结，造成信贷膨胀，缺乏权力监督，钱权交易腐败，最终成为泡沫经济。中国也出现了不少类似的问题，需要注意提防和解决，特别要注意从制度上来解决，千万不要等到一发而不可收的时候才解决，那就太晚了。

但这里要作一个区分：第一，上述这些国家中，除了韩国外，其他国家都不属于我所讲的东亚模式，他们试图学习东亚模式，但远远没有达到质的飞跃。这些国家政府干预的前瞻性、连贯性和科学性都远不如"四小龙"的水平，后来又盲目跟进美国搞金融自由化，加上权贵经济等因素，成为亚洲金融危机的重灾区。第二，东亚很多学者则认为，亚洲金融危机的主要原因是"赌场资本主义"（casino capitalism），也就是说国际金融市场缺乏监管，没有任何道德约束的金融投机大鳄兴风作浪，大发横财，这个过程本身也不乏诸多腐败因素。我认为"权贵资本主义"和"赌场资本主义"（东亚国家和地区资本市场过早地开放、金融领域过早地自由化、缺乏监管的国际金融体系等因素）综合在一起，造成了这场危机。苍蝇不叮没有缝的鸡蛋，苍蝇和鸡蛋上的缝都是危机的原因。我们在谴责和提防"权贵资本主义"的同时应该推动国际金融体系的改革，遏制"赌场资本主义"，否则国际经济还会出现大问题。2008 年美国次贷危机引发了金融海啸，重创了美国自己并祸害整个世界，就是一个例子。

印度裔诺贝尔经济学奖获得者阿玛蒂亚·森（Amartya Sen）在 1997 亚洲金融危机后曾说过这个危机"是对实行不民主政治制度的一系列惩罚"，不知他现在对这场比亚洲金融危机严重无数倍的金融海啸竟发生在美国这么一个"民主典范"国家该如何解释？为了证明西方模式是普世价值，阿玛蒂亚·森还大胆地比较了博茨瓦纳和新加坡，认为在发展中国家实行强势政府的东亚模式不比西方民主模式好。他在《民主的价值观放之四海而皆准》一文中是这么说的："博茨瓦纳是非洲经济增长纪录最好的国家，也是全世界经济增长纪录最好的国家之一，它几十年来一直是非洲大陆上的一块民主制度的'沙漠绿洲'；如果要把新加坡或中国的高经济增长当作威权主义体制在促进经济增长方面做得更好的'确凿证据'，那我们就不能回避从博茨瓦纳之例中得出的相反结论。"

阿玛蒂亚·森错了。笔者去过新加坡，也去过博茨瓦纳，两个国家有天壤之别。博茨瓦纳虽然采用了西方民主制度，没有出现大乱子，矿产资源比新加坡多一万倍，但博茨瓦纳离现代化的目标还十分遥远，47%的人还生活在贫困线以下。博茨瓦纳公共卫生政策失败，导致艾滋病泛滥，人均寿命一度低于 40 岁，现在也才 50 来岁。在联合国开发署 2011 年的人类发展指数上，新加坡排名 26 位，博茨瓦纳排名 118 位。真不知道诺贝尔奖得主阿玛蒂亚·森怎么会犯如此常识性的错误。这也告诫我们，一定要相信"实事求是"，不要被一些理论权威所迷惑，我没有仔细研究过阿玛蒂亚·森的经济学理论，但他关于民主的研究确实漏洞很多，经不起推敲。

在东亚及中国模式中，香港地区、新加坡、中国，或者说那些没有采用西方民主制度的社会倒是成功地抵御了亚洲金融危机。台湾地区 20 世纪 80 年代中期开始走向"民主化"，但 1997 年金融危机时执政的还是国民党的团队。台湾陆委会原主委苏起曾对我说过，台湾国民党的文官系统，至今为止没有一个部长以上的官员是腐败的，而党的系统后来腐败了。换言之，台湾在一个称职的文官精英政府领导下，成功地抵御了亚洲金融危机。如果换成后来搞民粹主进党政府，8年换6个"行政院长"，是否还能够抵御这样一场危机，恐怕就难说了。

另外一个实行了西方民主化的是韩国。韩国的"权贵资本主义"确实可以追溯到60年代，当时韩国的银行成了政府经济政策的影子，金融机构按照政府官员的意志贷款给和政府关系密切的大公司，但依我之见，韩国银行资金的滥放似乎与1987年开始的民主化成正比，随韩国民主化而来的是经济民族主义的迅速抬头，政府盲目扩大对韩国企业的投资，90年代初又实行资本市场自由化，知识界民族主义情绪高涨，政客们忙于党争，经济监管严重失控，使得韩国成为金融危机的最大受害者之一。

但尽管受到亚洲金融危机的严重影响，韩国在金融危机前已经实现了经济上的一个质的飞跃，你只要比较一下韩国和坦桑尼亚：50年前，坦桑尼亚的人均收入还高于韩国，但现在怎么能比？两个国家有天渊之别，原因就是韩国通过东亚模式实现了经济和社会发展的质的飞跃，而坦桑尼亚还是一个极其落后的发展中国家。

中国模式与东亚模式有许多共同之处。

首先，中国也有一个强有力的、现代化导向的政府。这个政府有能力凝聚全民对于实现现代化的共识，保证政治和宏观经济的稳定，并在这种环境中进行大规模的改革开放。

其次，中国在相当长的时间内也采取了出口导向的政策，积极参与了全球化和国际竞争，并因此而大大提高了中国整体的经济水平和综合竞争力，当然出口导向政策也有自己的代价。中国还有"四小龙"难以比拟的巨大的国内市场，使得中国经济也成为拉动推动亚太经济，乃至世界经济的一个重要火车头。

第三，中国也是高储蓄率，高投资率。

第四，中国也重视教育和人力资源开发。

第五，中国也实现了某种产业结构的深层次变革：由传统的农业经济转向工业经济、商业经济、服务经济。

但中国模式也有自己非常独特的一面，这种独特性来源于中国独特的国情：（1）中国幅员辽阔、人口众多，而总体教育水准仍低于四小龙；（2）中国在实现现代化起飞的同时，还要完成计划经济向市场经济的转变；（3）中国有长期动乱的历史。可以说中国现代化所面临的挑战要百倍于"四小龙"当时所面临的挑战，正因为如此，中国这30多年的成就来之不易，中国模式的成功自然也格外引人注目。

## 四、中国模式：你的独特之处

中国模式总体上是一种"稳健改革模式"，它有下列独到之处：

首先，作为一个有长期动荡历史的超大型国家，中国在处理稳定、改革和发展三者的关系方面找到了平衡点：在坚持稳定的前提下，大力推动改革开放和经济发展，实现了中国近代史上从未有过的连续30多年长时期、大跨度的持续发展，从而为中国走向一个真正的世界强国奠定了良好的基础。

第二，中国现代化进程的指导方针非常务实，即集中精力满足人民最迫切的需求，首先就是消除贫困，并在这个领域取得了显著的成绩。过去20来年中，中国脱贫的人数占世界脱贫总人数的70%。如果没有中国扶贫的成绩，整个世界的扶贫事业将黯然失色。当今世界面临的最大问题不是美国人所说的恐怖主义，而是消除贫困，因为世界人口的一半以上仍然生活在极其贫困的状态之中，其中 8 至 9 亿人（超过发达国家的人口总和）还在挨饿。就此一点，中国的经验就具有深远的国际意义。

第三，实事求是，一切都要经过试验，不断地总结和汲取自己和别人的经验教训，不断地进行大胆而又慎重的制度创新。改革措施一般都先在一个比较小的范围内进行试点，成功了再推广到其他地方。这不是包医百病的办法，但确实大大减少了新措施可能给社会带来的震荡。这使中国避免了很多发展中国家和转型经济国家盲目采用西方模式而带来的瘫痪，也使中国成功地抵御了 1997 年的亚洲金融危机和 2008 年从美国开始的金融危机。实际上，仅抵御金融危机这一项，中国模式就值得充分肯定。2005 年我曾访问印度尼西亚，当地学者告诉我亚洲金融危机使印尼过去 20 年的发展成果付之东流。很难想像如果中国未能抵御住金融危机，将是什么后果。

第四，拒绝"休克疗法"，推行渐进改革：不是砸碎现有的不完善的制度，另起炉灶，而是尽可能利用现有不完善的体制来运作，并在这个过程中，逐步改革这个体制本身，使之转化，为现代化服务。这种做法比较接近英国历史上的经验主义传统。英国人相信一个民族约定俗成的文化习俗和价值判断的相对稳定性，提倡埃德蒙·伯克（Edmund Burke）所说的"有保留的改革"，并坚持一个国家的政治体制，如果要有生命力，就应该主要从自己的传统中逐渐衍生而来，而不是通过追求某种纯而又纯的理想模式而来。

第五，确立了比较正确的优先顺序。中国改革开放大致展现了一个清晰的格局：改革的顺序是先易后难；先农村改革，后城市改革；

先沿海后内地；先经济改革为主，后政治改革。这种做法的好处是，第一阶段的改革为第二阶段的改革创造了条件。改革不求一步到位，但求持续渐进、分轻重缓急，最后通过逐步积累而完成。实践证明这是一条务实有效的成功之路，对中国的政治改革也有启迪。

第六，以开放的态度，有选择地学习别人的一切长处，但以我为主，绝不盲从。

在2011年出版的《中国震撼》一书中，我又把中国模式归纳为8个特点，即实践理性、强势政府、稳定优先、民生为大、渐进改革、顺序差异、混合经济、对外开放。

中国模式也衍生出不少问题，有的还相当严峻，我们非认真解决不可。例如，我们的政府干预过多，造成某些市场的发育不足；我们某些领域内的政治改革相对滞后，导致行业垄断和寻租腐败；我们的贫富差距问题、生态问题、教育问题、医疗问题等等，都引起了广泛不满。但是只要我们头脑清醒、意志坚定、集思广益，这些问题都能找到解决的办法，甚至可以成为我们下一步全面发展、更上一层楼的机遇。实际上，把危机转化为机遇也一直是我们改革开放的一个重要特点，而过去30多年所取得的成绩也为解决问题提供了强大的物质基础和经验智慧。

有人认为只有靠西方的民主制度，才能解决中国的问题，实际上，这是一厢情愿。发展中国家采用苏联模式的没有成功，采用西方模式的也鲜有成功，这是我走访100多个国家后得出的结论。以反腐败为例，从研究腐败问题的最权威的国际组织"透明国际"的历年报告来看，从我自己的实地观察来看，采用了西方民主制度的很多发展中国家和转型国家，如印度、菲律宾、泰国、孟加拉、印度尼西亚、阿根廷、乌克兰、俄罗斯等这些与中国相对可比的国家，腐败程度都比中国严重，更不要说腐败到骨子里的很多非洲的所谓民主国家了。其实原因并不复杂，在经济落后的国家，腐败分子几乎都可以打着民主的旗帜，通过贿选或民粹主义易如反掌地获得实权，为自己的腐败找到合法的保护伞。

而像俄罗斯和乌克兰这样的转型国家，剧烈的政治转型导致了一段时间内政府的全面瘫痪，结果腐败就一发而不可收。亚洲"四小龙"中，韩国和台湾地区在经济发展起来之后，也采用了西方的民主模式，但腐败问题却有增无减，其中原因值得深思。相比之下，倒是没有采用西方民主模式的新加坡和香港地区成为亚洲反腐败最成功的地方，他们的办法就是建立法治社会，构建令腐败分子望而生畏的反腐机制，其经验值得认真研究和借鉴。

我们今天遇到过的问题，欧洲历史上也都遇到过。在欧洲工业革命时期，贫富差距之大，社会公正之少，腐败之严重，令人发指。但是与今天的中国相比，这些国家却可以容易地"化解"各种社会矛盾，如英国可以把罪犯送到澳大利亚，把失业者送到非洲，把异教徒送到美洲，还能自己制订世界政治和经济几乎所有的"游戏规则"，其贫富差距大于今天的中国几十倍也没什么问题，因为上千万黑人奴隶和华人"苦力"都是合法的。而中国今天则要在自己的国土上，化解所有工业化、现代化进程所带来的各种矛盾和难题。英国18世纪工业革命时，其本土人口只有1 000万人，少于今天的上海。法国19世纪工业革命时，人口也只有2 000多万，而中国现在已经是一个13亿人口的大国，在这样的不利条件下，进行这样一场大规模的工业革命和社会革命，在自己境内消化所有的问题，没有向外扩张，而是给大部分国人和大部分国家都带来了实实在在的利益，而且还使中国成了带动世界经济增长的主要火车头。正是从这个角度看，中国的成功及其模式的意义非同寻常。中国人硬是靠自己的智慧、苦干乃至牺牲，闯出了自己的发展道路和模式，开辟了中国实现现代化的广阔前景。有这样的精神财富和物质积累，我们可以从容自信地应对各种挑战。

历史上的工业革命虽然带来了各种社会问题，但这些问题最终大都解决了，这些问题也不妨碍工业革命成为人类历史上最伟大的革命之一。工业革命前欧洲国家人均寿命不到 30 岁，以后就逐步增高，直至现在的近 80 岁。但是回想起来，当初这些国家如果因为各种社会问题，过不了工业革命这个坎，他们就不可能达到今天发达国家的地位。中国现在就在过这个坎，不过就会功亏一篑。回想一下，邓小平当年反复讲改革开放一百年不动摇，就是因为他预料到了在中国走向富强的过程中一定会出现这样那样的问题，但他认为一定要坚持下去、一定要克服这些困难、一定要过这个坎，只有这样，中国才有伟大的未来。这是一种深邃的历史眼光和国际视野，历史会证明邓小平的选择是正确的，中国的选择是正确的。

# 五、中国：政治软实力的崛起

中国现代化过程中的许多具体做法不一定具有普遍意义，但这些做法背后的思想，特别是"实事求是"、"和谐中道"、"循序渐进"、"标本兼治"、"和而不同"等，则可能有相当的普遍意义。沿着这样的思路，中国应该能够沉着地应对，并最终有效地处理和解决自己所面临的各种严峻挑战。这些思想同时也构成了中国的政治软实力。

我们常说：中国硬件进步很大，软件跟不上。这个说法，一般地讲，笔者完全同意。我们的地铁这么新、这么漂亮，但大家拥挤着上车，不排队，就可以说明这个问题，我们市民素质还有待很大的提高，这方面我们还有很多事情要做。但仔细一想，中国的硬件进步这么大，是不是也有我们自己软件的一部分功劳呢？我们的基础设施建设，从高速公路到机场港口，发展如此之迅速，难道不也有我们自己指导思想和相关决策的功劳吗？推而广之，我们为什么能使4亿多人摆脱贫困，而大部分发展中国家的贫困则有增无减呢？我们为什么能够抵制"休克疗法"呢？我们为什么能够避免1997年亚洲金融危机和2008年金融海啸呢？我们是如何克服SARS危机的？我们是如何较为顺利地渡过了加入世贸组织的5年过渡期并成为世界最大出口国的？我们是如何众志成城地应对2008年冰冻灾害和汶川地震的？我们是如何组织世界上最精彩难忘的奥运会和世博会的？我们是如何在13亿人口的国家里迅速实现基本医疗保险，而美国还有近5 000万人没有医疗保险？

这些问题的答案其实就是中国的软实力。

中国的软实力不能仅仅是太极拳、中华美食、写意画、书法、功夫、舞龙、孔子学院等，同样重要的，甚至更重要的是政治软实力、政治价值观、治理模式，等等，并且这种软实力，不仅对中国，而且对世界其他国家和人民也要有一定的吸引力。

作为有国际意义的软实力，它必须能回应我们这个世界提出的诸多挑战。当今世界面临四大难题：第一是贫困与发展问题；第二是和平与战争问题，包括恐怖主义问题；第三是不同文明之间的冲突以及包容的问题；第四是生态环保问题。西方模式能解决这些问题吗？迄今为止的经验表明：不能。在可预见的未来，也不容易。倒是中国模式给人们带来了希望。

西方主导的世界经济秩序加剧了多数发展中国家的贫困。经济学家安格斯·麦迪森（Angus Maddison）对世界上千年的经济发展规律进行了研究，得出结论：在这漫长的历史的绝大部分时期，富国和穷国的差距基本上为 2:1，但从 18 世纪的工业革命开始，世界各地贫富差距扩大的进程大大加快了。根据美国学者贾雷德·戴蒙德（Jared Diamond）的计算，现在发达国家的人均资源消费量是发展中国家的32 倍。世界上还有一半的人口生活在贫困之中，其中 8 至 9 亿人还食不果腹。但即使是这样，西方还是力求通过一切手段来巩固自己已经得到的好处。在这种极不公正的国际经济秩序中，中国硬是走出了一条自己的发展道路，在消除贫困方面积累了丰富的经验，这对解决世界的贫困问题会有启发。中国在帮助发展中国家的过程中提出的"互利双赢"观念，也广受发展中国家的欢迎。

在战争与和平的问题上，过去几年中，美国主导的"民主输出"模式导致了世界更加动荡不安，仅伊拉克战争就造成了多少生灵涂炭？多少财产损失？多少平民流离失所？而恐怖主义对美国、对世界的威胁则有增无减。你到世界任何地方去，美国驻外的大使馆都是最壁垒森严的，被重重屏障和警卫包围着。美国尽管有世界上最强的军事力量和最大的军备开支，但美国的自我安全感比自己历史上的任何时候都低。相比之下，中国人坚持"和为贵"、"己所不欲，勿施于人"的理念，主张通过标本兼治与国际合作的方法来解决国际恐怖主义问题，这看来是更为可行的思路。

在文明冲突问题上，西方和伊斯兰世界的矛盾迟迟解不了套，甚至有愈演愈烈之趋势。几年前，丹麦画家发表了嘲笑伊斯兰教创传者穆罕默德的漫画，在伊斯兰国家引起轩然大波。2008 年，由于一些伊斯兰极端分子威胁要刺杀这位画家，丹麦所有报纸决定重新刊登这幅漫画，又引来了新一轮的文明对抗。就我自己的观察而言，丹麦可算是西方世界中最开明的国家之一，但是在处理漫画事件中，丹麦主流媒体还是无法脱离正面对抗、零和游戏的西方传统。鉴于此，我们怎么还能指望西方在处理其与伊斯兰国家的关系上展现出更为开明包容的态度呢？倒是哈佛大学亨廷顿教授（Samuel Huntington）自己说得比较坦率，他说："在多元的、多种文明并存的世界中，西方的责任是保护自己利益，而不是促进其他民族的利益，也不应为与西方没有多少利益关系的民族排忧解难。"中国人讲"和而不同"，不同文明互相关联、互相尊重、互相体让、取长补短，这比亨廷顿的观点要高明。这也是中国历史上鲜有宗教战争的主要原因之一。中国这种推己及人的思维可以比西方自我中心的思维更好地化解不同文明之间的矛盾。

在环境保护的问题上，美国是世界上温室气体排放最多的国家，人口不到世界的十分之一，却消耗着四分之一的世界能源。世界上穷国对温室气体排放的责任最小，富国的责任最大，但全球变暖的最大受害者却是穷国和穷人。就像当年靠一人一票，不可能废除美国南方的奴隶制一样，今天靠一人一票也不可能改变美国人浪费世界资源的消费习惯。欧洲也一样，虽然环保意识空前高涨，能源消费也低于美国，但是要大部分欧洲人改变自己仍然是相当浪费的生活方式，谈何容易。中国在环境保护方面，现在做得还不尽如人意，但从我们的发展模式中，可能孕育出比西方更为有效的环保思路和方法。中国模式的特点是一旦形成了广泛的共识，我们解决问题的总体效率大大高于西方制度。这个软实力用到环保事业上，也会产生全球性的影响。世界已惊讶地注意到在短短的几年内中国已经在电动汽车、太阳能、风能等新能源领域内迅速走到了世界的前列。

简而言之，中国模式虽然还在完善之中，但在解决上述四个挑战方面已经展现了自己的独特影响力，这种影响力只会随着中国的崛起而增加。我在第五章中还将进一步探讨生态保护问题。

中国模式的相对成功，为中国赢得了宝贵的话语权。过去要么苏联模式，要么西方模式。冷战结束后，苏联模式随着苏联解体而退出历史舞台，西方主流认为这是历史的终结，剩下的就是一条不归路：全世界都将拥抱西方的政治制度。但是冷战后的情况表明世界事务要复杂得多，如果西方的制度真是普世适用的，那么为什么在第三世界一推行，则屡屡失败，从菲律宾到海地到伊拉克都是如此？

中国模式回应了当今世界面临的一些根本性的挑战：发展中国家有没有权力把消除贫困、实现现代化放在最优先的地位？有没有权力从自己的传统与现代的互动中衍生出适合自己国情的制度安排？有没有权力在实现各项人权的过程中，根据自己的情况，分轻重缓急？有没有能力提出自己的核心价值观，并影响迄今为止西方思想占主导的主流价值体系？中国的经验对此都给予了肯定的回答，这些回答也体现了中国今天的世界眼光和人类意识。

中国模式相对成功带来的不仅是中国的崛起，而且是一种新的思维、新的思路，甚至可能是一种新的范式变化（paradigm shift），一种现有的西方理论和话语还无法解释清楚的新认知。从这个意义上说，中国的崛起也是中国政治软实力的崛起，这将对解决中国自己面临的挑战，对发展中国家摆脱贫困，对全球问题的有效治理，对国际政治和经济秩序未来的演变，产生深远的影响。中国模式还会不断完善，并给这个世界带来更多的惊喜。

第三章

# 西方"民主"遇上
# 中国"实事求是"

  西方民主模式在发展中国家鲜有成功的例子，中国的
政治改革一定要走自己的路。如果西方真心诚意要在发展
中国家推动民主，就应该认真总结自己民主发展的历史，
其中一个关键问题就是民主化的顺序。西方原生态的民主
社会演变的顺序大致可以这样概括：一是经济和教育的发
展，二是市民文化和法治社会的建设，最后才是民主化。
这个顺序搞错了，一个社会要付出沉重的代价。

## 一、慕尼黑的一场辩论

2007 年 6 月下旬，在慕尼黑郊外的一个风景如画的避暑山庄，知名的马歇尔论坛举行了一场中国问题研讨会，由我主讲中国的崛起及其国际影响。讲完之后的讨论很有意思。一个欧洲学者问我："您认为中国什么时候可以实现民主化？"我反问："您的民主化概念怎么界定？"他颇有点不耐烦："这很简单：一人一票，普选，政党轮替。"说完还补充了一句："至少这是我们欧洲的价值观。"我表示完全理解和尊重欧洲价值观，但我随即问他："您有没有想到中国也有自己的价值观，其中之一就是实事求是，英文叫做 seek truth from facts（从事实中寻找真理）？"我接着说："我们从事实中寻找了半天，就是没有找到发展中国家通过您所说的这种民主化而实现了现代化的例子。我走访了 100 多个国家，还没有找到。"我随即客气地请他提供一个这样的例子。他一下子回答不上来。我说："您可以想一下，再告诉我。"这时，一个美国学者举手，大声说："印度。"我问他："您去过印度吗？"他说："没有。"我说："我去过两次，而且从北到南，从东到西都去过。我的感觉是印度比中国要落后至少 20 年，甚至 30 年。我在孟买和加尔各答两个城市里看到的贫困现象比我在中国 20 年看到的加在一起都要多。"

他不吱声了。这时刚才提问的那个学者说："博茨瓦纳？"我问："你去过没有？"他说："没有。"我说："我去过，还见过博茨瓦纳总统。那是一个人口才 170 万的小国。博茨瓦纳确实实行了西方民主制度，而且没有出现过大的动乱。这个国家资源非常丰富，民族成分相对单一，但即使有这么好的条件，博茨瓦纳仍是一个非常落后的发展中国家，在相当长的时间里人均寿命不到 40 岁。"

"那么哥斯达黎加呢？"另一位学者问。我问他："你去过这个国家吗？"回答也是"没有"。我说："我 2002 年访问了这个国家。那也是一个小国，人口才 400 多万。相对于中美洲其他国家，哥斯达黎加政治比较稳定，经济也相对繁荣。这个国家 90% 以上的人口是欧洲人的后裔，各方面的起点不低。可惜哥斯达黎加至今仍是一个相当落后的国家，而且贫富差距很大，人口中 20% 还处于贫困状态，首都圣何塞给人的感觉更像个大村庄，有很多的铁皮屋、贫民窟。"

我看大家似乎一时举不出其他例子，我就干脆反问："要不要我举出西方民主化模式在发展中国家不成功的例子？举 10 个、20 个，还是 30 个，或者更多？"我简单谈了一下美国创建的民主国家菲律宾、美国黑人自己在非洲创立的民主国家利比里亚、美国家门口的海地，还有今天这个倒霉的伊拉克。

听众中一些人开始点头，一些人摇头，但就是没有人起来反驳。我便再追问了一个问题："在座的都来自发达国家，你们能不能给我举出一个例子，不用两个，说明一下哪一个今天的发达国家是在实现现代化之前，或者在实现现代化的过程之中搞普选的？"还是没有人回答。我说："美国黑人的投票权到 1965 年才真正开始。瑞士是到了 1971 年，所有的妇女才获得了投票权，才实现了真正意义上的普选。如果要推动西方式的民主化，西方自己首先要向别人解释清楚为什么你们自己真正的民主化过程，毫无例外，都是渐进的，都是在现代化之后才实现的？这个问题研究透了，我们就有共同语言了。"

我还顺便讲了一个自己的假设："如果中国今天实行普选会是一种什么样的结果呢？假如万幸中国没有四分五裂，没有打起内战的话，我们可能会选出一个农民政府，因为农民的人数最多。我不是对农民有歧视，我们往上追溯最多三四代，大家都是农民。我们不会忘记我们自己农民的根，我们不歧视农民，不歧视农村来的人。但是连领导过无数次农民运动的毛泽东主席都说过：严重的问题在于教育农民。一个农民政府是无法领导一个伟大的现代化事业的，这点你们比我还要清楚。”

这时一个不服气的学者说：“民主本身就是神圣的，崇高的，这是普世价值，中国应该接受。”我说：“民主是普世价值，但西方这种民主形式是不是普世价值，还很有争议。你们为什么不能更自信一点呢？如果你们的制度那么好，人家迟早都会来向你们学习。但如果以普世价值的名义，强行在世界推广你们的制度，甚至为此而不惜使用武力，那就过分了。看一看今天伊拉克，据英国广播公司最新的报道，巴格达市的居民开始用‘人间地狱’来形容他们的城市，但天真的美国人以为伊拉克人民都会拿着鲜花去欢迎他们呢。”

当时因为还有其他许多有意思的问题，民主化的问题就没有继续讨论下去。实际上任何人只要花点时间读上几本西方民主理论的入门书，就会知道西方大部分的民主理论大师，从孟德斯鸠到熊彼特，都不赞成为民主而民主，都认为民主是一种程序、一种制度安排、一种游戏规则，其特点是“有限参与”，而不是“无限参与”。当然也有像卢梭这样的理想主义者，呼唤人民主权，不停地革命，但法国为此付出了异常沉重的代价，最后实现的也不是卢梭期望的目的民主，而是工具民主。

2006 年，我曾在美国《国际先驱论坛报》上发表一篇评论，谈到西方强行输出自己的民主模式给发展中国家带来的问题：西方“意识形态挂帅，推行大规模的激进的民主化，无视一个地方的具体情况，把非洲和不甚发达的地方看成是西方体制可以自然生根的成熟社会。在宽容的政治文化和法治的社会形成之前，就推行民主化，其结果往往令人沮丧，甚至是灾难性的"。

美国宾州大学教授爱德华·曼斯菲尔德（Edward D. Mansfield）和哥伦比亚大学教授杰克·施奈德（Jack Snyder）最近出版了一本著作《选举到厮杀：为什么新兴民主国家走向战争》（*Electing to Fight: Why Emerging Democracies Go to War*）。书中的基本观点是：走向西方民主模式的这个过程最容易引起内部冲突或外部战争，因为政客们只要打"民粹"牌就容易得到选票。整个 1990 年代里，许多国家举行自由选举后，便立即进入战争状态：亚美尼亚和阿塞拜疆开打，厄瓜多尔和秘鲁开打，埃塞俄比亚和厄立特里亚开打，还有布隆迪—卢旺达的大屠杀，导致 100 多万人丧生，当然还有南斯拉夫令人痛心的分裂和战争。我 2006 年访问了前南斯拉夫所有的国家，光是波斯尼亚战争中死亡的人数最保守的估计都超过 10 万人，整个南斯拉夫解体过程中的战争造成了 20 多万人死亡，成为欧洲第二次世界大战后死亡人数最多的战争。多少罪恶都是以推动普世价值的名义犯下的。

再看看中国，走自己的路，在 30 多年的时间里，保持了稳定，经济规模扩大了 18 倍，人民生活普遍提高，虽然仍存有各种问题，有些还相当严重，但中国的崛起，整个世界有目共睹，大多数中国人也对国家的前途表示乐观。中国的相对成功为中国赢得了宝贵的话语权，这种话语权就是可以和西方平起平坐地讲道理，你有理，我听你的，你没理，你听我的。要是都听西方的，中国早就解体了。

在民主化这个问题上也是这样，西方还是没有摆脱"唯我正统，别人都是异教"的思维模式,这种思维模式在历史上曾导致了无数次战争,几乎毁灭了西方文明本身,西方本可以从中悟出很多道理,但是西方,特别是美国似乎还没有从中汲取足够的教训。如果西方真心想要在发展中国家推动民主,就应该认真总结自己民主发展的历史,其中一个关键问题就是民主化的顺序。西方原生态的民主社会自己演变的顺序大致可以这样概括:一是经济和教育的发展,二是市民文化和法治社会的建设,最后才是民主化。这个顺序搞错了,一个社会往往要付出沉重的代价。现在西方却要求第三世界在民主化上一步到位,把最后一步当作第一步,或者三步合为一步,不出乱子才怪呢。

世界在进步,民主也不再是西方的垄断和特权,新技术革命又为民主提供了各种新的手段,其他非西方文化传统的国家完全有可能,而且也应该探索自己独特的民主道路和形式。作为后来者,中国在自己民主建设的过程中,应从过去发达国家和今天第三世界的民主实践中汲取有益的经验和深刻的教训,超越西方那种狭隘的、僵化的民主观,推动符合中国国情的、渐进而又深入的政治体制改革,争取最终后来居上,建立一个繁荣与和谐的新型民主社会。

## 二、从贝·布托遇刺到肯尼亚骚乱

2007 年 12 月 27 日夜,我从电视中看到巴基斯坦人民党领袖贝·布托夫人在拉瓦尔品第不幸遇刺身亡,在感到悲哀的同时,又感慨万千。因为巴基斯坦是我非常熟悉的一个国家,巴基斯坦也是中国数十年来的全天候的朋友,无论在上层,还是在民间,中国和巴基斯坦的友谊具有非常坚固的基础。如果连短暂过境也算的话，我本人曾3次去过巴基斯坦。1985年11月我曾陪同当时的国务院副总理姚依林会晤过巴基斯坦总统齐亚·哈克将军。贝·布托的父亲阿里·布托就是被哈克将军政变推翻的，最后还被判处了死刑，但布托全家和哈克将军都是中国的挚友。哈克将军本人又于1988年在一次奇怪的飞机失事中不幸身亡。人们普遍怀疑是谋杀，但最后也查不出成因，只能不了了之。巴基斯坦的民主一路走来，可以说就是在普选、混乱、政变、刺杀、再普选的怪圈中循环，真有点凄凄惨惨。

我从电视上看到的不仅是血肉横飞的画面，还有那我熟悉的拉瓦尔品第的市容和街道。20多年过去了，这个城市还是那么乱糟糟的样子，房子还是破破烂烂，街道还是人畜混杂，和我20多年前访问这个城市时相比较，看不出什么变化。这么些年来，巴基斯坦经济发展不很顺利，民生没有大的改善，其民主制度也就像是建立在沙滩上的城堡，没有坚实的基础，悲剧不断的深层原因是人民持续的贫穷和政治结构的上下脱节。

一位退休的巴基斯坦政府官员对我说："我很同情布托夫人，但是即使她没有遇刺，顺利当选为总理，她也会遇到巨大的困难。她如何保证巴基斯坦的军队与她合作？如何保证巴基斯坦的情治系统与她合作？如何保证代表巴基斯坦伊斯兰势力的部落长老与她合作？没有这些合作，她靠什么来整合社会、治理国家？布托夫人的支持者主要是穷人以及一批亲西方的自由派知识分子。但布托夫人无力整合巴基斯坦社会，她过去总理当得并不好，现在她死了，她的儿子当选人民党领袖，这是她遗嘱中的嘱咐，这个事实本身就说明了我们的民主质量大有问题。"西方把一人一票看成是民主的惟一指标，根本不考虑一个国家成功运作的诸多复杂条件，而西方国家自己则是经过了几百年的发展与磨合，形成了坚实的经济基础、庞大的中产阶级和比较稳定的政治与法律制度，然后才开始搞普选的。

巴基斯坦民主困境实际上反映的是整个第三世界民主经常遇到的困境：先是穷人拥戴的领袖被选上台，但这种领袖往往无法整合社会力量，也无力发展经济，改善民生，然后军队就借机发动政变，但军政府也往往治国无方，人民便再一次要求民主化，民选政府上台后，这个循环又重新开始。

布托夫人死亡后3天，非洲的肯尼亚大选结果又引起了争议、冲突和厮杀。我对肯尼亚情况还算了解，因为我前后去过肯尼亚4次，最后一次是2007年4月。我与肯尼亚非洲经济研究所的非洲同仁讨论中国与非洲关系以及中国发展模式，非洲朋友很有兴趣。讨论中我们的话题很快就转到了中国模式与肯尼亚政治，当时肯尼亚的大选已在紧锣密鼓地准备之中，一位学者问我，如何看肯尼亚即将举行的大选？我笑着问他，您是要听外交辞令呢？还是朋友的诤言？他说当然要诤言。我就坦率地告诉他："据我的观察，非洲国家大选的特点之一就是同一个部落的人一般只投自己部落人的票，这样一来，你们选举的结果可能会使人民更加分裂，搞得不好，还会导致社会动荡。"我说："从中国的经验来看，一个发展中国家如果主要的注意力不是放在改善民生，而是放在政治纷争的话，很难产生积极的结果。"

肯尼亚人口才3 000多万，却分属40多个不同的部族，其中人口较多的是基库尤族和卢奥两个部族，选举中竞争的两个政党分别代表了这两个部族，而部族成员对自己部族的认同大都超过对肯尼亚的认同。我问下榻饭店的经理，你准备投谁的票，他说一定投他部族的候选人。非洲大部分国家还远远没有形成像欧洲那样的民族国家。这位饭店经理是卢奥族人，他对我说："我首先是卢奥族人，然后才是肯尼亚人。"这就像在中国，如果大部分人都强调自己首先是湖南人，湖北人，然后才是中国人的话，我们这个国家要维持国家统一和团结就会非常困难。非洲现在照搬西方民主模式，在民族国家尚未形成的时候，来一人一票的普选，结果使许多社会变得更加分裂和动荡。

　　另一位学者问我，如果采用中国模式，您觉得肯尼亚应该怎么做呢？我说，中国模式的特点是不推销自己的模式，但我可以谈一点个人的看法，你们听完后就可以把它忘掉，他们笑了。我说："你们一共有7个省和一个省级特区，这当中有没有大家公认的干得比较好的省长？如果有的话，可以考虑通过合适的程序推选他来担任国家首脑，这叫做政绩合法性。"我还说："一个理想的政治制度应该是政绩合法性与选举合法性的结合，现在西方在发展中国家推动民主只谈选举合法性，不谈政绩合法性，结果不理想。"会议主席说："我们中国朋友的建议很有道理，只是在肯尼亚已经很难这样做了。"我点头同意。

　　果然，12月肯尼亚大选，出现了对选举结果的质疑，接踵而来的就是族群冲突和厮杀，造成了上千人死亡，伤者无数，30多万人流离失所，国民经济和人民生活遭到重创，至今尚未喘过气来。其实不是我有什么先见之明，而是任何一个相信"实事求是"的人，在肯尼亚呆个三天，作一点调研，都可以得出同样的结论。我抵达肯尼亚的当天，电视里就报道，肯尼亚两个主要部落已经有一些零星的冲突，不祥的征兆已经出现，连给我开车的司机都告诉我，12月大选的时候治安可能会有问题。

　　颇有讽刺意味的是具有国际影响的英国《经济学人》杂志，在2007年12月22日发表了一篇关于肯尼亚大选的评论，题目是《虽有不足，但（肯尼亚）还是别国的榜样》，称在非洲这个动荡不安的大地上，总算有这么一个进行和平普选的民主绿洲，它可以成为别国的榜样云云。我读了文章哑然失笑，心想，这类文章的作者真应该到中国来进修一下什么叫做"实事求是"。

　　当然作者可能并无恶意，毕竟肯尼亚当时的情况比其邻国要好。肯尼亚北面的苏丹，从1956年独立以来的50多年里，只有11年可以算作是和平的，其余时间都在战乱中度过。东面的索马里也处于军阀混战的无政府状态。不远的刚果民主共和国前些年经历过"非洲的第一次世界大战"，至少有500万人丧生，边上的乌干达也不安宁，乌干达北部一直处在战争状态。

　　半个月之后的2008年1月5日，《经济学人》杂志又刊登了一篇题为《光天化日之下的谋杀和抢劫，（肯尼亚）种族清洗可能演变成内战》的文章，还配了部族厮杀、烈火冲天的图片。这么一份西方的权威杂志，对别国政治进行分析的时候，怎么可以如此漫不经心呢？两个星期之内，就把一个国家从"别国的榜样"打入了十八层地狱，而又不向别人交代自己这个弯子怎么转的？我有时真是很佩服西方媒体的勇气，对别人的事情预测老是出错，但鲜有认错的。

　　过去30年，西方媒体对中国的预测更是谬误百出，但也从来没有表示歉意和反省。2008年对西藏骚乱的报道也是这样，失掉了基本的职业道德和专业水准。例如，几乎所有的西方媒体都把尼泊尔军警殴打藏人的图像解说成中国武警殴打藏人，造成了恶劣的国际影响。西方媒体的深层次的问题是意识形态作怪，总认为他们的制度代表了世界最好的制度，他们的价值就是普世价值。不管别人遇到什么问题，西方从政客到媒体都是以不变应万变，开出的都是多党制和普选这一帖药方，治不了病，甚至把人治残了，治死了，都是病人自己的事，和开药方的人没有任何关系。

西方关心的只是表面的形式民主，认为形式本身就会产生正义，但正如肯尼亚出生的英国记者艾丹·哈特利（Aidan Hartley）对一些非洲国家的选举发表的坦率评论："选票无非是给那些贪官污吏一件合法的外衣，使他们可以随心所欲地掠夺百姓 5 年，这个周期一结束，下一个同样的周期又开始了。"他还说，这些政客也完全掌握了西方的心理，用英语讲话时，讲的都是人话，一旦转为自己方言讲话时，讲的都是鬼话。这些政客坐着直升机到民众集会的地方，用英语讲一番民主人权，这是说给西方记者听的，一般老百姓也听不懂，但转用方言讲话时，就充满了对其他部落的仇恨和谩骂。

非洲许多国家的社会结构还是传统部落和宗法社会。部族之间的厮杀是谁在主导？是村里的长老和巫医。政客和这些人勾结，他们一发话，下面的不少民众对其他部族的人就开始打砸抢杀。非洲有句谚语：大象打架，草地遭殃。大象就是这些政客，草地就是平民百姓。非洲不少国家的政治往往是一种零和游戏，赢者得到一切，输者失去一切。选举的结果又几乎完全是按照部落和宗教区分的，同一个部落的人，永远选自己部落的人，同一宗教的人永远选自己宗教的人，结果是选举一次，人民的分歧加剧一次，直到格斗、动乱、内战。而这一切又和政府机构从上到下的腐败结合在一起，因为政府的位置都是肥缺，给个人带来大量的好处，一旦获得了权力，就不惜一切手段来保护这种权力。据我的观察，在非洲这么多穷国中，大概只有坦桑尼亚和加纳等为数不多的国家基本走出了部落主义的怪圈，但即使这样，坦桑尼亚和加纳的经济发展仍然落后，光是看它们相对繁华的城市，如阿鲁沙和阿克拉，给人感觉也像是 30 年前的中国县城。

我们可以从巴基斯坦和肯尼亚的挫折中得出一个结论：任何一个对自己人民负责的发展中国家政府，都应该根据自己的国情来探索自己的发展道路。但西方主导的世界秩序使得很多发展中国家没有这样的选择权，结果只能跟在西方后面亦步亦趋，导致了危机不断，这些国家的发展也因此而困难重重。在这个意义上，中国是幸运的，中国是个大国，可以主宰自己的命运，可以拒绝外国势力假借任何名义来主导中国未来的发展方向。

## 三、好民主才是好东西

除了巴基斯坦和肯尼亚出现了政治困境，黎巴嫩、孟加拉、菲律宾、格鲁吉亚、尼日利亚、斯里兰卡、蒙古、泰国等发展中国家，政治危机均很频繁，社会动荡不止。我们不得不提出一些问题：为什么这些国家的民主没有带来人民所企盼的和平与繁荣，反而成了各种危机的成因呢？它们的民主出了什么问题？我们又能从中汲取什么教训？为了回答这些问题，我想不妨了解一点西方哲人对民主问题的思考。哲人就是哲人，大师就是大师，经过多少岁月沧桑，他们的观点还是令人感慨万千。西方不少人已经忘记了自己政治先哲关于民主提出的许多忠告，也许我们要提醒他们，忘记过去就意味着背叛。了解一些西方先哲的观点，也有益于帮助我们弄清发展中国家今天民主困境的根源，了解西方民主原教旨主义的盲点，并使我们能更好地为中国的民主建设做一些前瞻性的思考和布局。

谈民主是要追溯到古希腊的，因为那是西方民主的发源地。当时希腊的雅典城邦实行了民主制，男性公民（不包括女性，也不包括占人口绝大多数的奴隶）通过公民大会来决定宣战与媾和、法庭终审等重大事宜。古希腊的伟大思想家苏格拉底，因"腐蚀青年思想"之罪，被这种制度判处了死刑。他的学生、古希腊的另一位思想巨人柏拉图对此愤愤不平，认为这是"暴民"统治。这位晚孔子124年出生的西方先贤一贯认为：人的智力、品行和能力是有差异的，而古希腊的民主制度，否认这些差异，预设所有男性公民，不分良莠，都行使同样的政治权力，结果导致了"暴民"政治。为了说明自己的观点，柏拉图还提出了一个发人深省的问题：如果你病了，你是召集民众为你治病呢？还是去找医术精湛的大夫呢？你一定会去找医术精湛的大夫，那么治理一个国家，其责任和难度远远大于一个大夫，你该找谁呢？

这个问题代表了柏拉图的精英主义政治理念，长期影响了欧洲政治的发展。从今天的标准来看，柏拉图的精英意识也许过强、民众意识过弱，雅典民主制度虽有各种缺陷，毕竟是人类历史上最早的民主尝试，功不可没。但同样，柏拉图的观点虽有不足之处，但他提出的问题在今天仍有现实意义，多少国家就是因为一人一票选出了恶人而走向了灾难。最典型的例子当属德国的希特勒和他的纳粹党。当时的魏玛共和国是良好设计的产物，选举公正，舆论自由，宪政民主。但纳粹党，通过良好的基层组织系统，利用人们的各种不满，采用民粹主义的手段，在1932年的选举中，获得37%的选票。而在1933年更是获得了44%的选票，比另外三个政党的票数之和还多，成为德国议会的第一大党。以理性著称的德国人结果选出了仇恨人类的希特勒执政，最终不仅给德国带来了灭顶之灾，也差一点毁掉了整个西方文明。如果柏拉图活到1933年的话，他一定会说，我早就预料到了这一切。

西方一些国家现在把本应该是内容丰富、文化深厚、操作精致的民主大大简化，连经济发展、教育水平、法治社会、公民文化这些优质民主的基本要素都变成了可有可无的东西，惟有一人一票的"程序民主"才代表真正的民主，结果导致了第三世界的劣质民主层出不穷：贪官污吏通过贿选当政易如反掌，大批政客只知道争权夺利，永远以民主的名义，行使民粹主义、部落主义和黑金政治之实，他们的国家也因此频频陷于动荡甚至战乱之中，经济凋敝，民不聊生。历史证明：只有优质民主才是人民之福，劣质民主只能是人民之灾；只有好民主才是好东西，烂民主只能是坏东西。中国的政治改革一定要拒绝烂民主，建设好民主。

我们不应该学习西方推崇的那种竞选程序决定一切的民主。竞选程序决定一切就像学生上课报个到就是好学生，学习成绩好坏则反而是无所谓的。你选个演员，选个美女来当政，毫无政绩可言，也是合法的。台湾陈水扁就是个典型，当了8年"总统"，没有什么政绩可言，"考试"都不及格，还贪污腐败，但按照西方的程序决定论，他可以赖在位置上，不算反民主。我们民主政治的设计要避免这种情况发生。我们不仅要求这个学生报到上课，他还必须不断通过考试，而且必须是高分通过。

像中国这样一个超大型的国家，本来就有上千年的精英治国的传统，我们应该从中国的实际和传统出发，积极探索并逐步建立一种既能保证德才兼备的人才脱颖而出，又能使他们的权力受到全面监督的新型民主制度。这大概也是柏拉图当年提出的问题对我们今天民主建设的启示。

有人说，只要制度好，领导人的素质好坏无所谓。瑞士就是个例子，7个联邦委员，每人轮流担任一年联邦主席，瑞士很多国民不知道自己国家元首是谁，因为换得太勤了。瑞士不也是运转得挺好吗？但瑞士是一个超级小国，其独特的政治制度也是经过了长期磨合才形成的，中国模仿不了，美国、法国也模仿不了，也没有必要模仿。因为各国的传统和条件差别太大，就像瑞士几乎家家都有枪支，中国能学吗？发展中国家总体上法治建设尚未完成，政治与经济发展的关系密不可分，所以领导人的素质往往在很长时间内对一个国家的命运具有决定性的影响。比方说，没有邓小平，哪有中国的改革开放？即使在美国这样的国家，令人不敢恭维的小布什连任两届总统，结果领导无方，美国国运便直线下降，世界迅速进入了"后美国时代"（美国《新闻周刊》总编 Fareed Zakaria 2008 年 5 月语）。

这里还要提及古希腊的另外一位伟大的思想家亚里士多德，他对什么是优良政体也有深刻的见解。他认为一个优良政体至少需要两个条件：一是中产阶级占多数，二是法治的确立。他认为中产阶级比任何其他阶级都倾向稳定，他们不会像穷人那样容易图谋他人的财物，也不会像富人那样容易引来别人的觊觎，所以中产阶级是优良政体的基础。亚里士多德非常强调法律的作用，他认为一个城邦只有能够维持法律权威时，才能说明它已建立了优良的政体。他认为如果民选领导人，没有法治的规范，就极可能成为独裁和暴君。

他的这些思想对后来西方民主制度的建设产生了深远的影响。从世界的经验来看，没有一人一票而有法治和广大的中产阶级，一个社会可以运作得很好，最典型的例子就是香港；而光有一人一票，没有真正的法治和广大的中产阶级，民主的品质一定不高，出现劣质民主的概率极大。前面提到的那些陷入民主困境的国家，其根本的原因几乎都是中产阶级太小、法治太弱。比方说，肯尼亚大选出现了争议，既没有具有公信力的司法体系来裁决，又没有强大的中产阶级支撑社会的稳定，于是不同的派别和部落就开始了恶斗和厮杀。纵观世界民主的发展过程，发展中国家建设民主的最佳切入点，不是一人一票，而是大力发展经济和教育，不断壮大中产阶层，努力推动法治建设。中国正在走这条路，2020年我们的中等收入者将占人口的多数，这将对中国的民主建设产生极为深远的意义。

谈民主是不能忘记法国激进思想家卢梭的，他最早提出了"主权在民"的思想，激励了一代又一代为民主甘愿抛头颅洒热血的民主志士，但卢梭在其名著《社会契约论》中也提出了一个今天似乎被人们遗忘的深刻问题。他假设一个国家有1万公民，那么每个公民所能享受到的主权就是万分之一。如果这个国家的公民是10万人，那么他的主权就是十万分之一，也就是说，一个人手中这一票的影响力，一下子就小了10倍。他由此而推论，国家越大，一个公民对自己国家的影响力就越小，民主的效果也就越差。卢梭本人对此也未能提出真正的解决办法，但他认为比较理想的民主社会应该是小国家、小政府，贫富差距也不要太大，以免引起对抗。在我们这么一个13亿人口的超大型国家里实践民主，我们的制度设计中一定要认真考虑和回答卢梭当年提出的这个问题。

最后还要提一下哈耶克，他是西方自由主义理论的大师，他把民主严格界定成一种决策程序，一种手段而非终极价值，他认为终极价值是人的自由。哈耶克反对民主多数的滥用，认为即使是多数同意的决定也不一定具有合法性（比方说大部分人决定要分掉小部分人的财产）。不管你如何评价哈耶克的自由主义学说，但他在其名著《通向奴役之路》中对民主建设提出的一个忠告值得注意。他是这样说的："我们无意创造一种民主拜物教。我们这一代人可能过多地谈论和考虑民主，而没有足够地重视民主所要服务的价值。"

看看今天这个世界，那些极力在全世界推销西方民主的人，几乎都是民主拜物教的信徒，总认为一人一票，就可以解决世界的所有问题，结果把多少国家搞得四分五裂，生灵涂炭，但自己对别人连一声道歉都不说。这种傲慢与愚昧导致了近年美国政治软实力的急剧下跌，连美国前国务卿奥尔布赖特最近也感叹：美国在世界的信誉从没有像今天这么糟。哈耶克关于民主所服务的价值高于民主本身的观点，对我们今天的民主建设仍有启发。我们进行民主建设的过程中应该首先考虑民主所要服务的价值，这个价值应该是国家的良好治理（good governance）和人民的幸福生活。

我们应该从这个价值出发，来设计我们的民主制度，而不是为民主而民主，更不能为了迎合西方国家的认可而去投其所好。我们一定要以中国人的眼光，为解决中国人面临的问题来研究和实践民主，只有这样才能确保中国的国运昌盛和人民幸福。我们30多年改革开放的经验已经证明，中国走自己的改革开放之路，虽然也有诸多问题，但总体效果比那些跟着西方亦步亦趋的发展中国家要好得多。政治上也一样，照搬西方民主模式的发展中国家没有真正成功的，成为失败国家的倒不在少数。从这个角度说,中国只有走自己的民主创新之路。我们要汲取人类政治文明发展过程中的一切经验和教训,拒绝烂民主,实践好民主,逐渐把中国建设成为一个富裕、和谐、民主的伟大国家。在经济发展方面,中国已经走出了自己的路,整个世界为之惊叹。在政治改革方面,我们也会逐步地走出自己的路,并最终赢得世界的喝彩。

## 四、政治改革:走自己的路

2008 年 3 月在巴塞罗那参加一个学术会议,遇见西班牙前外长皮克(Josep Pique)先生。他回忆起几年前访问中国的经历后对我说:"当我第一次登上长城的时候,我突然觉得自己对中国政治有了一种新的感悟,这就是我们再也不能用传统苏联共产主义的概念来理解中国了。"对于中国人来说,中国模式和苏联模式的差别是显而易见的,但对于一个西方政治人物,这个认知来之不易。现在许多西方人还是把中国看成是苏联,看作是一个放大了的东德。但这位西班牙的前外长,通过与中国的接触,与中国历史和文化的接触,感受到了中苏两种体制的差异,感悟到了一个重要而朴素的真理:今天中国的政治发展是中国自己历史传统的一种独特延续,这种延续决定了中国道路的独特性。

西方学界和媒体经常讨论中国的未来,但概括起来不外乎这么三种观点:一是"中国崩溃论",认为中国的发展带来了各种问题,这些问题最终将导致中国的分裂和崩溃;二是"和平演变论",认为随

着中国经济发展和对外开放，中国会变得更加繁荣，最终也会走上
西方民主的道路；三是最近开始流行的一个观点：中国可能既不会
崩溃，也不会走西方民主的道路，而是变成一个"富强而专制"的国
家，如美国《洛杉矶时报》前驻华记者詹姆斯·曼（James Mann）的
新书《中国幻象》（*The China Fantasy*）所描述的那样。第一种观点，
由于这么多对中国的悲观预测均告失败，现在相信的人已大大减少；
但第二种、第三种观点，西方接受的人还不少。其实，这三种观点的
最大盲点在于其西方中心的历史观和西方话语的局限性，不了解中国
政治的发展和演变已经超出了西方中心论衍生出来的理论框架和西方
话语的诠释能力。

法国学者高大伟曾说过这么一段有意思的话："在中国面前，西
方要学会谦虚。在中国漫长的历史中，至少有7个朝代的历史比整
个美利坚合众国的历史都长，还有长期精英政治文化的传统，很难
想像中国会完全跟着西方模式走。中国一定是我们新世界的一个共
同设计师（co-architect）。"中国经济体制改革的相对成功就说明了这
一点。西方主流经济和政治学者从来没有想到中国走自己的路会如
此之成功，也没有想到他们自己主导的发展模式在发展中国家会如
此之不成功。

中国经济体制改革的相对成功，在某种意义上，为中国的政治
体制改革提供了宝贵的经验。我们经济改革成功有三条根本的经验：
第一是坚持"实事求是"，从中国的历史和现实出发，而不是从一个
完美的理想设计出发；第二是循序渐进，不断试验，摸着石头过河，
逐步地推动体制转型；第三是拿来主义，非送来主义，也就是说，
学习别人的一切长处，但以我为主，以自己的眼光来决定取舍，绝

不盲从。这种成功的思路也可以大致勾勒出中国政治体制改革的前进道路。

在西方历史上，与这种渐进改革思路比较接近的是英国历史上的经验主义变革思路。从国际经验来看，走经验主义的道路比理想主义的道路代价要小。英国是经验主义政治变革的典型，法国则是理想主义政治变革的典型。英国从 1688 年光荣革命后，其国内制度就一直是渐进的改良，坚信一个民族约定俗成的文化习俗和判断力具有相对的稳定性，坚持英国思想家埃德蒙·伯克"有保留的改革"的理念，坚持他在《法国革命感想录》中提出的英国人"永不仿效他们所未曾尝试过的东西"，并坚持一个国家的政治体制应该主要从自己的传统中衍生而来，而不应该像法国大革命那样通过追求一种理想的模式而来。英国一直是不断地磨合，小步地改革，从未切断自己的历史。这种渐进的方法使英国比法国获得了更长时间的稳定与发展。在 1837 年开始的维多利亚时代（她在位 64 年），英国达到了自己强盛的顶峰。英国当时工业生产的能力，超过了全世界其他地区工业能力之和，其富庶程度为当时的法国所望尘莫及。一个法国人看了 1851 年在伦敦水晶宫举行的第一届世界博览会后曾感叹：法国是一个"民主国家"，却未能养活自己的人民，而英国是个"贵族国家"，却养活了自己的人民。（注意，当时人们普遍把英国看做是"贵族国家"，非"民主国家"。）

的确，走理想主义道路的法国很长时间内处在不停的动乱和革命中，经济也远远落后于英国。法国的做法是先确立一个伟大的理想，特别是卢梭"主权在民"的思想，然后波澜壮阔地去实践这些理想，但法国付出的整体代价比英国要大很多。从 1789 年法国大革命以来，法国的政治制度一直比较动荡，甚至到了 1946 年的第四共和国还没有稳定，政党过多，议会过强。一般认为法国政治体制稳定下来是在戴高乐的第五共和国确立了总统制之后。加拿大学者纳多（Jean-Benoit Nadeau）和巴尔洛（Julie Barlow）两人合写的介绍法国文化的畅销书《6000万法国人不会错》中对此作了一个总结：从1789年法国大革命到1962年法国政体稳定下来的173年间，"法国一共经历了五个民主政府、三个皇室政权、两个帝国、一个法西斯政权，而且所有这些政府都是以暴力而告终的。"从中国人的角度看，我们还要注意人口上的差异。法国大革命时，法国人口才2 000多万，比今天的上海还少一些，即使到了1962年，法国的人口也才4 000多万，而中国今天已是一个13亿人口的大国，如果像法国这样折腾的话，内乱不说，全世界都受不了。

从中国1949年以来的历史来看，前30年的经历更像法国，后30年的经历更像英国，而后30年的情况总体上比前30年要好得多，大部分人民得到了实惠，中国的崛起已不可阻挡。对于中国今后的政治改革来说，经验主义的渐进道路应好于理想主义的激进道路。但是我们不少国人也有类似法国人这种政治浪漫主义情结和激进主义的传统，总希望通过激进的政治变革来解决中国存在的所有问题，毕其功于一役。其实，在中国这么一个超大型的国家里进行政治改革，一定要考虑每一项改革政策的代价。稳妥地推动政治改革，以较小的代价换取较大的成果，这才是中国前进的最佳之路。

经验主义模式是内需驱动的，而内需中关键是有效内需。有效内需驱动的改革比较稳健，一个国家的思想、文化、民情等方面都产生了真正的内需，才会是有效内需，这也是改革最大的内在动力。打个比方，中国房地产业的发展，使得越来越多的中国人成了拥有物业的有产者，进而产生了对《物权法》的实实在在的内需，随之而诞生的《物权法》就很有针对性和操作性，起到了较好的效果。在政治领域，中国目前阶段，最强的内需可能是反腐机制建设、党内民主机制建设、服务性政府的建设、法治社会的建设。

由于西方的强势推动，在许多第三世界国家创造了一些人为的内需、虚假的内需，而这些国家的内部并没有产生那种思想、文化、民情等方面的真正内需。结果就出现了上下结构的完全脱节。2007 年 4 月肯尼亚 NTV 做了民调，老百姓最关心的问题，第一是就业，第二是治安，只有不到 2% 的人关心宪政改革，而肯尼亚议会讨论的第一是宪政改革，第二还是宪政改革。还有议员则提出了"向文明国家学习，废除死刑"的议案。这种上下严重脱节的情况，和 8 个月之后开始的种族厮杀也有一定的联系。

2008 年 2 月美国《国际先驱论坛报》发表了一个西方 6 国国民对自己国家现状满意程度的调查，结果发现不满意的人大大超过满意的人：

您对自己国家的现状是否满意（%）？

|  | 满　意 | 不满意 |
| --- | --- | --- |
| 意大利 | 4 | 80 |
| 法　国 | 7 | 67 |
| 美　国 | 19 | 52 |
| 英　国 | 20 | 41 |
| 德　国 | 28 | 36 |
| 西班牙 | 30 | 38 |

（资料来源：2008 年 2 月 8 日《国际先驱论坛报》）

《纽约时报》2007 年 10 月 30 日也刊登了一个美国民调，80%的人对本届国会的工作不满意，68%的人认为国家的方向出现了问题，60%的人认为自己下一代的生活会比现在差。人们对美国政府解决问题的信心已经低于 20 世纪 60 年代越南战争和 1974 年水门事件时期。而美国非常有影响力的皮尤研究中心 2005 年对 17 个国家进行的调查，发现 72%的中国人对自己国家的现状表示满意，在被调查的国家中拔了头筹。76%的中国人认为自己生活质量在今后 5 年中还会提高，这个结果也高于其他国家。在 2008 年该中心又对 24 个国家进行了类似的民调，中国又一次拔了头筹，86%的人对国家的总体状况表示满意。2008 年 3 月，在美国"世界民意网站"对全球领导人信任度的民调中，中国领导人在本国的信任度为 93%，远远高于西方领导人。

您对自己国家的现状是否满意（%）？

| | 满　意 | 不满意 |
| --- | --- | --- |
| 中　国 | 72 | 19 |
| 约　旦 | 69 | 30 |
| 巴基斯坦 | 57 | 39 |
| 西班牙 | 51 | 44 |
| 荷　兰 | 49 | 50 |
| 英　国 | 44 | 51 |
| 加拿大 | 45 | 52 |
| 土耳其 | 41 | 55 |
| 印　度 | 41 | 57 |
| 美　国 | 39 | 57 |
| 黎巴嫩 | 40 | 58 |

（续表）

| | 满　意 | 不满意 |
| --- | --- | --- |
| 印度尼西亚 | 35 | 64 |
| 法　国 | 28 | 71 |
| 俄罗斯 | 23 | 71 |
| 德　国 | 25 | 73 |
| 波　兰 | 13 | 82 |

（资料来源：PEW Global Attitudes Project，2005）

　　如果上述由美国学者独立进行的民调大致反映了各国的实情，那么我们可以说，尽管中国的政治体制还有许多不尽如人意的地方，尽管国人还抱怨各种各样的问题，但中国人对自己国家现状的总体的认可度，对本国领导人的信任度，对自己未来的信心，都名列世界前茅。这不能不使人重新思考中西体制优劣等一系列问题。如果考虑到西方国家的人均资源消费量为中国的 10 倍以上（根据贾雷德·戴蒙德的计算，美国的人均资源消费量为中国的 11 倍），而人民的满意度还如此不尽如人意，这种反思就更需要进行。当然，中国人口众多，即便有 72% 或者 86% 这么高的满意度，不满现状者，尽管比例低，也不会是一个小数目，所以我们没有任何骄傲自满的理由；相反，我们必须如履薄冰，认真地解决各种存在的问题，使老百姓的满意度进一步提高。

　　客观地说，中西制度都有许多需要改进的地方，但过去 30 年内，中国总体上在不断地改革进取，而西方则显得思想僵化、故步自封了。欧盟一位荷兰籍高官曾私下对我说："虽然我们和中国举行人权对话时，要求中国进行各种改革，但我们自己国内的改革却步履艰难。比方说，为了每周增加一小时的商店营业时间，政府和工会代表谈了十几年才达成协议。这对公共利益是好还是坏？当然不好。"

中国体制的务实、高效、有序等特点，现在已很少有人否认。这使我想起了自己和一位德国朋友吃饭的经历。那次，这位非常喜欢中国文化的德国人请我到一家知名的德国餐馆吃饭，服务员不停地给我们换盘子，他笑着对我说："你看，中国菜比我们德国菜可口得多，但我们吃饭的仪式比你们隆重，你们就是一双筷子，我们德国菜没多少东西吃，但不停地换刀具，换杯子，换盘子。"我后来一想，这个比方似乎也很政治。如果说饭菜质量的好坏是"内容"，盘子换来换去是"形式"的话，那么我们制度中的不少"内容"，并不亚于西方，甚至优于西方。比方说，过去30多年我们制度的总体表现，明显超过了采用了西方政治制度的发展中国家，甚至在一些方面也超过了发达国家：美国2005年"卡特里娜"飓风救灾的表现和中国2008年的抗震救灾怎么能比？法国2003年8月一场突来的热浪，竟造成了全国1万多老人非正常死亡，举世震惊；意大利像走马灯一样地换政府，竟连城市垃圾等问题多少年都处理不好，更不要说解决根深蒂固的黑社会问题。前面引述的民调结果某种程度上也反映了西方体制的诸多深层次的问题。

西方政治制度很像西餐，有一整套规范的形式。这种形式又可以分为两部分，一部分是为内容服务的，如西餐一定是分餐制，一人一份，比较卫生，很像通过票决制来确保选民对候选人有某种监督。另一部分是形式高于内容的，更多一些美学功能，如不同的酒水要使用不同形状的杯子。西方民主体制中的登记投票、组织集会、电视辩论等，也有一种类似的形式美。尽管西方体制实现的"内容"与我们的"内容"相比，各有千秋，但在形式和程序方面，西方的许多做法，往往比我们的做法更有吸引力。他们的做法更容易拉近政治人物和民众的距离，使公众更容易有一种参与感。比方说，竞选双方的辩论，许多话都是竞选语言，没有多少人把它当真。但辩论这种形式，既可以让百姓了解他们的政策，又为百姓创造了一种喜闻乐见的政治参与形式。电视辩论对民众有不小的吸引力，甚至有点像我们的春节晚会，成了许多国家的保留节目，大家都喜欢看，但看完之后又说没太大意思。在发达国家，除了法国等为数不多的国家外，一般大选的投票率都不高，约在50%左右，但主要候选人的电视辩论往往收视率很高。这说明很多老百姓只想看一出好戏，至于哪一位候选人当选，对他们的生活并不产生很大的影响。

我们要结合中国的国情进行民主形式的创新，从而使老百姓有更多的政治参与感和认同感。内容和形式比，内容更重要，但形式不能被忽视。我们在形式方面可以借鉴西方的一些形式，也可以从我们自己的传统资源中进行提炼和创新，也可以土洋结合，创造出新的形式，从而使我们的民主在形式上更规范，更有活力，更为丰富多彩。我甚至认为，从某种意义上说，我们政治改革的重点就是从重视"内容"走向"内容与形式"并重，从强调"结果"走向"结果与程序"并重。中国人是很善于学习别人长处的。还是拿吃饭作比较，中餐是合吃，不如西式分食那么卫生，但只要在菜上加一双公筷，就解决了合吃的卫生问题，中西形式就接轨了。

当然，西方政治制度值得我们借鉴的不只是形式，也有内容。比方说三权分立的学说强调了对权力的制约，我们要结合中国的实际来借鉴权力制约这个思想，我们也可以汲取西方在权力制约方面的一些设计。但是像美国那样的三权互相势均力敌，对其他西方国家也不适用，更不要说非西方国家了。法国、德国等西方国家，其实也是行政主导型，法国总统和德国总理的权力都大于议会。欧盟本身也是如此，欧盟委员会的权力大于欧洲议会。德国和丹麦的议会也是协商一致为主。当然，我们在保持行政主导的同时，也要借鉴国际经验，大力加强对权力的监督和制衡。

在借鉴西方的一些做法时，我们没有必要，也不需要像西方那样，把形式和票决看成是至高无上的惟一。我们要把民主从西方那种僵化的和狭隘的话语中解放出来，走民主创新之路。西方在推销自己民主模式的时候，把本应该是文化深厚、形式多样的民主，简化成了一人一票的普选，这本身是对民主事业的一个巨大伤害，使我想起了法国政治学家托克维尔的名言：有两种人最能伤害民主，一种是反民主的人，另一种是民主激进论者。今天西方推动"颜色革命"的人就属于后面一类。

我们的民主建设一定要有创新精神。民主建设应该是一种生机勃勃的事业，民主可以有一千种、一万种形式，而不应被局限于一人一票普选这一种形式。我在研究台海两岸关系时曾提出：双方应坚持"先易后难"的原则，从小事情做起，从"职能合作"做起，"积小变为大变"，"积量变为质变"，积无数个互相合作的"小中华"，最后形成全面合作的"大中华"，最终完成祖国统一大业。我觉得我们的民主建设也可以是一个类似的过程，民主建设应该从我们身边无数的"小民主"开始，最终汇成中国的"大民主"。"小民主"就是我们每天都看得见、摸得着的事情，如住宅小区的"阳光"管理，事业单位的“阳光”财务，单位第一把手权力的限制，各种各样的论证会、听证会、辩论会、记者招待会，市长热线，电子政府，人性化管理，信访制度的完善和规范，逐步取消城乡二元户口制度，差额选举比例的扩大，各种各样的民意调查，平面媒体和网络媒体讨论政府的公共政策，不同阶层和不同群体的利益协调等等。我们要使人民群众能够实实在在地感到我们生活中的民主气息越来越多，感到他们可以参与讨论的事务也越来越多，同时这个改革的过程又是一个渐进的、有序的、使大家不断受益的过程。民主与阳光共生，民主从身边做起，民主从小事开始。随着时间的推移，随着大家实践和经验的积累，随着社会经济和文化条件的日益成熟，无数的“小民主”最后一定能汇成中国整个社会和体制的“大民主”，这种“大民主”的最终形式将在不断探索中逐步形成。

我们的政治改革一定要与经济发展和民生改善相辅相成，而不是互相对立和损害民生。西方推动的人为内需，其特点就是政治变革与经济发展、民生改善等完全脱节，甚至是破坏后者的。菲律宾的政治变革就是单一政治方向的，与经济发展无关，与民生改善无关，甚至是矛盾的。吉尔吉斯斯坦的“颜色革命”也是这样。在一个经济发展比较落后的国家，一个政府如果不能凝聚全社会对于发展经济、提高生活水平的共识，并在此基础之上，推动政治体制革新，而是把解决一切问题的希望都寄托在激进政治改革上面，风险极大，因为政改和革命往往会使社会产生过高的期望，而政改和革命最后又不太可能满足这些期望，结果期望很快就转变成失望，而且是具有巨大破坏力的失望。

我们在民主建设中要超越西方民主模式，特别是美国的民主模式，因为这个模式本身就存在诸多问题。美国的民主与西方许多先哲的理想已经相差很远，在美国本国和欧洲均受到很多批评，美国民主的商业化（铺天盖地的广告）、庸俗化（一切为了讨好选民，一旦选上，自己的承诺又不能兑现）和金钱化（美国民主制度之昂贵，绝非一般人可以想像）就表明了这一点，连美国总统奥巴马在他的《希望的勇气》（*The Audacity of Hope*）一书中都坦陈："竞选需要电视媒体和广告，这就需要钱，去弄钱的过程就是一个产生腐败影响的过程，拿了钱，就要照顾提供钱者的利益，虽然也可能使用政府的钱（但这个钱很有限，不足以应付竞选，可能还会附带很多条件）。"

我们政治改革中还要防止邯郸学步。学习别人的长处是对的，但如果还未把别人的长处学到家，就放弃了自己一些行之有效的土办法，这就成了邯郸学步，这也是可怕的。邯郸学步的情况发展中国家不少。例如，一些非洲国家，采用了西方的法律制度，但总是水土不服，但又把自己原来传统中的习惯做法丢得干干净净，结果就出现了国家治理的失序，甚至瘫痪。

至于中国以后会不会产生对西方政治体制的内需，也许会，也许不会，现在尚难判断，这是一个留给未来的问题。如果中国以后真正的内需和美国的真正内需一样，那么今后可能会产生类似美国的制度。如果内需不一样，就不会产生类似的制度。中国的政治传统和美国的传统差异如此之大，我很怀疑中国会出现和美国一样的内需。但美国制度的某些方面，我们可以借鉴，就我个人的观察而言，美国民主制度的长处之一是它的基层民主，特别是它的社区自我管理，而非劳民伤财的美国总统选举。我们应该借鉴世界上一切好的经验，结合中国的实际来学习，并在传统与现代的互动过程中，为中国的长治久安奠定坚实的体制基础。

我们可以按照经济改革成功的经验，摸着石头过河来进行政治改革，在相当长的时间内最需要的不是"路线图"，恐怕也拿不出"路线图"，拿出来也是一个"花架子"。但像经济改革一样，我们可以有一个"指南针"，需要知道一个总体方向。经济改革的总体方向是市场导向的改革，是市场和计划的有机结合，是发展生产力和提高人民的生活水平。政治改革总体方向应该是实现励精图治的良政，确立一流的人才选拔机制、一流的民主监督机制、一流的社会协商机制，最终落实到人民的"优良的生活"。在探索和实践的过程中，某种更为完整的思路，或者叫"路线图"，在适当的时候一定会应运而生，就像通过16年的改革和开放，我们终于形成了内容丰富，而又可以操作的"社会主义市场经济"的理念。没有摸着石头过河的16年实践，是提不出这样的理论的。

中国是一个大国，在中国实践成功的东西，就是真理，西方现在可以不理解，可以挖苦，可以反对，但只要中国老百姓拍手叫好，只要最终事实证明我们的选择和做法是正确的，他们就只能来理解你，诠释你，并最终不得不接受你。中国模式最终一定会影响世界政治的游戏规则，丰富世界民主政治的形式和内容。西方自己的模式也是这样一路走来，并最终成为强势模式的，例如英国创立了君主立宪制，但很长时间内，别人还是把它看作"贵族国家"，而非民主国家。这就像学外语，如果你认为世界上只有英语好，那么你就永远是别人的学生，他永远可以说你哪些地方不对了，甚至给你打个不及格。现在中国崛起了，学习中文的人越来越多了，中文也自然会成为国际社会的一种强势语言，你要和我交流，就要好好学习我的语言，尽量达到我的母语水平，我还可以纠正你的发音和语法，也可以给你打不及格。

如果说 30 多年前，我们中不少人还比较习惯仰视西方，那还情有可原，毕竟中国刚刚经历了"文化大革命"，经济凋零，百业待兴。但经过了 30 多年的改革开放，中国已经走出了一条适合自己国情的发展道路，如果今天还是像一些人士那样，动不动就是美国怎样，西方怎样，就有点贻笑大方了，恐怕连西方人对你都要少三分敬意。我们才对自己的政治制度进行了一些"挖潜"和"微调"，国家就迅速崛起了；继续推动符合国情的政治体制改革，把中国人民的智慧和潜力进一步发掘出来，那才是更加巍巍壮观的事业，好戏还在后头呢。我们应该自信地、从容不迫地、不卑不亢地平视一下西方，看看他们制度的长处在哪里，短处在哪里，再对照一下中国，我们的长处在哪里，短处在哪里，从而搞清楚，对于西方的东西，哪些我们应该学习和借鉴，哪些应该反诘和扬弃，最终则都是为了走出一条适合中国自己情况的政治发展道路，一条能使中国实现国家长治久安、人民生活幸福安乐的康庄大道。

第四章

# 应该失语的不是我们

　　我们珍视与西方的关系，也愿意学习其一切长处，但我们拒绝傲慢与偏见。我们对西方话语的态度不是俯视，把西方话语看得一无是处、全盘否定；也不是仰视，把它奉为金科玉律，全盘接受；而是平视，用中国人"实事求是"的核心价值观对其逐一加以审视。中国的真正崛起是人类历史上最具震撼力的事件。在这个历史进程中，"失语"的不会是中国，而应该是"话语霸权主义"。

# 一、谁创造了人类普世价值？

读西方人过去写的历史，会发现整个世界近代史就是一部西方话语权的历史，其背后折射出的是西方在世界政治、经济和文化领域中的数百年之久的强势地位。法国哲学家福柯不无挖苦地说：你谈论什么并不重要，关键是谁在谈，话语的强弱是由话语者的强弱所决定的。既然西方数百年来一直处于强势地位，那么其话语地位也就自然占了主导地位。当年欧洲人企图灭绝美洲的印第安人，其解释就是不得已而为之；当年欧洲人贩卖黑奴，其解释就是那个时代谁都这么做；当年殖民主义和帝国主义贪婪掠夺，其解释就是为了传播现代文明；后来的种族主义、种族隔离，也都经过了详尽和理性的科学论证。现在毕竟是 21 世纪了，世界变了，中国变了，西方也变了不少，虽然在话语权问题上，西方话语仍占主流地位，但越来越多的不同声音正在出现，这是好事情。

"自由、民主、人权"这些源于西方的观念，只要不被滥用，都是好东西。中国人过去反抗西方列强的欺辱，坚持的也是这些理念，并在这个过程中，丰富了它们的内涵。这些理念今天已成了世界人民的共同精神财富，在中国走向富强的进程中，它们还可以发挥更大的作用。作为世界人民的共同财富，其解释权也属于各国人民，而非少数几个国家。否则就可能出现各种荒谬，比方说，中国改革开放 30 年使 4 亿多人脱贫，会被认为与人权进步无关，而美国大举入侵伊拉克，无数生灵涂炭，则被看作是捍卫人权。世界在进步，中国在崛起，那种谁拥有强权就拥有话语权的时代已一去不复返。

这里首先要纠正一个历史偏差。西方现在的主流话语称：西方

一直致力于推动"自由、民主、人权"这些普世价值。不少人也以
为当年欧洲的启蒙运动、美国的《独立宣言》和法国的《人权与公
民权利宣言》确立了"自由、民主、人权"这些普世价值,这是有
悖于历史事实的。1789 年的法国《人权与公民权利宣言》,法文叫
*Declaration des Droits de l' Homme et du Citoyen*,其中的"人"和"公
民"(l' Homme 和 Citoyen)在法文里,指的就是男人和男性公民,更
确切地说是男性白种人,不包括妇女,不包括有色人种,不包括华
人,不包括穷人。在这个《宣言》通过两年之后的 1791 年,一位名
叫奥林匹·德古吉(Olympe de Gouges)的伟大法国女性,骇世惊俗
地起草了一份《女人和女性公民权利宣言》(*Declaration des Droits de
la Femme et de la Citoyenne*),但她却被送上了断头台,她所希望的妇
女投票权直到她死后一个半世纪才在法国实现。

　　1776 年美国的《独立宣言》也一样。美国的国父们的确是一批
很受尊敬的人,但他们也都是欧裔男性富人,不少还拥有黑奴。美
国《独立宣言》中的"人人生而平等"指的是有地位的男性白人之间
的平等,其中的"人人"不包括妇女、奴隶、华人,也不包括白人中
的穷人,保留奴隶制也是美国国父们经过辩论后作出的选择。从 17
世纪开始的两个世纪中,种族主义和殖民主义是西方推崇的"普世
价值",他们谈的自由,在相当长的时间内,包括了贩卖奴隶的自由,
包括了对印第安人进行种族灭绝的自由,包括了向中国倾销鸦片的自
由。美国的南北战争(1861—1865)废除了奴隶制,值得肯定,但战
后双方还是作了政治妥协,认为美国"统一"的价值高于黑人"自
由"的价值。美国不久又颁布了法律,建立了一整套种族隔离的制
度。这套践踏人权的制度在美国又持续了近一个世纪。

从 1870 年左右开始，随着民族国家的兴起和世界范围内对财富的掠夺，欧洲主要国家经历了迅速的经济发展，但也埋下了失败的伏笔。当时的欧洲各国迷信国家主义和民族主义，以恶报恶，最终导致了两次世界大战，使欧洲文明遭受重创。特别是第二次世界大战，使欧洲文明几乎毁于一旦。

我们今天看到的一个比较文明的欧洲实际上是侥幸才保存下来的。这种侥幸包括了希特勒的纳粹德国还没有发明原子弹，包括了俄罗斯民族和中华民族为世界反法西斯战争所作出的巨大民族牺牲。中国人民艰苦卓绝的八年抗战，以 3 000 万人伤亡的巨大民族牺牲捍卫了自己的独立，同时也帮助捍卫了欧洲文明。如果当时的中国政府，像一些欧洲"民主"国家那样在法西斯进攻面前纷纷投降的话，日本法西斯早就可以轻易地拿下中国，然后与德国分进合击拿下苏联，再以中国和苏联的巨大资源为后盾来称霸世界，欧洲文明还能保留多少？中国为世界反法西斯事业所作出的巨大民族牺牲，在西方还远远没有得到承认。英国首相丘吉尔 1945 年和西方领导人交谈时，对中国根本就不屑一顾，提及"中国人"，他用的还是那个对华人带有严重种族歧视的字眼"Chinaman"。

但是公平地说，经历了这些灾难之后，西方的一些有识之士终于开始了深刻的反省，并对欧洲的很多主流价值重新作了评估和筛选，把坏的剔除，把好的留下，并与国际社会的其他代表一起努力把好的部分打造成普世价值，这才有了 1948 年联合国通过的《世界人权宣言》。这个《宣言》确认了人人"不分种族、肤色、性别、语言、宗教、政治或其他见解"都应该享受人权的原则。至此，我们才可以说国际社会真正开始了使"自由、民主、人权"成为普世价值的伟大进程。

但历史的发展并非一帆风顺，在《世界人权宣言》诞生之后，种族主义理念还是继续主导着西方的国内外政策。比方说，为了维护其殖民统治，法国又发动了极其残酷的越南战争和阿尔及利亚战争，直到最后实在是打不下去了，它才非常不情愿地放弃了这些殖民地。同样，美国黑人不堪再忍受种族歧视，于1960年代掀起了风起云涌的民权运动，马丁·路德·金1963年大声疾呼："我梦想有一天，我的四个孩子将生活在一个不是以肤色深浅，而是以品格的优劣作为评判标准的国家。"而这离美国通过载有"人人生而平等"的《独立宣言》已是187年之遥。

追溯这些历史并非要贬低西方一些重要文献在历史上曾发挥过的关键作用，也无意贬低西方文明本身已经取得的进步，而是要准确地找出今天普世价值的来龙去脉，澄清某些认知上的盲点，确认"自由、民主、人权"成为普世价值的过程并非是西方的自觉自愿，而是世界上所有被西方奴役的民族经过长期英勇的抗争，并和西方有识之士共同努力，才逐渐把这些本属于世界上少数人的特权变成了西方国家不得不接受的普世价值，其内涵也在不同文明的互动过程中被大大丰富了。

从上面对普世价值来龙去脉的叙述中，至少可以得到两点启发：

第一，所谓普世价值的概念在西方得到真正确认的历史并不长，在实践中存在的问题更多。如果以1965年美国开始在法理上真正允许黑人和白人享受一样的"自由、民主、人权"开始，那么也只有40多年时间，比我们改革开放只多十来年。所以普世价值还是个新鲜事物，需要我们共同呵护，中国为其作出自己的贡献也正当其时。

第二，西方对自己的政治文化传统采取了一分为二的态度，放弃糟粕的东西，继承优秀的东西。比方说，西方已被迫放弃了殖民主义、种族主义等在西方曾经非常风光的"普世价值"，又对"自由、民主、人权"作了对自己有利的解释，虽不完美，但还是包含了值得肯定的进步。相比之下，我们不少国人对中国自己的传统还是持一概否定的态度，认为整个中国数千年的历史就是一部专制史，一切要推倒重来。实际上今天西方已罕有学者否认在过去的 2000 年的历史长河中，中国至少在 1500 年内，在政治、经济、文化、科技等方面都全面领先于当时的西方。西方整个文官制度也是从中国借鉴来的。欧洲启蒙运动的一个主要思想来源就是法国思想家伏尔泰对中国文化的诠释。伏尔泰特别赞赏中国人的宗教观：中国历史上几乎没有宗教战争，而欧洲历史上宗教战争打了上千年。

我们今天完全可以在一个与世界良性互动的基础上，用今天的眼光来认识和发掘我们源远流长的文化传统资源，这是一个尚未充分开发的巨大智慧宝库，对重塑民族魂，对解决中国和世界面临的许多挑战，对新的普世价值的形成，都会产生巨大的影响。

## 二、应该失语的不是我们

促进普世价值的过程本应继续是一个不同文明取长补短的互动过程。但是西方主要国家总想垄断这些价值的解释权，搞"话语霸权主义"，为自己的战略利益服务。例如，他们把本应该是内容丰富、文化深厚、形式多样、操作精致的民主简化为一人一票的"程序民主"，还编造了一个神话：一人一票的民主制度创造了西方今天的财富。实际上，西方今天的一切是建立在其人均资源消费量是发展中国家30多倍的基础之上的。不信的话，你去掉这30多倍的差异，再看看西方的人权会是什么水平？而西方的财富中又包括了多少不义之财？光是根据那几个不平等条约，中国当年被迫支付给英国的战争赔款就足以在当时的英格兰建立一个完整的养老保险体系，而西方列强在那个时代强加给中国的可是1 000多个不平等条约呀！当然，姜太公钓鱼，愿者上钩，世界上总有一些人心甘情愿地接受别人的话语垄断，于是就有了苏联的解体（也有了俄罗斯后来的顿悟），就有了南斯拉夫的崩溃，就有了第三世界的众多劣质民主和混乱动荡。

西方在推销自己"自由、民主、人权"话语的时候，很少提及自己财富积累的真实过程：英国有个港口城市叫利物浦，这个城市在1800年左右成为整个英国最富裕的城市，靠什么富裕起来了？靠的是奴隶贸易。当时整个英国80%的奴隶贸易，欧洲40%的奴隶贸易，都从这里经过。欧洲的商人们用美洲的棉花、糖、烟叶换取非洲的"黑奴"，一本万利。主要发达国家在其资本迅速积累的百年间，对外奉行野蛮的殖民主义，对内享有选举权的人几乎从未超过本国人口的5%。2001年我去南非德班参加世界反对种族主义大会，不少非洲国家代表发言，要求西方国家为奴隶贸易进行道歉和赔偿，他们提出的赔偿额度为：777万亿美金，约等于今天美国经济总量的50倍。我不知道这个数字是怎么计算出来的，但索赔数额之大，是不容质疑的。

澳大利亚前总理陆克文（Kevin Michael Rudd）曾于2008年初正式向几百年前受害的澳大利亚土著人表示了道歉，令人感佩。如果西方的政治领导人都有这样的勇气和良知，我们这个世界就可能变得更加公正一些，更加人道一些，更加和谐一点。但事情没有这么简单。2008年3月在日内瓦举行的联合国人权理事会上，埃及代表整个非洲集团提出了一个决议草案，题为"从夸夸其谈走向实际行动"，其内容是呼吁世界各国，采取具体行动来消除种族主义、种族歧视、仇外心理和相关不容忍现象。其中提到：欢迎澳大利亚政府正式道歉这一"划时代的历史性举动"，"欢迎澳大利亚政府对过去给其土著居民造成沉重伤痛、苦难和损失的法律和政策表示正式道歉"，并"促请尚未这样做的国家政府向过去和历史上不公正的受害者进行正式道歉，并采取一切必要措施愈合创伤、取得和解"。这一决议草案遭到了西方代表的反对。欧盟发言认为此提案的语言不妥，不应该把一部分国家单独列出来进行批评。

实际上，我在意的并非西方一定要就过去的错误，包括鸦片战争，作出正式的道歉，历史毕竟是历史，我们应该向前看，但我比较在意的是西方是否能够从自己过去的历史错误中吸取教训，改变那种总是自以为是、惟我独尊、自己永远正确的心态。"自由、民主、人权"是好东西，但如果只能照西方的模式来界定这些概念，并且不分时间、地点、民情、发展水平就把自己的民主模式强加于人的话，从本质上看，和过去的殖民主义和帝国主义的心态无异，结果就造成了今天世界上类似伊拉克这样的悲剧。

西方谋求话语霸权现在面临着三个困境。一是国际政治中的困境，中国、俄罗斯等有影响力的国家都坚决拒绝西方的话语霸权，并积极发展自己的话语权。二是实际操作中的困境，美国入侵伊拉克，推销"大中东民主计划"，结果陷入泥沼、骑虎难下。西方在乌克兰、格鲁吉亚、吉尔吉斯斯坦推动的"颜色革命"也陷入困境，使这些国家更加动荡不安。三是在全球治理问题上束手无策。面对棘手的全球性挑战，如贫困问题、战争问题、恐怖主义问题、文明冲突问题等，西方价值观拿不出任何有效的对策。西方主导的国际经济秩序使大多数发展中国家更为贫困；美国主导的"民主输出"模式使世界变得更加动荡不安；恐怖主义对美国、对世界的威胁有增无减；西方和伊斯兰世界的"文明冲突"愈演愈烈。

　　而这一切困境的背后是全球化环境下西方政治话语的苍白。西方文明有其长处，值得我们学习，但也有其短处，特别是过多的自我中心，过多的对抗哲学，过多的好为人师，缺乏一点中国文化中的"整体观"、"辩证观"和"天下观"，怎么能指望这种狭隘的政治话语来解决今天这么错综复杂的世界性难题呢？倒是中国的崛起，特别是中国政治软实力的崛起，为解决世界性的问题带来了一些希望。中国独特的发展模式和消除贫困的经验广受好评；中国在对外关系中奉行的"互利双赢"理念已被越来越多的国家接受；中国"和谐包容"、"和而不同"的思想为解决世界"文明冲突"这个难题提供了宝贵的思路。在这些问题上，不是中国接受西方话语的问题，而是西方如何克服自己话语僵化的问题，是西方最终要接近甚至接受我们话语的问题。

　　前面已经说过，普世价值是个不断演变和发展的过程，因为人类所面临的新问题层出不穷，需要更加丰富的价值观来引导和处理，中国应该为丰富普世价值作出自己的贡献。在今天这个世界上，"自由、民主、人权"这些价值已显然不足以应付人类面临的诸多挑战。为什么"和平"不能成为普世价值？没有和平，还能剩下多少"自由、民

主、人权"？为什么"良政"不能成为普世价值？民主是手段，最后
都应落实到良好的政治治理。为什么"和谐"不能成为普世价值？
以强调"对抗"为特点的西方文明难道不能从讲究"包容"的中国文
化中受到启迪吗？为什么"消除贫困"不能成为普世价值？现在世界
上饥民人口超过发达国家人口总和，"消除贫困"应当成为普世价值。
总之，普世价值的探索和发展正未有穷期，一旦超越西方话语，我们
就海阔天空。

　　法国政治学家多米尼克·莫伊西（Dominique Moisi）2007 年在
美国《外交》杂志上撰文，称当前世界存在着"三种情绪"：一种是
欧美国家的"忧心忡忡"，他们忧心恐怖主义，担心经济衰退，害怕
失去竞争力，也害怕失去影响力。一种是伊斯兰国家的"屈辱之感"，
他们感觉自己受到了以色列和西方国家过多的欺辱，这种深深的屈辱
感已转化为对西方的仇恨。另一种是中国等亚洲国家的"充满自信"。
他认为中国今天的特征是：避免国内外冲突，专心致志地发展自己，
综合力量迅速崛起。这使我想到了一些西方人士当年曾扬言要抵制北
京奥运会。其实，中国对此不必太担心。2006 年曾在北京举行过一次
中非高峰会，来了 40 多位非洲国家首脑，西方世界当时惊呼自己被
中国边缘化了。西方对中国在第三世界影响的扩大忧心忡忡，因为他
们也意识到今天的第三世界意味着资源、市场和机遇。真正害怕抵制
的不是中国，而是西方国家自己。

　　我们珍视与西方的关系，也愿意学习其一切长处，但我们拒绝傲
慢与偏见。我们对西方话语的态度既不是俯视，把西方话语看得一无
是处，全盘否定，也不是仰视，把它奉为金科玉律，全盘接受，而是
平视，用中国人"实事求是"的核心价值观对其逐一加以审视，一部

分要学习，一部分要借鉴，一部分要反诘，一部分要扬弃。中华文明是世界上惟一维系了数千年而没有中断的伟大文明，中国是一个拥有13亿人口的超大型国家，其真正崛起必将是人类历史上最具震撼力的事件。在这个历史性的进程中，"失语"的不会是中国，而应该是"话语霸权主义"。

## 三、也谈人权

日内瓦有个联合国人权理事会（过去叫联合国人权委员会），每年开会，都会引来大量的媒体和非政府组织，有要求禁止地雷的，有关心日本"过劳死"的，还有支持同性恋的，各种各样，五花八门，好一番热闹。外交官们也很辛苦，会场内外，忙来忙去，常常几天几夜睡不好觉，为了一些有争议的决议草案进行没完没了的磋商，然后拖着疲惫的身躯来到会场，不少人简直就是昏昏欲睡的样子。这时如果会场上突然来了个"搅局"的，大家的精神都会为之一振。2008年3月28日下午就有那么一幕。联合国人权理事会讨论欧盟提出的一个决议草案，内容涉及联合国保护言论自由报告员应该获得什么样的"授权"。

欧盟代表自我感觉良好，从居高临下的道德高度，详细介绍了自己的决议草案，认为这个决议草案不应有任何争议，故提议不经表决通过。这时老资格的埃及大使发言了，而且是代表着有57个成员（占世界人口五分之一）的伊斯兰国家会议组织。他说，众所周知，最近出现了丹麦画家丑化真主穆罕默德的漫画事件，西方一些国家以言论自由加以辩护，对全世界的穆斯林造成了深深的伤害，我们认为这是滥用言论自由，应该受到谴责，所以我们现在提出一个修正案，要求联合国保护言论自由报告员，调查并向人权理事会汇报世界上"滥用言论自由的权利，构成种族或宗教歧视行为"的情况。

斯里兰卡大使接着发言，他是科伦坡大学的政治学教授，讲话总是那么不卑不亢，像是在讲堂上给自己的学生授课。他说这个修正案好，因为权利与义务之间要有某种平衡，否则会出现大问题。现在是全球化的世界，信息一瞬间就传遍全世界，发达国家里一些人可以以言论自由为名，发表不负责任的言论，而发展中国家内就会立刻出现罢工、罢课、罢市，甚至厮杀。埃及的这个修正案能使欧盟的这个决议变得更加全面。欧盟代表发言反对，认为这纯属另外一类问题，不应该放在这里讨论。

这时古巴代表发言了。古巴外交官在国际场合老是遭到西方的责难和攻击，所以能言善辩者不少。古巴代表说，这个决议案中有这么一句话："承认一切形式的媒体，包括出版、广播、电视和因特网等，在行使、促进和保护见解和言论自由权方面具有重要作用。"他说应该在"行使"这个词之前加上"公平和公正地"，整个句子也就改成了"承认一切形式的媒体，包括出版、广播、电视和因特网等，在公平和公正地行使、促进和保护见解和言论自由权方面具有重要作用"。下面传来一阵笑声，知道这句话把原文的意思给"阉割"了。欧盟代表坚决反对。最后主席裁定要进行表决。欧盟代表则要求休会，大概想拖延一下，以求改变这种失控的局面。但埃及大使不买账，大声地说，主席刚才已经宣布开始了投票，根据议事规则，这个行为必须进行下去。欧盟代表无奈。表决的结果是：32 票赞成，0 票反对，15 票弃权（欧盟成员等投了弃权票）。这样，这个最初由欧盟提出的关于言论自由报告员授权的文件，变成了联合国历史上为数不多的包含了防止滥用言论自由内容的文件，其意义非同小可。看来西方话语垄断权在 CNN 和 BBC 等媒体中还可以存在下去，但是在联合国等国际组织内已经越来越行不通了。

言论自由是好事，但言论自由和言论责任确实应该成正比，有自由，就一定要承担与自由相适应的责任，绝对自由，就和绝对权利一样，会导致绝对腐败。以言论自由为例，在西方大部分国家里，歌颂希特勒也是违法的，挑动民族仇恨也是被禁止的。但是各个国家在言论自由的幅度上，确实差异很大。中国言论自由总体上在朝着更加开放的方向走，只要你比较一下 10 年前、20 年前、30 年前的情况，就可以得出这个结论。这是个大趋势，随着网络世界的发展，随着中国综合国力的提高和民族自信心的增强，这个趋势还会继续下去。

刚才提到的这个滥用言论自由的问题，在 2008 年西方媒体对西藏事件的不实报道中得到了充分的表现，激起了全球华人的愤慨。西方媒体应为此承担自己的责任。新闻和言论自由被滥用，煽动了民族仇恨，最典型例子就是前南斯拉夫。铁托在世的时候，他教育南斯拉夫民众，不分族群，大家都是南斯拉夫人，彼此平等尊重，和睦相处，但后来这一切被西方推动的所谓言论自由、新闻自由所否定，各个族群随即都开始强调自己的权利，民粹主义政客一个接一个被选上了台，结果导致了族群厮杀和国家解体。从中国的情况来看，虽然少数民族只占中国总人口的 8%，但他们居住的面积涵盖了大半个中国的领土。在言论自由的界定中，我们一定要禁止煽动族群仇恨，一定不能像西方一些人所期望的那样，使一个团结的中国变成一个分裂的中国。

　　2008 年 8 月，举世瞩目的奥运会在北京举行之际，在罗马也举行了一场关于全球治理创新的研讨会，一位来自美国的学者问我，中国奥运会的口号是"同一个世界，同一个梦想"，能不能再加上一句："同一样的人权"？我说："很好，但这还不够，能不能再加上一句：同一样的选票，让中国人民和美国人民一起来选举美国总统？"他犹豫了。其实，各种全球问题治理之所以困难重重，一个重要原因就是西方一些主要国家总想当全世界的法官，但拒不接受世界人民的监督。西方不少人总认为自己比非洲人更了解非洲，比俄罗斯人更了解俄罗斯，比中国人更了解中国，养成了指手画脚、乱开药方的陋习，但对自己药方带来的后果从不承担任何责任，这种做法不知已经侵犯了世界上多少人的人权，光是一场伊拉克战争就造成了多少家破人亡？光是那个"经济结构调整方案"就给非洲带来多少灾难？光是一个"休克疗法"就给俄罗斯带来了多少悲剧？

　　中国走自己的路，把中西方的长处结合起来，国家迅速崛起，虽然仍面临不少问题，但总体效果远远好于照搬西方模式的发展中国家，就像争取奥运会金牌一样，如果你只认可西方一种模式，那么一个发展中国家大概只能落得个印度的水平，但当你把东、西方的长处融合起来，就出现了中国模式的相对成功，这对中国的人权事业和其他方面的进步都有启迪。

　　记得 2005 年在伦敦举行的一次学术会议上，一位英国女学者曾这样问我：西方普遍认为中国的人权情况每况愈下，您怎么看？

　　我说："第一，讨论中国的人权，一定要先问问中国人，而不是问美国人和欧洲人，否则您会犯常识性的错误。您不妨问一下您在欧洲遇到的任何中国人，也可以去中国与您见到的所有中国人了解一下：中国的人权究竟是好了还是坏了？从我自己了解的情况来看，大多数中国人都认为他们现在的人权状况比过去要好。

"第二，中国使得4亿多人脱离了贫困，现在正努力实现13亿中国人的全民社保。30年前，中国人拥有一块手表都是奢侈，而今天中国民众的住房自有率已超过了发达国家的平均水平。希望您在研究中国人权的时候，既看到中国的问题，也看到中国的成绩，不要只见树木，不见森林，特别是不要忽视大多数中国人自己的感受。

"第三，中国确有自己的人权问题，需要不断纠正和改进，中国也可以从英国、从西方借鉴不少好的做法。中国这30年一直在学习别人的长处，今后还要继续这样做。但是西方也要努力去解决自己诸多的人权问题。我在您的国家生活过，知道英国至今还没有实现男女同工同酬，做同样工作的女士比男士的收入要少20%到25%，这是违反《世界人权宣言》第23条第2款的。作为一个英国女学者，您不妨也花时间关心一下这个问题，捍卫一下您自己的权利和您的英国妇女同胞的权利。"

如果持平地看一看中国与西方在人权问题上的分歧，大概有这么五个特点。第一，联合国界定的人权，主要指政治、公民权利和经济、社会、文化权利。西方传统上，在对外交往中，只强调政治和公民权利，忽视经济、社会和文化权利。美国不把这后三种权利看作人权。这方面，美国真是严重落伍了，连很多欧洲人都看不下去。如果我们采用的不是美国自己制定的狭隘的人权标准，而是联合国确定的人权标准，美国的人权问题应该是发达国家中最多的，比方说，3亿人口的美国竟有近5 000万人没有医疗保险，更不要说伊拉克战争所造成的大规模侵犯人权了。

第二，西方喜欢从法律角度来讨论人权，认为只有法庭可以受理的人权问题才可以算是人权问题，但是在对外政策中，又总是把法律问题政治化。采取法律的方法，在法制较健全、律师数量充足的国家里比较容易做。而在法制较薄弱的发展中国家，据我观察，应该在推动法制建设的同时，注意通过政治方法来促进人权，这样做更容易取得成效。最典型的例子就是消除贫困。美国不认为这是人权，欧洲人权界还在争论这属不属于人权，而中国从政治上认定这不仅是人权，而且是核心人权，并在实际行动中这样去做了，所以中国在消除贫困方面走在了世界的前列，并有可能在这个问题上继续引领世界潮流。我曾就此当面请教过联合国人权事务高级专员、爱尔兰前总统玛丽·罗宾逊（Mary Robinson）女士，她个人也认为消除贫困最终应成为人权。

第三，西方总是说人权是个人的权利，甚至否认集体权利的存在。中国人则认为这是荒谬的。中国人的哲学观决定了，有个人的，就一定有集体的，这是哲学上对立统一的辩证关系，缺一不可。实际上西方也很重视集体的权利：西方过去和中国签订了那么多不平等条约，代表的就是西方国家和国民在华的集体权利。治外法权就是集体权利。美国过去制定种族隔离制度也是为了保护白人在各个方面的集体和个人的特权。人权中的民族自决权就更是集体权利了。西方强调人权是个人的权利，也有一定道理，因为他们担心集体权利会被滥用，最终成为损害个人权利的借口，这个担心有其合理的一面，但也有不足的一面，因为反过来看，个人权利的滥用也会导致集体权利的损害。以丹麦漫画家"恶搞"伊斯兰教先知穆罕默德的作品为例，多数伊斯兰信徒认为他一个人的言论自由权损害了 10 亿穆斯林的宗教自由权。一种比较理想的人权保护体系应该兼顾自由与责任、个人和集体权利。在这方面，中国人的哲学观对于人权理念未来的演变可能会产生更大的影响。

第四，中国认为实现人权在实际操作中，应该有正确的优先顺序，没有一个国家可以同时实现所有的人权。实践证明，中国把以人为本、消除贫困、推动现代化事业作为核心人权来优先推动，是一个伟大的成功。错误的优先顺序，效果往往不好。这么多发展中国家在西方的指导下，尝试了政治权利压倒一切，但结果令人失望。在一个贫困的国度里，去搞西方式民主，结果就出现了海地这样的烂民主——饥饿导致暴乱，暴乱导致无政府状态，无政府状态又使所谓的民选政府形同虚设，最后只能靠联合国维和部队来维持国家秩序。甚至在相对发达的国家里，如前苏联、前南斯拉夫等，政治权利压倒一切的结果也是灾难性的，其教训值得我们深思。

在具体的人权问题上也一样，对于一个发展中国家，有限的资源决定了，它必须权衡利弊，确定资源使用的优先顺序。比方说，一个政府现在有 1 000 万美金，这笔钱可以用来改善大学生的宿舍，可以用来改进监狱犯人的居住条件，也可以用来建设廉租房，这些用途都属于改善人权，一个国家应该根据自己的国情作出最合适的安排，不需要别人说三道四。

第五，在涉及人权的优先顺序时，也要指出，有些人权属于核心人权，属于普世价值，也是所有人类文明都必须接受的共同底线。这些权利是任何时候、任何情况下都不能被侵犯的，比方说禁止酷刑、禁止奴役制度、人有思想的自由、人不能被任意逮捕等。在这些问题上，我们和西方的主流观点一致。美国对关塔那摩监狱的一些犯人实行了酷刑，引起全世界的反感，就是因为其做法触犯了人类文明的共同底线。

但我们和西方也有不同之处，其中之一就是西方把普世价值界定得过宽，而且是以西方的意愿来界定，西方认为什么是普世价值，什么就是普世价值，整个世界都要跟着他走，这是没有道理的。比方说，欧洲国家认为死刑就是侵犯了生命权这个普世价值，而世界上很多国家，不接受这种解释。欧洲首先应该去说服美国人接受这种观点。2008 年 3 月，荷兰外长弗汉根（Verhagen）来日内瓦联合国人权理事会议介绍荷兰的外交政策，提到欧洲人权价值观中包括保护女同性恋、男同性恋、双性恋、变性恋的权利，他还点了阿富汗、伊朗、沙特阿拉伯、苏丹、也门五个国家的名，指责这些国家对同性恋者判处死刑，并说世界上还有 85 个国家把同性恋定为犯罪行为。如何评价各国法律对同性恋的立场是一回事，而荷兰所认定的这种所谓欧洲价值是否属于普世价值，则是另一回事。对于世界上多数人来说，荷兰的看法可能超前了一些，别人还跟不上。这些权利代表了荷兰和欧洲不少国家内部人权的主要关切，但对于其他国家来说，特别是发展中国家，他们有许多更紧迫的人权问题需要解决，他们为什么要跟着早已进入后现代的欧洲国家来确定自己的人权议程呢？

在处理人权问题上，如果各国都能真诚交流经验，取长补短，携手并进，这将是值得称道的，特别是全球化带来的诸多挑战更需要各国之间的通力合作才能解决。发达国家消费的人均资源是发展中国家的 30 多倍，美国消费的人均资源是中国的 11 倍，但西方迄今为止的人权观决定了：我的就是我的，半点儿也不能少，因为这是所谓的

"天赋人权"，也就是所谓造物主赋予的"追求幸福的权利"；而你如果想享有同样的权利并使用相应的资源，他就要和你较劲，甚至围堵你。西方的民主制度也只对本国部分选民负责，不对别国人民负责，如此自我中心的西方人权观和民主观，怎么可能解决今天的全球气候变暖、贸易保护主义、消除赤贫等世界性的难题呢？

西方消耗着比发展中国家多几十倍的资源，但自己的人权问题还是不少，西方还总想垄断人权理念的解释权和世界人权议题设置的主导权，为自己的战略利益服务，这真有点说不过去。欧美有这么多移民工人，但为什么没有一个欧美国家参加联合国的《移民工人公约》呢？为什么不少欧洲国家里穆斯林女学生在学校连戴面纱的权利都没有？为什么西方不能带头改变其浪费资源的生活方式，从而让世界人民享受更多的环境权呢？为什么美国至今尚未加入联合国的《经济、社会、文化权利国际公约》和《儿童权利公约》呢？为什么欧美不能把男女同工同酬这个涉及一半人口生活品质的大问题，放在一个更为优先的地位呢？荷兰和英国女性的工资比男性的工资平均要低20%到25%，法国低10%左右，这是国际劳工组织2004年的统计，而且这些数字与10年前的1994年相比，几乎没有任何变化。德国在这个方面的差别还扩大了：由20%上升到25%，美国的差别也在20%以上。（顺便说一句，日本和韩国差别更大，日本在40%，韩国在45%左右，说明这些国家妇女权利还大有改进的余地，福田首相2007年访问北京时对中国女大学生说，你们可以来日本介绍男女平等，这不完全是客套话。）

世界人权事业的发展正未有穷期，这个进程无人可以垄断。中国要向世界各国学习保护和促进人权的一切有益的理念和做法，同时也要为世界人权事业作出自己的贡献。中国文化传统中有丰富的"人本精神"，这可以丰富西方以个人自由为基础的"人权"理念：人权应以人性为基础，人权可以和先人后己的责任感结合起来，参加四川抗震救灾的无数国人和北京奥运会的无数志愿者都展示了这种可贵的精神，整个世界为之动容。就像中国奥运军团的崛起，中国在人权领域内也会不断学习、探索和创新，从而使中国的人权事业更上一层楼，同时也为世界人权事业的发展注入更多的中国元素。

## 四、公民社会之我见

与人权有关的还有个公民社会的问题。随着市场经济的发展，社会利益日益多元化，各个社会群体追求的利益也开始分化，于是出现了代表不同利益群体的公民社会，特别是各种非政府组织，它们促进了社会利益相对的均匀化和平衡化，这确实是今天西方社会的一个特点。中国现在也出现了大量的非政府组织，代表了不同的利益群体，处理了很多政府不该处理、也处理不了的事情，这是社会自治的一个重要方面，对于人民学会自己管理自己，对于加强人民对政府工作的监督，对于优质民主社会的形成，都发挥着不可替代的作用，值得我们鼓励和支持。真正的公民社会总是生机勃勃、充满活力的，这在2008年抗震救灾中得到了充分的体现。我真是希望我们国家能产生一大批优秀的公民社会组织，不沾官气，展示自己的自主性与活力，大大推动我们的各项事业。我还希望其中一些组织最终能摆脱不合时宜的体制束缚，驰骋于国际舞台，代表着崛起的中国公民社会，凭自己的良知、学识和爱国精神，与世界其他地区主持正义的公民社会一同努力，改变现在世界上为西方利益服务的公民社会比例过大的状况，为建立一个更为公正的国际政治和经济秩序作出中国人的贡献。

但我同时也认为，在公民社会问题上，照搬西方推动的公民社会模式，在发展中国家，效果并不一定好。西方公民社会理论有这么一个预设：公民社会相对于政府而存在，公民社会的作用就是限制政府的作用，它与政府的关系是一种对峙的关系。西方还有自己的战略考量，扶植了一大批亲西方的非政府组织，来对付与西方走不同道路的国家。西方支持的公民社会在苏联、南斯拉夫、东欧政治变革中都发挥了重要的作用。我去过进行了"颜色革命"的乌克兰，看到示威游行的群众挥动的不仅是乌克兰的旗帜，也有欧盟的旗帜、美国的旗帜、英国的旗帜、德国的旗帜，反映出这些国家很多非政府组织都是西方资助的。格鲁吉亚的"颜色革命"也是这样，广场上很多游行者挥舞着西方国家的旗帜。西方鼓励这种民间与政府对立的方法，公开扶植亲西方的政权，而不考虑这种做法给这些国家的百姓带来什么结果。"颜色革命"使得乌克兰、格鲁吉亚和吉尔吉斯斯坦陷入动荡，总体效果不佳，但迄今为止西方对此进行反思的人还不多。

公民社会必定与政府对抗这种哲学也体现在一些具体问题上。一次，我在巴西参加一个讨论消除城市贫民窟问题的研讨会，贫民窟是很多发展中国家面临的严峻挑战，他们城市的人口经常一半以上住在贫民窟。怎么解决这个问题？一位欧盟代表在会上发言说，公民社会应该动员起来，与政府作斗争，让政府不得不采取行动来解决贫民窟的问题。会议主席问我，中国人怎么看这个问题？我说，走访了大量发展中国家后，我认为在消除贫民窟方面做得最好的是中国。中国的经验是：不要老是搞什么公民社会与政府的对抗，而是促进公民社会与政府之间的有效沟通和互动，确立消除贫民窟能够造福各方这样一种大的共识，然后制定尽可能兼顾各方利益的贫民窟改造方案。我说，你们可以组团到中国去访问，实地了解一下中国是怎样做的。中国的做法也有不足之处，但总体上利大于弊，比大多数其他发展中国家做得要好。

西方公民社会理论强调对立和对抗，这在族群比较单一、法制比较健全、教育普及、中产阶级壮大的国家，不会造成太大的问题，但是在那些不具备这些条件的发展中国家，这种对抗容易带来社会分裂和冲突。我 1994 年曾访问过黎巴嫩，当时整个黎巴嫩已经摆脱了长达 15 年的内战，一派百废待兴的景象。从我在实地了解的情况来看，黎巴嫩的公民社会在内战之前、之中和之后，都是相当活跃的。但是这种公民社会是完全分裂的，分别附属于不同宗教、不同派别，如马龙教派、德鲁兹教派、逊尼派、什叶派、长枪党等，更像是中国"文革"时期的各种闹派性的组织，它们实际上加剧了黎巴嫩的分裂和冲突。

我在黎巴嫩驻埃及的领事馆办签证时，看到领事馆的墙上挂了一张画有和平鸽的宣传画，上面写着："黎巴嫩：死去 1 000 次，再 1 001 次复生。"表述了一个民族经历无数大劫，仍然坚毅不屈的生存信念，使我感动。当然这是诗人的浪漫表述，现实要残酷得多。我到黎巴嫩实地一看，这个曾被称为"中东巴黎"的城市里，到处都可以看到战争的痕迹，整个市中心，包括希尔顿饭店、假日酒店等都只剩下残垣断壁了。这场内战使这个当时人口才 300 多万的国家失去了 14 万生命。我的导游是个 60 来岁的亲历者，他对我说："战争已经过去几年了，但黎巴嫩人的薪水还在一路走低，谁都想离开这个国家，如果我有女儿，一定让她嫁给你。"老头有两个儿子，一个在德国工作，一个失业在家。黎巴嫩的公民社会现在也很发达，2006 年该国又成功地举行了一次大选，产生了一个亲西方的政权，得到了西方的高度赞扬，但那年夏天突来一场以、黎冲突，美国迟迟不让以色列停火，使黎巴嫩多年的战后重建化为乌有。黎巴嫩各种教派和党派的利益至今无法整合，外部的各种干预使黎巴嫩的局势日趋复杂。我真是希望这个美丽的地中海国家能第 1 001 次崛起，但我又觉得，照西方这个思路走下去，包括西方主张的那种公民社会，黎巴嫩恐怕很难走出自己的困境。

非洲的卢旺达也是这样，它的非政府组织大概可以算是整个非洲大陆最活跃的了。据说按人均计算，卢旺达的非政府组织为非洲国家最多，但它们没有能够阻止后来的种族大屠杀。西方人权理论和公民社会理论的很多内容都形成于西方单一民族国家，形成于经济和教育发达的社会，而第三世界国家大多数是多民族、多族群国家，经济和教育都不发达，盲目使用西方概念产生的最大问题就是族群冲突。一旦以族群为基础的非政府组织大量产生，就会导致族群关系的紧张和对抗。

尼日利亚也是一个公民社会颇为发达的国家。但我去过它最大的城市拉各斯，那里白天治安都非常差，晚上更是危险。我的感觉是，你能白天在拉各斯市中心大街上太太平平地散步半个小时，就是一种奢侈。尼日利亚有那么多促进人权的非政府组织和政府组织，但究竟保护了多少人权？非政府组织越多，社会管理得越好，民主就越成功，这个观点至少在发展中国家还不能成立。

　　印度的非政府组织比中国多几十倍，但印度方方面面的工作与中国的差距都很大。从表面上看，印度公民社会非常活跃，但从我的实地了解来看，相当一部分组织被黑社会控制，甚至就是黑社会的组成部分。我去印度的贫民窟观察过，贫民窟里有很多非政府组织，它们可以呼风唤雨，控制着贫民窟里人们生活的方方面面。有不少组织是真正在为劳苦大众做事，但也有出于其他目的的组织，如专门负责偷电的组织，从某个地方把电偷偷地接过来，再卖给贫民窟的居民。还有负责贫民窟安全的黑社会组织，专收保护费。为什么印度改造贫民窟这么难？因为贫民窟里的人都被组织了起来，而这些组织中相当一部分受黑社会控制，黑社会又与各级政客勾结，贫民窟永远是各级政客的票仓。孟买市中心通向孟买国际机场的大道旁有大规模的贫民窟群，印度政府想拓宽这条公路，但几年下来了，条件谈不妥，一些劣质公民社会组织与政客利益结合在一起，轻而易举地"绑架"孟买市民的整体利益，阻碍政府提供必要的公共产品，这是印度民主体制在现代化建设中遇到的一个严重瓶颈。

　　美国福特基金公民社会项目的负责人迈克尔·爱德华兹（Michael Edwards）倒是个比较坦率的人，他写了一本叫《公民社会》（*Civil Society*）的书，其中提到了公民社会与政府必然对立并不一定是公民社会运作的最佳模式。他说，现在很多公民社会"不相信政府，不相信公司，不相信媒体，只相信自己。但是公民社会自己也需要制衡，否则也会出问题"。他赞成走协商共识的道路，不要老是强调各方的对立，而是强调如何最好地解决问题。这个建议值得我们思考。

　　我认为一个公民社会的形成一定要与一个国家自己的政治文化传

统相结合。实际上西方国家自己的公民社会也是这样的。丹麦雇主协会主席马丁森先生曾对我说，丹麦人就像一个部落，大家有同舟共济的感觉，社会上对抗比较少，议会里讨论问题也比较容易形成共识，一般总有 80% 的议员意见接近一致或完全一致。瑞士也很少出现罢工，为什么？因为在 1937 年整个瑞士面临德国法西斯入侵威胁之时，瑞士机械制造业的劳资双方代表通过谈判，达成一项《和平协议》，约定一旦劳资双方发生了纠纷，双方都要通过协商来解决问题，或者请第三方进行调解仲裁，资方不得随意裁减工人，关闭工厂，工人一般不进行罢工。这样做既保护了双方利益，也保证了生产。后来，瑞士其他行业也纷纷效法，签订类似协议。1941 年战争最困难的时候，联邦政府通过法律把这种形式固定下来。这样，瑞士几乎很少发生罢工事件，即使发生了，往往规模也有限。

中国台湾也是一个很有意思的例子。台湾地区在民主化方面，学习了美式民主，强调对抗，结果出现了严重的水土不服，在过去的十几年里，导致了政党恶斗、商业化炒作、族群关系撕裂，经济严重滑坡，人民痛苦指数上升，难怪 2008 年大选前，台湾《天下》杂志一篇文章《怀念没有蓝绿的日子》，引来多少人的唏嘘，甚至到了今天，全台湾民望最高的政治人物还是当年关注民生的强势领导人蒋经国先生。国民党统治台湾时期没有中断中国传统文化的教育，还吸收了不少西方的市民文化，每次去台湾地区访问，特别在台北，我可以体察到台湾社会存有这种让人感到温馨的文化底蕴，人与人很客气，很礼貌，温良恭俭让，减少了很多不必要的矛盾。台湾社会虽有不少问题，但浓浓的中华文化氛围还是给我留下了深刻的印象，值得大陆借鉴。我个人觉得台湾社会本应该在这种和谐的中华文化基础上发展出一种理性的、精致的、包容的公民社会和民主制度，但台湾却走上了一条照搬美国对抗式的民主模式的道路，并为此付出了巨大的政治、经济和社会代价。马英九先生上台后，大胆提出了"台湾民主再造"的口号，主张族群和谐，但迄今为止收效甚微。一个已经被美式民主撕裂的社会要重新整合谈何容易，连美国自己今天都成了一个严重分裂的社会，深陷经济危机而难以自拔。

总之，一个公民社会，如果它能使一个社会最终变得更加团结，更加繁荣，更加活力四射，而不是更加分裂，更加萧条，更加混乱不堪，那么就是一个高质量的公民社会；如果它使一个社会从团结走向分裂，甚至从分裂走向更大的分裂，那就是劣质的公民社会。我看黎巴嫩、卢旺达等国家的情况属于后者。公民社会和政府可以是一种良性互动的关系。特别是对于中国这样一种社会，一般认为，中国属于社会共识比较容易形成的社会，这和我们的文化传统有关，这在很大程度上是我们的长处。一个容易形成共识的社会，是成熟的社会，没有必要为了所谓"民主"，去人为地强化对立。自然形成的共识文化是非常宝贵的政治资源，在这个基础上探索协商民主的道路，对中国更有意义。那种认为搞民主就要学美国，就要搞党派对立，就要为反对而反对，就要你死我活，是非常片面的，甚至是愚蠢的。能够形成共识的民主是好民主，能够形成共识的社会是好社会。我们应该从中国自己的传统出发，不要学对抗式的美国模式，适当地学一点丹麦、瑞士、日本等良性互动模式，逐步形成有自己特色的公民社会和民主政治，这应该是中国政治体制走向成熟的重要标志。

2008 年抗震救灾体现出了中国公民社会的巨大能量，几乎在一夜之间呈现了一个全民参与的、开放的、透明的现代救援体系。这种民间和政府之间建设性的互动关系大大提高了我们社会的凝聚力，不仅为我们的抗震救灾作出了宝贵的贡献，也为中国今后公民社会的发展和政治体制改革提供了宝贵的启示。一个国家的真正崛起在于民心的崛起，在于每一个公民对自己国家的责任感、参与感和自豪感。这场突如其来的灾难把中国人上上下下都凝聚在一起，把我们的政府和公民社会团结在一起，把我们的军队和人民团结在一起，真是 13 亿人众志成城，整个世界都感受到了中国人民不分阶层、互相提携、团结一致、共赴国难的伟大力量。我希望中国式公民社会也因此而逐步走出一条独特的道路，并大大丰富国际社会关于公民社会建设的理论和实践。

## 五、让理性的声音占上风

1986 年 6 月我陪一位副总理访问加纳，拜会了当时的加纳国家元首罗林斯先生。他的总统府设在当年欧洲人运送奴隶的石堡里，紧挨着大西洋，用他的话说，"我在这里办公，为的是永不忘记这段屈辱的历史"。在一个布置得非常简朴的会客室里，这位喜欢谈哲理的非洲领袖谈起了非洲问题，他说："我们的人民缺少一种理性精神，好像这种精神已经被殖民主义阉割了，所以很多事情就很难做。"我自己走访非洲也时常有这种感受。非洲的政界和知识界大致是两种观点占主流，一种是激进的非洲民族主义，把非洲的一切问题都归咎于殖民主义和全球化。不久前我再次去加纳访问，专门去参观了加纳开国元勋恩克鲁玛的纪念馆。纪念馆的小卖部里卖得最贵的一本书，是加纳学者的专著，谈的是结合加纳实际，学习朝鲜的"主体"思想，与全球化彻底脱钩。还有一种观点就是激进的全盘西化，主张跟着"华盛顿共识"走，采取的政策也是先削减政府开支，再一人一票民主化，结果是艾滋病严重失控，经济凋敝，最近又有了粮食危机。随着世界粮价飞涨，这些领导人突然发现自己完全忽视了农业，老百姓饭都吃不饱了，又要开始闹革命了。为什么忽视农业？用联合国贸发会议秘书长素帕猜·巴尼巴滴（Supachai Panitchpakdi）的话来说，造成当前粮食危机的原因之一就是"数十亿美金花在政治治理上，而只有数百万美金花在农业上"。非洲这种情况，用中国话说就是要么极左，要么极右，而真正独立的、理性的、实事求是的声音很难成为主流。

回过头来看，中国在整个"文革"期间，非理性的极左思潮占了主流。1976年文革之后到1989年，在中国知识界，非理性的右倾思潮似乎又很有影响。随着中国改革开放的成功、苏联和南斯拉夫的解体，中国坚持改革开放、走自己的路，稳健改革的理性声音，才逐步成为主流。西方苦心积虑地鼓动西藏独立、新疆独立、台湾独立，又使更多的中国人坚信只有走自己的路，中国才有希望。这实在是坏事变成了好事。但我们今天还会听到不少非理性的声音，有的人想用过去极左的方法来解决今天的问题，有的人则觉得只有西方的政治制度才能解决中国的问题。

西方国家已经进入了后现代，知识分子的主流话语是"解构"一切，我们一些知识分子喜欢步西方的后尘，学着"解构"中国的一切。但他们恰恰忘记了，西方社会通过几百年的发展，其经济基础、法律和政治制度已经非常成熟（确切地说是过分成熟），其人均收入高于发展中国家数十倍，其人均占用的资源也比发展中国家高数十倍，所以即使西方社会上有很多不满，其体制自我调节的能力，明显大于发展中国家，再乱也很少出现伤筋动骨的大乱。按照2008年初的一个民调，意大利人是欧洲人中最闷闷不乐的，只有4%的人对现状满意，整个社会笼罩着悲观气氛，但因为有过去积累的经济实力和体制因素的支撑，意大利社会没有出现剧烈动荡。

西方的知识分子经常说，我的任务就是批判，就是"解构"。对于那种政治制度非常成熟，工具理性已经太多，繁琐的法律和规章制度已经束缚了人和社会进一步发展的情况，确实需要松绑，需要批判，需要"解构"，需要福柯。相比之下，我觉得中国知识分子光进行批判是不够的，中国需要的不仅是批判和"解构"，还需要肯定和建构，包括法律和体制的建构，我们应该脚踏实地地研究中国的问题，在批判丑恶现象的同时思考建设性的办法。对中国来说，建构和解构至少一样重要，甚至更为重要。

我们文化中还有某种泛道德化、走极端的倾向。这不是我们文化的主流，但也不能忽视这种支流可能对我们事业带来的负面影响。实际上，我们充满魅力的汉语中有许多对仗的句式，琅琅上口，富有音乐美，但都是把两种截然相反的东西作一种道德化的对比，比如："君子坦荡荡，小人常戚戚"、"只许州官放火，不许百姓点灯"、"朱门酒肉臭，路有冻死骨"。细想一下，在我们的真实生活中，极端的情况毕竟是少数，绝大部分都是中间状态。好中有坏，坏中有好，喜中有忧，忧中有喜，当然有个喜多还是忧多的问题。我们语言中的这种表述方法和儒家道德传统有关，"士不可以不弘毅"么，但是儒家传统也讲究中庸之道，要求"穷理致知"和"慎思明辨"。总之，在继承我们的文化传统时，在使用我们珠圆玉润的文字时，我们也应注意某些语言习惯可能会造成的某种思维定势，影响我们对事物的准确判断。

英格兰民族有一个特点值得我们学习：英国人喜欢 sophisticated 的人，sophisticated 这个词不容易翻译。《英汉大词典》中把它译成"成熟老练"，可以说是相当贴近了，但这个词还包含了一些与此相关的意思，如见过世面、思维缜密、判断得体、做事讲究一个度，不情绪化，不走极端，见解深刻而全面。我个人以为这个词也许可以翻译成"成熟的心智"。在英国说一个人 sophisticated，是一种很高的赞许。议会制度在英国运作得相对较好与英国人崇尚这种特性有关。

相比之下，我们文化中这样的人还不够多。从网上和微博的讨论就看得出来，动不动就是谩骂，就是道德训斥，就是黑白分明，就是非此即彼，就是国家到了灾难的边缘，就是中国要被开除球籍了，又要来一场革命了。我不反对在中国某些问题比较严重的时候，有人出来登高一呼，引起大家的重视，这是非常值得提倡的。我也不反对从道德高度，对各种缺德的行为严厉斥责。但我们一定要防止激进思想和道德冲动重新成为我们社会的主流思潮，因为道德评判最容易把复杂的世界简单地归为好坏两极，而世间绝大多数的事情就是好坏掺杂，进步往往也伴随着问题，关键是要确保进步能够占主导地位。

整个人类进步的历史从来就没有出现过纯而又纯、没有代价的变革。我甚至可以这样说：如果一个民族总是激进思潮和道德冲动占主导的话，只能说明这个民族缺少理性思维的能力，最终，对这个民族来说这可能是一种灾难，等待这个民族的会是一场又一场的无休止的动荡。我们要学一点英国人的经验主义和"成熟的心智"，这和我们讲的"和谐中道"相通，是一种大智慧，一种非常值得在中国和世界发扬光大的思想。简言之，我们必须让理性的声音在中国占上风，只有这样，我们中华民族的崛起才会比较顺利、比较可靠，因为这是一个民族真正成熟的标志。

# 第五章

# 中国：不要自己打败自己

中国的发展道路也衍生出不少问题，有些还相当严重。如果不去积极地解决这些问题，中国可能会自己打败自己。但同样，如果我们自己乱了方寸，以为这些问题就意味着天要塌下来，国将不国，这也会自己打败自己。中国虽然存在不少问题，但只要横向地、纵向地比较一下，我们做得不比别人差，中国还是处在历史上最好的时候，只要我们沉着应对，中国所有的问题都可以找到解决的办法。只要中国自己不打败自己，没有任何一种外部力量能够阻碍中国实现民族复兴的伟大目标。

　　"中国：不要自己打败自己。"这句话有两层意思，第一层的意思是中国模式虽然成功，但也衍生了不少问题，必须认真着手解决，否则我们可能会前功尽弃，最终中国模式在世界现代化的历史长河中也只是昙花一现而已。第二层意思是中国的问题虽然不少，有些还相当严重，但是横向地、纵向地比较一下，我们做得不比别人差，所以不必惊慌失措，只要沉着应对，所有的问题都可以找到解决的办法。中国模式体现出的一些思想也包含了解决这些问题的思路。简言之，如果不去积极地解决中国的问题，中国可能会自己打败自己；但如果中国自己乱了方寸，以为天要塌下来了，国将不国了，这也会自己打败自己。中国处在 1949 年以来最好的时候，也可以说是近 300 年来最好的时候，只要自己不打败自己，没有一种外部力量能够阻碍中国实现民族复兴的伟大目标。在今天关于中国崛起的讨论中，有三个不能回避的热点问题，一是贫富差距问题，二是腐败问题，三是生态环境问题，我们有必要从国际比较中，寻求对这些问题的一个总体把握，并争取通过不懈的努力，逐步把这些问题解决好，从而为中国的真正崛起夯实一个牢固的基础。

# 一、贫富差距：一些国际比较

　　中国贫富差距的扩大是不容争议的事实，需要我们冷静应对、认真处理。处理得好，我们的发展就能比较顺利与和谐，处理得不好，就可能经历挫折甚至危机。从世界的角度看，各国现代化的过程中都出现过贫富差距扩大的问题，欧洲历史上的工业革命时期，也是贫富差距最大的时候，但后来通过经济发展、社会改良政策的实施、中产阶级壮大、向第三世界转嫁危机等，问题得到了缓解。就中国而言，我们首先要对中国贫富差距的现状有一个准确的、实事求是的把握，才能更好地处理这个问题。一些学者认为中国的贫富差距已经超过了很多发展中国家，甚至印度，成了亚洲之最。甚至有人说中国的"城市像欧洲、农村像非洲"。中国的贫富差距的确扩大了，引来不少严峻的问题，需要认真对待，但上述观点与我在世界很多地方实地观察得出的结论有相当大的差异，我愿在此谈谈自己的观察，并与中国的情况进行一些比较。

我去过很多发展中国家的城市，如印度的孟买、新德里、加尔各答，去过巴基斯坦的卡拉奇、拉瓦尔品第，去过菲律宾的马尼拉，去过巴西的里约热内卢、圣保罗，去过墨西哥的墨西哥城，去过肯尼亚的内罗毕，去过南非的约翰内斯堡，去过科特迪瓦的阿比让，去过尼日利亚的拉各斯，去过马达加斯加的塔那那利佛。在这些地方的实地观察告诉我：这些国家城市中的贫民窟规模超过中国3倍、5倍、10倍甚至更多。我们的大城市贫富差距也不小，也有城中城和城乡接合部的陋宅等，但那不是发展中国家贫民窟的概念。发展中国家的贫民窟指的是一种成片的甚至一望无际的，非常拥挤、肮脏、人居条件极端恶劣的简陋窝棚。

以印度的最大城市孟买为例，60％的城市人口至今仍住在贫民窟。那种恶劣的居住条件是我们难以想像的：窝棚大都用废旧铁皮、油毛毡、塑料布搭成，到处是垃圾和尘土，平均上千人才有一个公共厕所，人挤人每天排长队上厕所、排长队等候供水车的到达。阴沟是开放的臭水沟，充满各种秽物，苍蝇蚊子满天飞，各种传染病频发。

印度城市中还有大量露宿街头的无家可归者。有一次，我是早上6点多坐飞机抵达加尔各答的，从机场到市中心饭店大约半个小时的车程，一路看到数以百计的无家可归者，睡在路边、桥洞和墙角下。印度每一个城市里都有大量衣衫褴褛、蓬头垢面的乞丐，你若给了其中一人一点钱，一下子就围上来十几个，有的可以一直跟着你到旅馆，甚至明天还来旅馆门口等你。就我个人的感受来说，我在孟买、加尔各答两个城市所看到的贫困现象，比我在中国过去20年所看到的贫困现象加在一起还要多。

我也看过非洲肯尼亚首都内罗毕一个叫做基贝拉（Kibera）的贫民窟。内罗毕50%的人口住在贫民窟。司机只带我在贫民窟外面转了一圈，解释说："除非两辆警车开道，否则你给我1 000美金我也不进去，因为进去就出不来了。里面的人肯定把我的车和钱都抢走，命也保不住。"联合国秘书长潘基文曾在重兵保护下去这个贫民窟访贫问苦，当地的居民打着标语欢迎他："我们在挨饿！""我们在生病！""我们正在死去！""我们的孩子没学上！"光这个贫民区的人口就有75万，没有电，没有自来水，只有50%的家庭拥有收音机，艾滋病发病率高于城市其他地方3倍。

中国社会还有一个特殊的"春运"现象：我们每年春节期间会有上亿农民工回乡探亲，然后再返回城市。为什么大部分农民工要返乡？为什么在其他发展中国家的城市没有这种大规模的返乡现象？人家也有自己的节日，但没有这样的返乡情况。造成这个差别的一个重要原因是：我们大部分的农民工在家乡除了有亲人之外，还有自己或亲人的土地和私宅。许多发展中国家，如印度、巴基斯坦、菲律宾、巴西、肯尼亚，大都没有进行过真正意义上的土地改革或社会革命，或者经过了某种改革，但由于种种原因，农民的土地又被富人剥夺了，很大比例的农民上无片瓦，下无立锥之地，是真正意义上的赤贫。他们往往是全家老少都流入城市，一旦千辛万苦地进了城市，就绝对不走了，也舍不得花钱返乡。我看到一些统计数字说我们的基尼系数达到了 0.47，超过了国际社会公认的警戒线 0.40。这些数字本身可能还大致靠得住，但问题是基尼系数计算的一般只是收入上的差距，并不考虑一个人是否事实上拥有土地、私宅及这些财产的价值。有没有土地和私宅，对于一个农民，甚至对于整个社会的百姓来说，可能意味着生活质量的天地之别。我想有志于研究国际贫富差距比较的学者，应该把土地和私宅这些相关因素也考虑进去，再来进行国际比较，其结果才更有说服力。我们的社会科学工作者也应该发挥原创力，提出有国际影响力的标准，对中国和世界事务进行独立、客观、全面的评判，从而纠正使用西方制定的标准可能带来的偏差。

我甚至可以作这么一个粗粗的比较：你可以开车从北京或上海的市中心出发，往任何方向开，只要不开到海里去，不开出国境线，开20 个小时，你会看到很多的农村和城市，你把你一路所看到的贫困现象加在一起，可能会少于你从印度的孟买、新德里、加尔各答市中心往城外开 2 个小时所看到的贫困。这些印度城市及其周边地区还是印度相对比较发达的地区，但你仍不时可以看到中国绝大多数地区可以说已经绝迹的那种赤贫：几十万人居住的大片的贫民窟，那种衣衫褴褛、无家可归的赤贫。中国通过 30 多年改革开放，赤贫人数大幅下降，而印度还远远没有做到这一点。

另外，我国 2007 年发生的山西黑砖窑事件令人震惊，惊动了总书记和总理，惊动了全国所有的媒体，不少人以此推断中国市场经济改革出现了方向性的大危机。黑砖窑这类问题一定要严肃处理，市场导向的经济改革也不是解决所有问题的灵丹妙药。但同时我们也要对这种问题的规模和性质有个实事求是的估计。还是以印度为例，根据不同的非政府组织估计，印度至少有 1 000 万到 1 500 万（有人甚至估计 6 000 万左右）的"儿童抵债奴隶"，他们每天工作 12 个小时，每周 7 天，家长把他们卖给雇主终日劳作以偿还所欠债务，而这种债务往往只是区区几十美元。这些本是读书年龄的孩子只能为买断他们命运的雇主奴隶般地干十来年，他们集中在地毯、采石、垃圾处理等行业。在印度，"儿童抵债奴隶"几乎是一个公开的秘密。印度宪法明确禁止这种做法，但政府、法庭和媒体似乎对这类事情已经相当麻木了，原因大概有四：一是法不责众；二是这种做法古已有之，大家睁一眼闭一眼；三是这些孩子属于低种姓，其他种姓的人很少关心他们的命运；第四，各级政府腐败成风，被雇主收买的不少。

英国广播公司之前拍了个《印度儿童奴隶》(*Child Slave of India*) 的纪录片，采访印度从中央到地方的各级官员，他们对这个问题，要么否认，要么搪塞，但英国记者抓住事实不放，他仅仅访问了一个镇，就了解到该镇有 1 5000 个这样的儿童奴隶，但是各级官员还是推卸自己的责任。在这个所谓世界上最大的民主国家里，有多少政府官员真正关心上千万的这种低种姓出身的儿童奴隶？像印度这样一个此类问题的严重程度比中国至少超过百倍的国家，自我感觉却很好，对前途甚为乐观，而我们不少国人则认为黑砖窑这类事件预示着天要塌下来了。这类事件固然严重和恶劣，我们一定要把它纠正过来，并顺藤摸瓜，把类似的问题一个个解决，让坏事变好事。但天塌不下来，我们可以继续远远地走在印度和大多数发展中国家的前面，去实现我们自己确定的现代化目标。

至于中国的"城市像欧洲、农村像非洲"的论点，特别是"农村像非洲"，则可能是出自于善意的无知。我不知道持这些观点的人有没有去非洲农村实地考察过。我去过 18 个非洲国家，访问过加纳、肯尼亚、斯威士兰等地的农家，都是离首都不到三刻钟车程的地方，大部分农民住的还是土房和草房，用茅草和树枝在泥地上搭起来的棚子，即使是砖房，上面也是稻草盖的房顶或者铁皮压上几块砖的屋顶。房子往往没有门，只有一块布帘。大都没有电。半导体收音机还没有普及。而中国多数农民在过去 30 多年里都盖了砖房，许多还翻盖了不止一次，彩电都普及了，农村的网民数也早已过亿。

这只是个浅层次的比较。从更深的层次来看：非洲面临着一些中国农村所没有的特大问题，如战乱、社会解体、瘟疫规模的艾滋病。非洲是世界上战火最多的地方，从 20 世纪 80 年代至今，消逝于战火的生命恐怕超过 1 000 万。仅于 20 世纪 90 年代，刚果民主共和国从 1998 年开始的战争，又被称为"非洲的第一次世界大战"，就有 9 个国家卷入，死亡人数已超过 600 万。卢旺达和布隆迪的种族屠杀，三个月内就有 100 多万人丧生，苏丹 1983 年爆发的内战的死亡人数估计已超过 40 万。

根据联合国艾滋病组织的最新统计，非洲现在平均每 13 秒就有一个人死于艾滋病，每 9 秒就有一个人染上艾滋病。现在非洲的艾滋病毒携带者是 2 500 万人，2005 年一年死于艾滋病的人，人数达 200万。我曾去过斯威士兰，这是世界上艾滋病最严重的国家之一，艾滋病人数占其成年人口的 30%，因为人死得太多了，棺材业成了发展最快的产业之一，供不应求。一个斯威士兰朋友告诉我，他几乎每周都要参加亲戚和朋友的追悼会，死去的人大都正值青壮年，是社会的中坚力量。政府根本无力对付艾滋病，药品都发不到基层。

非洲发展最快的另一个产业是保安业，因为恶性犯罪呈爆炸性的趋势发展，在非洲许多城市，白天的行凶抢劫不少，晚上出去更是危险。原因是什么？一是贫困，穷则思变。二是家庭和社会的解体，孩子父母死于艾滋病的很多，这些孤儿现在已长大成人，以赞比亚为例，孤儿人数据说已超过了人口的四分之一。他们从没有体会过家庭的温暖。反映这一切问题的综合指标就是非洲人均寿命普遍才50来岁。卢旺达的公务员则强烈要求：应该从45岁就开始发放退休金，因为卢旺达今天的人均寿命才40来岁，公务员的退休金按老规定是60岁才发，已不合时宜。

相比之下，我们农村的人均寿命怎么也在65岁以上啊。以我的观察来看，非洲农村总体生活水平还明显低于文革时候中国农村的水平。中国的城乡差距拉大是一个我们不容忽视的大问题，但把今天的中国农村比作非洲，可以说是开了一个国际玩笑。我们农村的局部地区可能和非洲农村差不多，甚至可能比非洲的一些地区还要差，但总体上，我们绝大部分的农村，我们绝大部分的农民的生活要大大好于非洲。联合国曾经通过一个"千年发展目标"：在2015年之前，发展中国家要把自己的极端贫困人口降低一半，而世界极端贫困人口主要在农村，中国于2003年就达到了这个目标。但对多数非洲的国家来说，如果没有大规模的国际援助，该目标再过几十年都实现不了。我们还可以采用前面提到的那个比方进行比较，你开车从北京或上海出发，开20个小时，你把你一路所看到的贫困现象加在一起，可能会少于你从尼日利亚的拉各斯或者马达加斯加的塔那那利佛往城外开两个小时所看到的贫困。

当然非洲很多国家也在认真努力，有些方面也取得了相当的进步。比方说，肯尼亚、乌干达等国家，在国际社会的帮助下，开始实行免费小学义务教育。肯尼亚的人均寿命才 55 岁，乌干达的人均寿命也才 45 岁，两国在经济等各个方面比中国落后许多，但他们也开始实行免费小学义务教育。另外，这几年中国在非洲的投资增加很快，带动了不少非洲国家经济的发展。近年来，石油等原材料国际价格的上涨也使不少非洲国家受益。但总体上看，非洲发展仍然面临着极为严峻的挑战。

以上只是我个人的一些观察和评论，力求使我们在观察中国贫富差距问题时有一种更为宽广的国际视野，有一种更为多元的参考坐标。但这样做，绝不是说我们不必重视中国自己的贫富差距问题，恰恰相反，我们应该非常重视这个问题的解决。在中国特定的政治、经济和文化条件下，贫富差距扩大及其引发的社会矛盾可能会比其他国家更为棘手，对此我们绝不能掉以轻心。

## 二、缩小贫富差距的难与易

从国际视角来看，各国现代化的过程都存在贫富差距扩大的问题。改革开放 30 年来，中国经济迅速增长，但同时也出现了社会贫富分化的趋势。如何缩小贫富差距，对我们来说是一个挑战。与其他发展中国家相比，我们应对这个挑战既有比他们有利的地方，也有比他们不利的地方。我们有利的地方主要是：

第一，中国通过 30 多年的改革开放，国家的综合实力和财政收入增长很快。2010 年中国的国内生产总值近 40 万亿元，约为印度的四倍。财政收入达 8 万亿元，外汇储备达到 3.2 万亿美元，城乡居民储蓄超过 30 万亿元。这与 30 年前国内生产总值仅 3 600 亿元、财政收入仅约 1 132 亿元，早已不可同日而语了。现在回想起来，邓小平当年反复强调要"加强中国社会主义的综合国力"，这确实是很有远见的，也就是说，即使我们暂时出现了贫富不均的现象，只要我们的社会主义综合国力强盛，我们就有能力来逐步解决这些问题。

我们现在正在建立全民的社保体系，使全体国民在基本生活、义务教育、公共卫生方面能够得到基本的保证，免除国民对生存与疾病的恐惧。1979 年以前的社会保障只是以城镇为主的保障，现在是面向全体国民的保障。我 2005 年访问古巴，感觉其经济状况异常艰难，但古巴还是实现了全民最低社保。我相信以中国今天的财力，可以做得更好。

我们在观念上也有了突破：过去往往把保障体系看做是一种负担，现在知道这个资金发放下去，会较快地转化为消费，转化为经济发展的新的动力。而且更重要的是全民社保体现了一种社会公平和正义，让全体国民共享改革开放的成果，可以增加整个社会的稳定性和凝聚力。在一个 13 亿人口的大国实现全体国民的基本社保，使世界五分之一人口免于生存与疾病的恐惧，这将是中国对世界人权事业、对整个人类进步的一个巨大贡献。

第二，种族、宗教等问题的困扰较少。在印度，在非洲和拉美的很多发展中国家里，贫富差距往往和这些问题掺杂在一起。印度最穷的是贱民，印度的上层是婆罗门，他们对贱民非常冷漠，不与贱民握手，不与贱民喝同一口井的水，有的甚至把看到贱民的身影当做是一天的晦气。这也是为什么印度扶贫工作远远落后于中国的一个重要原因。前南斯拉夫解体的原因之一也是民族差异和经济差距。富裕的斯洛文尼亚人质疑为什么要把自己的钱交给中央财政，再转给贫穷的科索沃人。"那边的人和我们有什么关系？"他们会理直气壮地问这样的问题。我们虽然也有地方主义的问题，但"一方有难、八方支援"和"全国一盘棋"的思想要比大部分发展中国家强得多。

第三，我们政府的资源整合能力、决策能力、办事总体效率大大高于大多数发展中国家。比方说，全国取消农业税，几乎立竿见影，说到做到。在其他国家，这样的事可能扯皮 20 年还完成不了。近年采取的一系列促进中西部地区发展和提高农民收入的措施，很快就导致整个沿海地区农民工的短缺。

此外，从处理贫富差距问题的技术角度来看，我们贫富最大差距主要是沿海城市与边远农村的差别。而在巴西、墨西哥这样的国家，70%以上的居民已经住在城市了（很大比例住在贫民窟）。在巴西里约热内卢、在墨西哥城，你开车从富人区到几十万人居住的贫民窟也就是半小时之内的车程，这也是为什么这些城市恶性犯罪率极高的主要原因（巴西人自己称之为"城市战争"，每年约 4 万人死于枪杀）。我们最大的贫富差别主要是沿海城市以及省会城市与边远的山区。这种空间距离，使我们获得了某种解决贫富差距的时间差。

但是在应对贫富差距扩大的挑战方面，我们也有一些比其他国家困难的地方：首先是中国正处在自己的工业革命时期，社会急剧转型，贫富差距扩大速度较快。新旧制度交替之际，总有很多制度漏洞，引起腐败、社会不公和人们的不满。过渡时期，各种不确定因素较多，又容易造成人的焦虑，这种焦虑又会导致更多的不满，特别对贫富差距扩大等问题，甚至诱发社会危机。

欧洲历史上的工业革命时期，也是贫富差距迅速扩大和各种社会问题迅速滋生的时候。当时的贫富差距之大，社会公正之少，令今人难于想像。英国作家狄更斯在他的名著《双城记》里曾这样描述：一位侯爵的马车压死了一个小孩，他大声训斥孩子的父亲："你为什么不管好你的孩子，你可知道这会伤害我的马吗？"孩子的父亲冲上去要与侯爵拼命，路边小酒店的老板赶紧拉住他，劝说道："穷孩子这样死掉，比活着好。一下子就死了，不再受苦了，如果他活着的话，能有一时的快活吗？"侯爵点点头，然后掏出一个金币往车外一扔。你还可以阅读法国作家巴尔扎克的《高老头》、雨果的《悲惨世界》、左拉的《萌芽》，阅读美国作家德莱塞的《嘉莉妹妹》，就知道处在各自工业革命时候的英国、法国和美国有多少不公，多少罪恶，多少牺牲。现在国内有些人喜欢谈论北欧模式，但像丹麦这样的北欧国家也经历过自己《卖火柴的小女孩》的阶段。

与今天的中国相比，当时的西方国家可以轻而易举地"消化"各种社会矛盾，以英国为例，它可以把罪犯"出口"到澳大利亚，把无业者"出口"到非洲，把异教徒"出口"到美洲，英国还可以自行制定世界政治和经济的各种"游戏规则"，大英帝国内的贫富差距大于今天的中国几十倍也不算什么问题，因为连惨无人道的奴隶制在当时都是合法的。而今天的中国则要在自己的疆域内"消化"所有现代化进程所带来的社会矛盾。18世纪工业革命时，英国本土的人口仅1000多万人，少于中国今天的任何一个大城市。19世纪工业革命时，法国的人口也只有2000来万，而中国早已是一个13亿人口的大国，在如此不利的条件下，中国成功地进行了这样一场工业革命和社会革命，不但没有像西方那样向外转嫁矛盾，而是给广大中国人民和世界人民带来了实实在在的利益，这就是中国奇迹。现在的国际竞争的条件是多么苛刻：游戏规则大都是人家制定的，你出口一个苹果到欧洲，都需通过人家制定的几十种技术指标的检查，其中很多指标纯属贸易保护主义。而中国人正是在这个极为不公正的世界经济政治秩序中，硬是靠自己的智慧、苦干、奋斗乃至牺牲，闯出了一条自己的道路，开辟了中国实现现代化的广阔前景，当然也为此付出了不小的代价。大家如果能从这么一个历史的大视角来看待中国今天的进步及其伴随的问题，目光可能会更深远些，心态可能会更平和些。

我前面已经说过，历史上的工业革命虽然带来了各种社会问题，但这些问题最终在不同程度上得到了解决，这些问题也不妨碍工业革命成为人类历史上最伟大的革命之一。如果当初这些国家因为种种社会问题，而放弃了工业革命，他们也不可能成为发达国家，所以中国一定要过这个坎，一定要克服这些困难。中国今天面对的所有问题，历史上崛起的大国都遇到过。我们今天处理得不比他们当时差，今后还可以做得更好，因为我们有自己的制度优势，比如我们已经较快地实现了全民基本医保，而3亿人的美国至今还有近5千万人没有医保。

其次，我们文化中有一种超强的"不患寡而患不均"的传统。我们经历过无数次以平等为宗旨的社会革命和政治运动，我们对贫富差距的容忍度明显小于许多国家。比方说，印度的贱民是一个1.6亿人的贫困阶层，但他们大部分人非常认命，认为穷就是因为自己上几辈子积德不够，社会反抗和革命动力不强。而中国人的平等意识比较强，总体上是积极的，体现了人的尊严，比没有经过社会革命的印度真是好很多。但对于一个正在经历迅速转型的国家，这种平等观也可能带来某些困惑，因为社会变革总会带来利益调整，一个习惯平等的社会往往更容易产生不满、牢骚甚至抗争。有些不满很有道理，反映出来的问题合情合理，需要好好地解决，有些不满则包含了妒忌和泄愤等非理性的成分。

第三，这种"不患寡而患不均"的传统，又导致我们中国人在不少方面的要求明显高于一般发展中国家的国民，甚至高于发达国家的国民。在印度，哪怕你是个饭店的跑堂，住在贫民窟，但只要会说几句英文，自我感觉就属于中产阶级了。而中国，经常光顾星巴克的白领也常否认自己属于中产阶级，据说要有两处房产才算。过去30多年中，中国人总体生活水准提高的速度堪称世界之最：中国有结婚三大件的说法，70年代末还是手表、自行车、缝纫机；20世纪80年代已经是冰箱、彩电、洗衣机了；90年代则成了空调、电脑、录像机；而到了今天已经是房子、车子、票子。现在年轻人结婚，房子成了结婚的"起步价"，网上在线调查的问题是"你会和一个没有房子的男友结婚吗？"这个在中国看似很自然的问题，实际上已是世界上最高的物质要求之一了。瑞士和法国都属于世界上高度发达的国家，但瑞士自己拥有房产的人2006年才达到总人口的36%，法国高些，约60%，都大大低于中国，但从国内媒体的报道来看，满意度最差的似乎是中国。瑞士大部分人租房，法国也有大量的人租房，年轻人结婚绝大多数都住在租来的房子里。一辈子没有买房子的，也大有人在。他们中一些人是由于种种原因不想买房子，如不愿意背上债务、崇尚自由迁徙等，但也有很多人，确实是资金不够，置业对很多人来说仍然是一个可望而不可即的梦。中国住房问题的最终解决，恐怕也得靠住房的梯级消费，在推动廉租房建设的同时，尽快建立完善的租房制度和措施，国际社会在这方面有很多成熟的经验，我们可以借鉴。先租房，待有了一定的积累之后，再买房，这是大多数国家民众的做法。

总之，与其他国家相比，我们解决贫富差距有难处，也有易处，但总体上还是易处多于难处，所以我们可以树立信心，把这个问题逐步解决好。我们应该在继续推动改革、开放、发展的同时，尽快建成更加完整的国民社保体系，使得全体国民消除对生存与疾病的恐惧。我们要尽最大努力去建设一个机会公平的法治社会，通过渐进而深入的政治改革和体制创新来遏制腐败，使所有人尽可能获得比较平等的发展空间。我们要通过教育，使更多的人能以一种比较宽广的国际视野和历史眼光来看待中国今天面临的问题，并形成一种同舟共济、健康向上的国民心态。我们还要通过教育，培养人与人之间互相理解和互相尊重的习惯，包括富人和穷人之间的理解和尊重。这不只是指亿万富翁和平民百姓之间，而是指我们社会上的所有人，这是一个人权的概念，只因为我们都是人，我们就要互相尊重，并从互相尊重中让每一个人都感受到做人的尊严。我们应该通过教育，使大家尊重每一个为民族复兴做出贡献和牺牲的劳动者，包括农民工、下岗工人和其他弱势群体，并通过各种手段，使他们都能享受到改革开放的成果。在大变革的社会里生活不易，互相尊重，互相理解，互相帮助，可以化解很多人与人之间的矛盾，人的心态也会更平和，生活也会更温馨。

我们还要提倡自强不息的精神。这对一个人、对一个国家都很重要。在外部环境暂时还不甚理想的时候，我们更要提倡这种精神。外国人对海外华人有褒有贬，但几乎都同意这一点：华人具有罕见的吃苦耐劳和艰苦奋斗的精神，不管在世界哪个角落，不管外部条件如何不公正，华人一般都能通过发愤图强，站稳脚跟，最终成为社会上比较成功的阶层。以印度尼西亚为例，在过去半个世纪里，印尼的华人蒙受过多少歧视、欺辱甚至杀戮，如果连1965年大规模排华骚乱也算进去的话，因各种排华骚乱而致死的华人估计至少有几十万（也有估计超过百万），但不屈不挠的华人还是通过自己的顽强奋斗，干了出来。华人虽然只占整个印尼人口的2%左右，却掌控着印尼经济的半壁江山。我认识一些印尼华侨，听过他们抱怨，看过他们流泪，但他们都有一股永不服输的韧劲，制度越不公平，他们越要干出个样子让世人看看。今天的中国社会不管存在多少问题，包括社会不公的种种现象，但总体的大环境在不断地改善，自我实现的机会远远多于其他国家，中产阶级的阵容也在迅速壮大，这对中国的长治久安极为重要。中国整体的发展环境比印度尼西亚这样的国家不知好多少倍。我们必须发扬中华民族自强不息的精神：与其消极等待外部条件的改善，不如先改变自己的心态，奋斗进取，在任何情况下，都不轻言放弃，不断追求自己的梦想，中国人的希望在此，我们民族复兴的希望也在此。对个人来说，只要你自己不打败自己，没有任何一个人可以打败你。对于整个国家来说，只要我们自己不打败自己，没有任何一种力量能够阻碍我们民族的复兴。

考虑到我们在政治文化方面的特殊国情，在寻求建立一个更为公平的社会之时，我们也须注意几个问题：

第一，要防止极端平均主义和极左思潮卷土重来。在帮助老弱病残和弱势群体、建立城乡社会保障体系的同时，也要记住邓小平多次的提醒：我们的政策要注意"不养懒汉"。欧洲高福利国家有这方面的教训，工人情愿待在家领失业金，也不愿意工作，结果整个经济丧失了竞争力。今天席卷欧洲的这场金融和经济危机表明这些国家的高福利政策已难以为继。我们应该继续鼓励每一个身心健全的人，通过自己的诚实劳动改善自己的命运。勤劳是中华民族的美德，不能丢掉。

第二，我们在努力让全体国民享受改革开放成果的同时，也要看到中国还是一个发展中国家，以免做出不切合实际的承诺，因为那最终只会引起人们更大的失望。

第三，我们一定要走出穷富对抗的恶性循环。中国"不患寡而患不均"的文化传统导致大家一般总是喜欢公，而不是私。大公无私可以，大公小私都不行。所以一喊"公"的口号，响应的人就很多。但是走遍了世界这么多地方之后，我有一个深深的感受：凡是发展不起来的地方都是平均主义盛行、仇富文化深厚的地方，而最严重的就是非洲。一位与我相交比较深的非洲朋友私下告诉我：在非洲如果你富了，在村里盖了一栋新房子，人家第二天可能就放一把火，把你的房子烧了，所以社会财富始终积累不起来。不要说建房子，就是你工资刚发下来，大家都要来和你一起花，你也必须和大家一起花，花完才好。非洲社会储蓄极少，与此有关。

俄罗斯也有个经典笑话：农民伊万大叔看到自己邻居亚历山大家里多了一只山羊，心里很不是滋味。一个仙女问他："我现在可以帮你实现一个你最想实现的梦想。"伊万大叔说："那就请你尽快让亚历山大家的那头山羊死去。"

实际上，仇富是一种全世界的普遍现象，程度不同而已：在非洲，很多黑人恨白人和印度人。在东南亚，很多马来人、印尼人恨华人。在俄罗斯和欧洲很多地方，很多人恨犹太人。在拉丁美洲，很多土著人恨欧洲裔的人。而且你去观察一下，打听一下，为什么恨？理由与中国也是一样的：富人有钱、富人招摇、富人投机倒把、富人为富不仁、富人一毛不拔、富人吃喝玩乐，一有社会动乱、危机、革命，富人总是泄愤的对象，富人总是少数，于是仓皇出逃，当然也带走了他们的资金、技术和人脉，穷人出了口气，但生活还是艰难困苦。

这个世界上，缺少基本的社会公正和贫富差距过大总会引起动乱和革命，革命是英勇的、浪漫的、痛快的，然而革命之后的建设谈何容易。中国也经历了贫富差距过大等原因导致的翻天覆地的革命，但革命以后平均主义的道路，效果并不好，导致了普遍贫困，所以才有30年前选择的这条鼓励竞争、改革开放的道路，并取得了辉煌的成绩，使我们今天有实力来更多地帮助社会中的弱势群体。记得1981年的时候，胡耀邦看到一份报告介绍哈尔滨待业青年自谋职业，不要国家投资，建成了生产沙发的一条"沙发街"，胡在报告上批示："这种不要国家投资的事有的是，只要我们的同志高抬贵手就行了。当然有的也要加以扶持，但所费不多，问题是要到群众中调查和商量。"看到报告中说每个待业青年当年每月实际所得在150元以上，性情中人胡耀邦又挥笔加了一句："可不能看了又眼红呵！"中国改革开放其实就是从破除平均主义，调动各种积极性开始一路走来的。

我们的改革开放走到今天，绝大多数的国人都为此做出了贡献，甚至牺牲。我曾在网上看到一个评论我文章的帖子，只有一句话，却使我很感动。帖子是这样写的："邓小平有功，虽然我下岗了。"没有下岗工人所作出的牺牲，中国工业化、现代化、国际化这个关，闯不过去。我们要通过教育，使大家尊重每一个为民族复兴作出贡献和牺牲的劳动者，包括现在的很多弱势群体，让社会上的每一个人都能感受到作为人的尊严。

2008年汶川大地震使全体国人都经历了前所未有的心灵震动，让我们看到了很多似乎久违的人间真情。面对罕见的灾难，国人不再冷漠，不再抱怨，不再仇恨，大家不分地域、不分职业、不分贫富，从国家领导人到普通民众，从亿万富翁到打工仔，大家都为受难者祈福，都尽自己的责任和义务为灾区做力所能及的事情，有钱的出钱，有力的出力，短短几周内，好像每一个中国人都经历了一场刻骨铭心的心灵洗礼，中国的社会真正向前进了一步，中国人表现出了前所未有的凝聚力，"以人为本"从此不再是空洞的口号，而是成为我们民族一切现代化努力的最终归宿。只要有这种精神，中国的社会一定会变得更加温馨和美好。

## 三、建立良性循环机制

贫富地区之间还应该建立一种良性循环的机制。以上海浦东为例，浦东的人均GDP早就超过了10 000美金，假设中国贵州省的某个地区人均GDP是100美金。如果你机械地看，这个差距太大了，两个地区差100倍，我要把它缩小，甚至采取劫富济贫的方法，这是不明智的。这里关键是要看浦东经济的发展与中国其他地方发展的关系。以2006年为例，那一年浦东的财政收入是587亿元，其中

51.4%上缴中央，也就是说将近300亿是用于全国的发展的，其中一部分可能就用来帮助贵州省的这个地区了。如果富裕地区和落后地区是这样一种关系，这就是良性循环，我们不用太担心，只要确保让浦东的钱流到落后地区，帮助那里的人民致富。就像在一个家庭里，有一个成员特别能赚钱，他的收入比其他家庭成员高，但他能够把赚到的钱拿出相当一部分来帮助家里暂时还比较贫困的成员，这就是良性循环，何乐而不为呢？

浦东现在的外资金融业占了中国的半壁江山。如果这里的银行业是在为全中国融资，我们就不用担心。陆家嘴CBD每平方公里实现的增加值是235亿美元，这是国际大都市交易成本低、资源汇聚多、增值效应强的表现。这种效应对整个国家的现代化来说非常重要。对于中国来说，更是百年未遇，来之不易，否定了它，搞平均主义，结果一时痛快，最终只会导致大家的贫困。浦东是一个给全国人民下金鸡蛋的母鸡，如果浦东上交的财政收入能够服务全国，如果浦东的金融业能服务全国，那我觉得浦东这个鸡越肥越好，因为这是一个良性循环，浦东好、全国好。香港和内地的差别还要大，对内地是好还是坏？结果证明是好事，因为香港和内地也是形成了这样一种良性互动的关系。我们改革开放30年中的多数时间里，港资是最大的外资来源。香港好、祖国好，祖国好、香港好，就说明了这种互动关系。

说到底，地区差别不是越大越好，也不是越小越好，要辩证地、动态地去看，关键就是看能不能在比较富的地区和比较穷的地区建立良性互动的机制，如果是良性互动，这种差距带来的正面效应会比较多。从国际经验来看，人均GDP的绝对区域差距短期内难以缩小，在幅员辽阔的国家更为困难。所以建立相对富裕和相对落后地区之间的良性互动机制是一个最可行的方法。

我们还要把中国当今的变革放在一个大的历史环境背景中来看，实际上，中国正在经历着自己的工业革命。当一个国家经历自己工业革命的时候，其特点是通过市场经济机制，社会每一个细胞都被调动了起来，每个人都在为了自己的利益，为改变自己的命运而奋斗，这有积极的一面。可以说今天的发达国家没有一个没经历过这样的阶段，但利益驱使也会产生各种各样的问题，特别在制度还不健全的时候。我前面已经提到过，和欧洲的一些大国相比，他们在自己工业化的时候可以通过各种手段来转移社会矛盾，而中国则要自己消化各种问题。比较中国过去 30 年的现代化进程和过去英国、法国的工业革命，你会发现过去大英帝国或者法兰西帝国，其工业化过程中的贫富差距恐怕要几十倍于今天的中国，在这样一个非常残酷的过程中完成了资本的原始积累，这个过程包括了"羊吃人"的圈地运动、大规模的奴隶贸易和许多殖民战争。1987 年 4 月，坦桑尼亚的前总统尼雷尔访华，邓小平宴请他，我是翻译。尼雷尔对邓小平说："德国统治过我们，英国统治过我们，拿走我们多少资源？但给我们留下了什么？独立的时候我问我的工业部长，我们现在有几个工程师，他说：'两个。'"从这一点就可以看出当时大英帝国内部的贫富差距有多大。

不管我们主观意愿如何，我们今天的工业革命确实没有能够避免西方国家在类似发展阶段出现过的许多问题，但现在看来，我们付出的代价比他们要小，而且我们还有可能把这些问题的负面效应进一步缩小，时间进一步缩短。中国没有搞殖民主义、没有去建立帝国，避免了其他大国崛起过程中出现的大规模冲突和战争。相反，我们在自己崛起的过程中使大多数国家的人民获得了实惠。我甚至想到一个不完全恰当的比方：如果中国今天也像英国当年那样，拥有比自己疆域大50倍的领土，多100倍的资源，自己可以拟定所有的游戏规则，并在这种情况下来实现中国的工业化和现代化，我们的起飞将会比现在容易不知多少倍。当然，今天这样做是不可能的。

中国是在世界经济和政治秩序极其不公正的条件下，以自己独特的勇气和智慧，闯出了一条和平发展的道路，完成了中国现代化事业所需要的资本积累和各种要素准备，实现了现代化事业的蓬勃发展。正是从这种横向和纵向的比较中，我们感到中国今天的成就来之不易，需要我们倍加珍惜。从历史发展的进程来看，我们可以通过建立贫富地区之间的良性循环机制，使改革开放的收益得到更为公平的分配，并动态地缩小贫富差距和地区差距，使中等收入阶层成为中国社会的主体，使全体国民普遍地富裕起来，并最终使中国成为世界上最大的新型发达国家。


## 四、腐败问题：国际视角的观察

中国的腐败情况引起国人的普遍反感和关心。对于腐败问题，我们一定要有清醒的认识，这个问题解决不好，会引起各种社会问题，导致现代化建设事业的中断，甚至倒退。但是我们对这个问题也需要有一个总体的把握：从整个世界的角度看，中国的腐败状况大概在世界上处于什么地位？中国的腐败属于什么性质的腐败？中国能不能基本解决腐败问题？怎么解决？

世界研究腐败问题最权威的组织"透明国际"把中国的腐败地位放

在 180 多个国家和地区中排名的 70 至 80 位左右，也就是居中的地位：

| | 芬兰 | 新加坡 | 香港 | 中国大陆 | 印度 | 俄罗斯 | 菲律宾 | 乌克兰 | 肯尼亚 |
|---|---|---|---|---|---|---|---|---|---|
| 2005 年 | 3 | 5 | 15 | 78 | 90 | 128 | 124 | 107 | 144 |
| 2011 年 | 4 | 5 | 12 | 75 | 95 | 143 | 129 | 152 | 154 |

（资料来源："透明国际"网站）

这种地位并不光荣，肯定不能令国人自豪，但确实也不是天要塌下，国将不国的局面。中国人应该做得更好。表中所列的国家和地区我都去过，这个排列与我自己的实地观察的结果也相当接近。我采用了一个自认为颇为独特的视角，我观察一个地方的出租车管理。在乌克兰、俄罗斯，这些都尝试了西方式民主化的国家，出租车基本上由黑社会控制，你可以判断这些国家的腐败程度一定可怕。往往你一出机场，好几个大汉子就围上来，要你坐他的车，开出一个比你预期高两倍的价，你找机场的出租车管理处，那里的人会告诉你，就是这个价。你没辙。只能找个看上去面善一点的司机，车上要么没有计价器，要么有了也不用。实际上这还算不错，基本没有黑车抢劫的问题，把你安全地送到了旅馆，多付一点钱也就算了。

非洲就连这一点都不能保证了。破破烂烂的车居多，各种各样招牌的出租车都没有计程器。非洲的犯罪率太高，黑车抢劫的事情频繁发生。这种情况说明政府和警察缺少基本的治理能力，腐败已经使政府和市场的基本功能瘫痪了。在这种地方，一般都是先通过熟人找车，或者找一两个确实有口碑的公司，这一般也只有在发展程度相对比较高的城市，如南非和肯尼亚等国家的大城市。

你到印度这样的国家，新德里的计程车上倒是有计价器，但很少用，司机随口给你报个价，你希望他用计价器，他就说，那么，你还要加上空调费、行李费等等。这颇像印度的政治现实，名义上的法律制度和实际执行情况差距颇大。这也多少反映了市场规范缺位、政府管理乏力、寻租行为泛滥。坦率地说，从这些国家回来再坐上海的出租车，你就知道这是一种奢侈了。如果说世界上的腐败状况可以分成低、中、高三个水平的话，我觉得中国的腐败大致处在中级。

高腐败是个什么概念呢？这是一种瘫痪型的腐败，没有钱开路，什么都办不成。这在一些非洲国家尤为突出：你要办出生证吗？拿钱来。办身份证吗？拿钱来。办护照吗？拿钱来。你要见部长吗？拿钱来。你要见总统吗？拿钱来。交通警察也很容易给摆平，任何超载，一塞钱就摆平了。你要办驾驶执照吗？驾驶学校先敲你一笔，驾驶教员也敲你一笔，考官再敲你一笔，最后你去取执照时，政府办证部门再敲你一笔。西方非政府组织捐来的二手衣服，负责官员的夫人先挑选，把好的拿走，然后再放到亲戚开的二手店去卖。我曾去斯威士兰一个药店看过，我问有阿司匹林么？店员说给店长拿走了，实际上他拿去贩卖了。

我还是以非洲的"高腐败"为例子，谈谈与中国腐败的差别，大概有这么几个差别：

一是中国是在经济建设高速发展的过程中，在自己工业革命的进程中，腐败在增加。而在非洲高腐败国家内，经济停滞不前，甚至倒退，根本没有工业革命可言，但腐败却有增无减。我的初步结论是：中国的腐败属于新旧体制交换时出现的腐败，因为新旧体制交换，漏洞很多，给人以可乘之机，但随着体制转型和创新的进展，这一类腐败可能会下降。

二是所谓"资源的诅咒"。在中国，人们听说哪里发现了新的资源，大家高兴，说明我们对国家的资源管理有信心，资源属于全国人民。但和许多非洲朋友的私下交谈中，他往往会告诉你，没有资源倒好，因为没有资源，只好提高人的素质，提高效率和竞争力。世界上，资源少对一个国家来说，并不一定是坏事；日本、新加坡、瑞士等国家资源都不丰富。资源不丰富，往往会使一个国家更注意投入人力资源开发，注意软环境建设。

相反，一些资源丰富的国家，经济搞不好的很多。比较典型的就是尼日利亚，本来还有农业，后来发现了石油，农业就废弃了。石油开发了几十年，老百姓的生活却每况愈下，钱被贪污了，存在外国银行，国内的汽油还需进口。最近几年，国际油价涨了好几倍，但在尼日利亚，我碰到的人都对我说，现在的生活水平还不如20年前。拉格斯和北京相比，发展水平差20年都不止。

我曾看过评论非洲《东非报》的一篇文章，提到安哥拉新发现了石油，文章的题目是："好像他们有了黄金还不够糟糕，现在又发现了石油"（As if gold weren't bad enough, now they have found oil）。有了资源，政府就有了收入，想做什么就做什么，不需要体制的制衡，不需要百姓的监督，不需要征税，当然也没有纳税人的监督。

第三，中国的贪官一般不敢公开炫耀，钱埋在地底下，藏在天花板上，或者通过孩子和亲朋好友转移到国外，这固然非常恶劣，但非洲国家的许多贪官敢于公开炫耀。一次我在非洲某国，计程车司机对我讲："你看这个别墅是内务部长的，那边两栋也是他的。他管批地，所以拿的回扣就多。"我问他："你们为什么不把他绳之以法呢？"他说："我不管这些。如果我是他，我也这样做。"他还说："我们的总统有两个夫人，一个老的、凶的，一个年轻的、漂亮的。"我问他："这样做不是违法吗？"他回答："如果我是总统，我要四个。"

持平地说，不少国家的政治文化对腐败行为和违法行为的宽容程度高于中国，甚至连印度、俄罗斯、乌克兰都是这样。从这点来讲，中国治理腐败是有希望的，因为我们的人民痛恨腐败，我希望我们的百姓和媒体睁大眼睛，使贪官污吏无处藏身。

非洲国家对腐败的容忍与非洲的部落主义有关。很多领导人当选后，只用自己部落的人。非洲的部落观念根深蒂固。多数国家还没有真正形成民族国家的概念。我曾在肯尼亚看到这样一个情况：一个议员被反贪污委员会指控为贪污，反贪污委员会派了警察来抓他，但他已经回到了自己的家乡，当地的居民都被动员起来，里三层外三层地保护他。警察抓他不成，只能撤退，然后他马上举行记者招待会，指责政府里有人要迫害他，迫害他这个部族，结果下面他部族的人就群情激奋，激动地呼喊各种口号。不管事情真伪如何，但你可以感到第三世界的政客总有法子玩弄百姓于掌心之中。

## 五、经济发展、民主制度与反腐败

"透明国际"的腐败指数给我们一个重要的启示：腐败程度和经济发展水平高度相关，甚至可以说经济发展水平在某种程度上决定了一个国家的腐败程度。为什么？因为真正的经济发展和真正的现代化，一定会产生对法治环境的强大内需，而法治是对付腐败最好的办法。

中国正在朝着这个方向发展，整个社会呼唤更为公正的竞争环境，从中长期来看，市场经济和现代化建设会产生对法制的强大内需，并最终导致腐败程度下降。换言之，中国的腐败走势有可能是这样的："低腐败"→"中腐败"（现在这个阶段）→"低腐败"。从国际比较来看，今天发达国家在自己工业化和现代化的过程中也都经历过"中腐败"的情况，以英国为例，工业革命开始的 18 世纪，英国国会议员的位置可以花钱买到。当时在印度代表英国政府利益的"东印度公司"，其管理人员非常腐败，被英国人称为"人类的渣滓"。但这些国家几乎都在工业化、现代化的强大内需驱动下，通过法治社会和反腐机制的建设，避免了非洲那种瘫痪型的"高腐败"，转向了"低腐败"。在华人社会中，香港经历的也就是这么一个过程。而对于大部分发展中国家来说，由于没有真正意义上的工业化和现代化，因而没有产生对法制社会的强大内需，最后腐败愈演愈烈，其大概走势是这样的："中腐败"→"高腐败"→"更高腐败"。

中国的反腐斗争现在正处在一个关键时刻：如果向下沉沦的话，可能会由"中腐败"发展成为"高腐败"。但如果能够适应现代化的需求，抓紧法治和反腐机制的建设，我们有可能逐步减少腐败，达到"低腐败"，而这个过程的最根本的动力就是中国市场经济和整个现代化事业所产生的对依法治国、抑制腐败的强大内需。只要中国建设现代化是动真格的，那么对法治和反腐的需求也就会是实实在在的，只要这个趋势继续下去，中国的腐败现象有可能逐步减少。现在低腐败国家就是这样走过来的，香港也是这样走过来的，中国内地也可能这样一路走来。

中国和"高腐败"国家的另外一个差别是中国毕竟经历过低腐

败的阶段，有遏制腐败的巨大的文化传统资源，包括儒家的传统文化和共产党的教育，包括一批像周恩来这样的清廉魅力型领袖人物的影响。在大多数发展中国家，这两种条件都没有，而活着的人记忆中的所有政治人物都是腐败的，经济落后又产生不了对法治的强大内需，所以腐败愈演愈烈，最终不可收拾。

不少人说，要解决腐败问题，就要靠西方的民主制度。但在欠发达国家实行西方民主制度而成功遏制腐败的案例不多："民主"的印度、菲律宾、乌克兰、俄罗斯腐败都比中国严重，更不要说很多非洲的所谓"民主国家"了。2007 年 4 月，我曾当面请教"透明国际"的总裁彼得·艾根（Peter Eigan）教授，怎么解释这个发展中的民主国家反而更腐败的现象？他说，民主化，腐败也民主化了。还给我举了个例子：过去智利是专制，秘鲁是民主，但秘鲁的腐败远远高于智利。

我自己的看法是：在一个文盲和贫困人口比例很大的国度里，西方式民主制度很容易被腐败分子利用，从而变成了保护他们贪腐的合法外衣。腐败官员可以通过贿选等手段当选，使自己的腐败行为得到合法保护。印度、菲律宾以及非洲的许多国家就属于这种情况。我曾问过我的印度研究生，为什么印度的扫盲进展这么慢？他说扫盲是地方政府负责的，当地的老百姓越是文盲，越是无知，对政客就越有利。这个解释可能有点偏激了，但也道出了一部分真理。印度还有经济水平低，公务员工资低，政府的繁文缛节过多，官员的权力过大等问题，这给腐败寻租行为创造了很多的机会。

俄罗斯和乌克兰是另外一种情况：他们推行了西方式民主化，但却导致了政治参与爆炸和政府失控与瘫痪，结果腐败行为就爆炸性地激增，一发而不可收。到政治局势稳定下来时，腐败已由量变转成了质变，连基层的海关、警察队伍都烂掉了。以俄罗斯为例，几乎所有在俄罗斯的中国商人和很多外国游客都碰到过警察在光天化日之下，对外国人敲诈勒索的事件。乌克兰警察情况也类似。

在反腐问题上，中国处在一个关口，看中国能不能闯过去。闯不过去，中国就永远是个发展中国家。英国工业革命，法国工业革命，日本明治维新，都经历过腐败显著上升阶段。但最终现代化进程中对法制和反腐的强大内需，加上体制创新和机制建设等，实现了腐败下降。亚洲"四小龙"中的台湾和韩国后来采用了西方民主模式，但20来年过去了，腐败问题似乎有增无减，其中原因值得深思。

法国作家雨果在他生前的最后一部小说《九三年》中塑造过一个人物叫戈万，这个人物说过一句名言：对罪恶的毒瘤要开刀，但主刀的外科大夫必须格外的冷静，而不是激烈。我们在认识和处理腐败问题时也要采取这种态度，不能只是停留在强烈的道德谴责，而是要通过扎扎实实的机制建设和法治建设来逐步遏制和减少腐败。

在亚洲，反腐工作做得最好的是香港和新加坡，他们没有采用西方式民主制度，而是通过法治建设和精英政治，建立了令腐败分子望而生畏的一套独立的反腐机制，如香港廉政公署、新加坡贪污调查局等，最终成为反腐事业的佼佼者。我们应该在继续铁腕打击腐败的同时，进行制度创新，借鉴新加坡和香港的反腐经验和实践，先进行一些试点，然后在全国铺开，争取在一段不太长的时间内，使中国由现在的"中腐败"转入"低腐败"。

这里还要顺便提及三个观点：

　　第一，不管我们做多少反腐的努力，腐败也会道高一尺，魔高一丈。对反腐的长期性和艰巨性千万不能低估。腐败也会从现在人见人恨的"不文明"的腐败变成一种可以隐蔽的、比较"文明"的腐败。比如，2008 年美国的次贷危机引起经济衰退和全球金融海啸：1.5 万亿美金的劣质贷款被神奇般地包装成了优质金融产品，得到权威评估机构的认可，大都成了 3A 级金融产品，然后再卖给各国的银行。这个过程当中没有腐败？这背后也许有更大的腐败，这些金融大鳄实际上坑蒙拐骗，无所不做，钻了法律体制的一切漏洞、利用了一切可以利用的灰色领域，一切都做得道貌岸然，成熟老练，连瑞士最大的两家银行都赔上了百亿美金，叫苦不迭，最后不得不寻求亚洲国家的主权基金来注资，这场危机造成的损失最终由全世界老百姓来买单。对于这种"货币战争"，我们千万不能掉以轻心。

　　瑞士一位银行界的朋友对我说，这简直是"金融黑手党"的所作所为。我们不妨用"第二代腐败"这个概念来形容它与"第一代腐败"的差别，真有点像现代武器和传统武器的关系。"第一代腐败"是"不文明"的腐败，主要表现为"回扣"、"走私"、"红包"等，这有点像传统武器，用大刀把人砍死，鲜血淋淋，给人感觉很残酷。而"第二代腐败"是比较隐蔽，比较"文明"的腐败，主要表现为道貌岸然的"游说"，选举政治中的各种"政治献金"和金融监督中的"选择性忽略"、"监管套利"等，这有点像高科技战争中使用的武器，展示在电视荧幕上的只是一个坐标，加上几个闪烁的亮点，很文明的精准打击，使不在战场的人会忘记这些亮点下面是对生命的摧残，与使用传统武器的摧残是有过之而无不及。

　　我前面已经提到过，一贯主张西方民主制度是普世价值的经济学家阿马蒂亚·森曾认为，亚洲金融危机这种情况不会出现在西方民主国家。不知看了美国这场金融危机，他该如何评论？这么大规模的危机，现在看来还只能出现在美国这样的国家，其公司对政治的过度影响，其政治制度过多地受到资本驱动，恐怕都是这场危机的深层原因。总之，反腐将是一个长期不断的过程，即使在法制比较健全的发达国家，也可能发生不同类型的严重腐败。

第二，要实事求是地把握中国的腐败状况，防止把问题夸张到不切实际的高度，然后动员悲情意识，呼唤再来一场革命。回顾邓小平等中国领导人指导中国的改革开放，真像是指挥一场超级规模的战役，没有万无一失的方案，该冲锋的时候要冲锋，该伏击的时候要伏击，没有伤亡和减员的战争是没有的。1979年邓小平要深圳"杀出一条血路"，杀出血路就是要准备负伤。就是不要前怕狼后怕虎，而是要抓住战机，奋勇出击。改革要考虑战略和战术、要考虑时机和成本、要打时间差，一旦抓住战机就要咬住不放，全力以赴，直至成功，这就是邓小平的领导风格。那种纯而又纯的改革，那种诗意般的经济和社会改造，那种眼睛里容不得一点沙子的变革，古今中外从未有过。

1980年代引起人们反感的主要是双轨制物价改革引起的"官倒"。当时采用双轨制来进行物价改革，实在是不得已而为之的办法，因为颇为激进的物价改革方案已经引起物价上涨和民众的强烈不满。但采用渐进的双轨制物价改革，也意味着在一定时间内，官员的寻租机会增多，一些乡镇企业不通过收买官员，往往很难弄到计划内价格出售的生产要素。但如果当时不及时进行价格改革，中国经济就很难走出计划经济的框框。中国领导人权衡利弊，认为不进行物价改革，中国付出的代价将更大。所以非常勇敢地推动了带有很大风险的双轨制的物价改革，并逐步地闯过了这一关。

今天，我们的乡镇企业和民营企业已经成熟起来，已经成为中国经济的半壁江山。我们95%以上的商品都是市场定价，没有当初这种勇敢的改革，哪有今天中国市场的如此繁荣。这项改革成功后，由价格垄断造成的腐败，虽然还存在，但比过去大大减少了。和采用"休克疗法"的俄罗斯比较一下：俄罗斯是价格一下子放开的，不仅引起了恶性通货膨胀，而且使腐败变得一发而不可收。中国物价改革的社会成本也相当大，但还是明显低于前苏联。尽管这个改革很不完美，尽管当时带来很多问题，至今还有不少后遗症，但整个世界都很少有人否认：中国进行的双轨制物价改革是传统计划经济国家经济改革中的一个成功的经典案例。

最后还要简单提及腐败与文化的关系。中国在反腐斗争中，面临的一个挑战是中国文化中根深蒂固的人情网、关系网。这和拉丁民族的人情网、关系网很类似。这种人情网、关系网，在一定程度上，对发展经济能起积极作用，但从长远看，不利于现代法治社会的建设，不利于一个国家的长治久安。在拉丁民族中，法国、西班牙等，通过持续不懈的努力，最终都闯过了这个关口，建立了法治社会，意大利虽然也是发达国家，但腐败问题解决得不如其他发达国家，你只要到意大利华人社会了解一下，就知道意大利的警察腐败得很厉害，意大利虽然是民主制度，但黑社会影响仍然巨大，特别在意大利南部，黑社会控制了大量的政治资源，包括选票和官位。

在华人社会中，香港和新加坡闯过了人情网这个关口，而且据我观察，香港和新加坡在这方面，比法国、西班牙做得还要好。但多数拉美国家和中国，虽然经济也有发展，中国发展得还很快，但这个关口还没有闯过，所以我们尚未建立起一个真正的现代化法治社会。这方面，还有待我们更多的努力。香港和新加坡这些华人社会在解决这个超级难题上的成功，提供了很多我们可以借鉴的经验。

## 六、生态文明：中国的机遇

我们现代化建设的一个沉重代价就是环境的恶化。虽然国际社会公认，从 18 世纪欧洲工业革命开始，全球环境就逐渐恶化，西方国家的经济发展和生活方式对全球气候变暖负有主要责任，但我们自己过去 30 多年的高速发展也造成了很多环境问题，形势相当严峻，必须认真解决好，因为这将关系到中华民族未来的生存和发展。中国也曾希望能够避免西方工业化国家的"先污染，后治理"的道路，但后来的实践证明，我们还是没有走出"先污染，后治理"的怪圈，这可能也是人类认识世界的一种历史宿命：尽管一个社会总有少数人会清醒地认识到，发展必须走一条经济与生态"双赢"的道路，但要使得整个社会都认识到这一点，往往需要较长的时间，甚至需要等到污染直接威胁了多数人生活品质的时候，大家才会顿悟，从而走上真正的环保之路。西方国家是这样一路走来的，中国不幸也未能例外。但是在经历了不少环境灾难之后，我们终于提出了"生态文明"这个概念，表明我们对环保的认识有了新的飞跃。

随着中国的迅速崛起，中国的环保也受到了全世界的关切。我在海外遇到环保专家，总请教这么一个问题：中国生态恶化的局面到底能不能彻底扭转过来？这是从邓小平分析问题的方法中受到的一个启发。邓小平做大的决策，总是首先把可能出现的负面影响估计透，估计到最坏的局面，然后再看中国有没有办法处理。如果可以，他就拍板了。当年与英国人谈判香港回归问题，邓小平就考虑了最坏的局面：英国资金带头撤走，其他外资跟着走。邓仔细考虑了这些可能性，然后作出判断：只要我们的政策对头，流走的资金还会流回来，即使这些资金不回来，其他资金也会流入。这个问题思考透了之后，他就在傲慢的英国撒切尔首相面前，把话说那么掷地有声，一锤定音。我们的生态环境现在很脆弱，这关系到我们民族的生存和发展，所以我们首先要问的问题就是中国究竟能不能彻底扭转环境恶化的被动局面。

　　我请教过多位欧洲的环保专家，他们都告诉我：只要中国下定决心搞环保，一定可以扭转现在的局面。他们说，欧洲历史上的环境污染至少与我们现在的情况一样严重，但经过努力，欧洲今天已经成了环保相当成功的地方。伦敦的污染曾非常严重，伦敦过去的别名叫"雾都"，而"雾都"最大危机的爆发是在 20 世纪 50 年代。1952 年 12 月伦敦曾出现过一周内 4 000 多人死于煤烟污染事故。1953 年伦敦的煤烟污染又导致 800 多人死亡。这样推算，我估计当时伦敦的污染情况可远远超过中国污染最严重的城市。欧洲最大的河流莱茵河曾被宣布为死河，大量生物死亡，人不能游泳，因此我推断：其污染程度可能不亚于今天的淮河、黄河。瑞士森林里的树木开始枯死，欧洲北海沿岸出现红潮。最后，欧洲人痛定思痛，形成了全民环保的共识，政府和民间都开始认真着手解决环境问题，严格立法执法，并取得了举世公认的成就。欧洲环保专家还认为：只要我们善待自然，保护环境，大自然的自我康复能力非常之强，莱茵河、泰晤士河都是这样慢慢康复的。

有人说，我们人口压力太大，环保很难做。但我们也可以把这个问题作一个最坏的假设：我们的人口确实多，但按人口密度和资源拥有量来比较，我们比日本要好很多。日本 20 世纪 60 年代环境污染也很严重，出现过水俣病，曾在短期内造成 1 400 多人死亡，这使得日本也痛定思痛，终于形成了全民的环保共识，然后经过仅 10 来年的努力，日本就扭转了环境恶化的颓势，使日本奇迹般地从一个污染大国变成了环保大国。如果我们在环保方面能向日本学习，首先做到日本今天做到的一半，我估计就可以扭转目前在环保方面的颓势。

另外，在生态文明这个问题上，我们也不是一无是处。一位德国朋友告诉我：德国环保虽然做得好，但是德国的工业革命和上百年的内外战争毁坏了大量的森林，德国现在的很多森林，都是战后植树造林形成的，"从生物多样化的角度来看，我们是个非常差的国家，我们很多森林已不是原生态森林，连一条狼都没有。而中国现在还是世界上生物物种最丰富的国家之一。"我由此想到：我们要痛下决心，保护好我们的生物多样性，这就是保住了我们环境生态的根。生物多样性最终可能会给我们带来现在还无法预料的巨大收益。

我曾访问过哥斯达黎加，对此有一些感触。哥斯达黎加走过一段弯路。从 20 世纪 50 年代到 70 年代，政府鼓励砍伐热带雨林，建牧场养牛，因为美国快餐业迅速发展，哥斯达黎加牛肉出口到美国能赚大钱。但后来这里的人意识到，原始雨林的土层很薄，不适合农牧业，而保持热带雨林本身，就是保持了生物多样性，价值无限。我去了哥斯达黎加的热带雨林。热带雨林是可以看的，也是可以听的，给人的感觉真是奇妙，令人心醉。先是一股闷热的浪潮向你冲来，然后是各种各样奇妙的声音，鸟、虫、小动物的欢乐世界，还有色彩斑斓卉，使你一下子感到大自然的勃勃生机。划着小船，沿河而上，两岸的树千奇百怪，一些树倒挂在水中，像是根雕作品。突然，看到了远处简陋的小平房，还有一大批奶牛，平房烟囱还都冒着炊烟，这时候你突然感到人类生活已经靠大自然太近了，千万不要再靠近了，再靠近，这些热带雨林也可能很快就要消失了。

　　环境和生态问题相当程度上与我们的体制和发展模式有一定的关系。但解决环境污染问题，恐怕还是要靠我们的体制改革和创新，而不是推倒重来。我们模式中的具体做法可以调整，但我们模式背后的一些思想，如实事求是、以人为本、不断的试验、政府的作用等等，仍然可以继续指导我们的环保工作。例如，中国政府决定，为了节约能源，夏令时期空调不得低于某个度数，冬令时期不得高于某个度数，这种强势的规定对全国环保都有意义。我们常说干部的考核指标只看GDP，结果造成了以牺牲环境为代价的经济增长。那么，我们现在在干部考核项目中已经开始融入环保的内容，这就大大推动了我们的环保事业。也有人说如果我们能够像抓计划生育那样抓环保，一定能够解决中国的环保问题，这个观点不无道理。哥斯达黎加不富裕，但政府已经把"环保立国"定为国策。这个思路值得我们借鉴。我们能不能从一些省份开始试验"环保立省"？对那里干部的考核主要用绿色指数，而不是用GDP呢？

　　实际上，换一个角度看，推动环境保护、建设生态文明又何尝不是世界留给中国人的一个机会。美国在世界范围内软实力大幅下降，固然与其发动的愚蠢的伊拉克战争有关，但也与美国不愿意改变其个人自由至上与财富消费第一的生活方式有关。在欧洲，一谈到美国对能源的超级浪费和环境政策，人们只能摇头。但欧洲也有自己的大问题：虽然在环保意识和技术创新等许多方面，欧洲走在世界的前列，可是欧洲已是发达国家为主，人均温室气体排放量远远高于发展中国家，虽然北欧一些国家骑自行车已蔚然成风，但在多数南欧国家，每个家庭还是拥有或者渴望拥有两辆车。从这个角度看，历史似乎给了中国人一个机会：一个尚未完成现代化转型的中国能不能直接由目前的传统工业文明转向生态工业文明？这意味着我们必须努力实现生态保护和经济发展的双赢，必须告别美国和欧洲已经走过的工业化道路，必须拥抱一种更为健康、更为环保的生活方式。这对我们来说是严峻挑战，但也是难得的机遇。

首先，这样做对中国自己有利。我们的环境已经无法支撑高污染、高能耗、低效益的生产方式。中国人均资源少，生态环境已经高度脆弱，环境污染已危及国民的身心健康，危及社会的和谐稳定，危及我们子孙后代的福祉。潘岳先生说要算两笔账，很有道理：一是算一下按传统工业文明的道路走下去，我们还要付出多少经济、社会、政治、健康的代价？二是走循环经济、绿色生产和消费、可再生能源的生态工业文明的道路，这个转型成本有多少，风险有多少，好处有多少。这个账算清楚了，我们就可以更加义无反顾地推动生态文明。

这方面，考虑得最彻底的大概是以色列。以色列政府已经决定大力发展电动汽车和太阳能。据《金融时报》报道，以色列准备用太阳能发电站来供电，全国使用电动汽车，在全国建设5万个太阳能汽车电池充电站。以色列的佩雷斯总统说："太阳能是民主的，谁都可以用，取之不尽，用之不竭。几年内我们的石油进口可以减少一半，10年内可以完全不需要进口石油。世界上的两大问题：石油是最大的污染源，也是最大的恐怖主义的资助者（石油生产国几乎都是以色列的敌人）。"以色列约有 200 万辆机动车，以色列计划投资 50 亿美金，建设大型太阳能发电站来解决这些汽车的用电需求。这个计划是否能够最终实现，现在还难以定论。如果我们撇开以、阿冲突这个政治因素，客观地看待这个设想，就不得不承认这是一个大胆的、极具前瞻性的设想，值得我们借鉴。

第二，环保有丰富的文化内涵。环保意识反映了个人修养，也反映了一个民族的文化水准。一个人吃完水果把果皮扔进垃圾桶，而不是扔在马路上，就体现了这个人的文化素养。一个家庭耐心地把垃圾分开，装入不同的垃圾箱，这是一个家庭文化的提升。环保可以使我们民族形成一种更精致、更有品位的生活方式。现在欧洲已经很少有人穿裘皮大衣了，因为穿出去就等于违背了保护濒危野生动物的主流文化。现在在瑞典等国开始出现一种新文化：以开耗油的大车为耻辱，以开环保车，甚至骑自行车为时尚。法国的环保宣传比较柔性。每家都会收到使用煤气须知，告诉你暖气每降低一度，就可以为你自己节省多少钱，就可以为缓和全球变暖做出贡献。如果我们也能形成这种环保文化和时尚，那么对于我们这个似乎过于讲究物质生活的社会，也会是一种文化提升。在环保方面，我们应该也可以走到美国的前面去。如果我们能以环保为契机，推动有个性、有品位的环保生活方式，这将有助于改造我们现在崇尚奢华的社会风气、有助于提高我们全民族的文化修养和素质。我在智利访问的时候，一位当地的学者对我说了这么一段话："智利的国歌很美，里面有一句这样的歌词：'智利，纯净的蓝天，百花点缀的欢乐伊甸园'，但是很遗憾，如果全球气候再变暖下去，南极冰川将融化，我们的国歌歌词也要改成'无花点缀的失乐园'。"她又对我说："看到南极冰川的融化，你知道我是什么心情吗？就像你们看到万里长城塌陷了。"她这句话打动了我，我也希望我们国人也都有这种强烈的环保情怀。

第三，生态文明建设也可以成为有序政治改革的一个切入点、一块试验田。环保离不开民主参与，只有全民自觉地、广泛地参与，才能做好环保事业。环保也是一个需要政府和民间携手推进才能做成的事业。我们可以尝试在环保领域内推动公民的政治参与，落实依法治国，实行信息公开，推行民主决策和舆论监督，开展市民生活自我管理等。这种改革试验的风险较小，而成功的几率较大。这个过程中积累的经验教训对于整个国家今后的政治改革都会有启发和借鉴意义。

第四，环保也很有市场。现在国际社会已经形成共识，生态文明建设能推动传统产业的改造，也能催生很多新产业，创造新的经济增长点。例如，回收和利用旧钢铁就是一个产业，据报道，德国的废钢回收率已达80%，荷兰是78%，中国大约20%。可再生能源更是新兴产业，丹麦的风能发电已经占到了该国总发电量的20%。虽然现在太阳能、风能在世界能源总量中的比例还不到2%，但增长的速度很快，中国这方面不能落后。如果今后中国自己生产的环保节能车能占领中国的广大市场，并打入欧美市场，这本身就包含了无穷无尽的商机。

第五，生态文明建设也是对中国发展模式的又一次考验。作为现代化事业的后来者，我们应该比西方做得更好，应该能给世界带来一些新的惊喜。如果我们能把改革开放中积累的很多成功思想和实践，创造性地转用于生态文明建设，这不仅可以更好地推动我们的环保事业，而且可以带动中国政治、经济、文化、社会等方方面面的进步。中国模式和它所代表的价值观与软实力，也会对世界产生更大的影响。

为了中华民族的生存和发展，为了我们的世界更加和谐，也为了我们自己的碧水、蓝天、白云和好心情，我们应该抓住这个机遇，变被动为主动，义无反顾地走中国特色的生态文明之路，并最终以一个环保大国和强国的形象出现在世界舞台上。

## 七、与世界比较，中国打几分？

我前面已经说过，中国的发展道路也衍生出不少问题。如果不去积极地解决这些问题，中国可能会自己打败自己。但同样，如果我们自己乱了方寸，以为这些问题就意味着天要塌下来，国将不国，这也会自己打败自己。中国虽然存在不少问题，但中国还是处在 1949 年以来最好的时候，处在近 300 年来最好的时候。如果我们能够把中国放在国际范围内进行一些横向的比较，也许有助于我们更好地肯定自己的成绩，认识自己的问题，从而更上一层楼。

进行国际比较有各种各样的方法。学者大都喜欢各种民调和权威的数据，但自己走的地方越多，越觉得许多基于常识的判断同样能把问题说清楚，甚至更加清楚。这使我想起了英国《经济学人》杂志从 1986 年开始发表的"巨无霸价格指数"。全世界至今仍广泛采用人均 GDP（国内生产总值）来比较各国经济发展的水平，但《经济学人》说，比较是可以的，但这种比较所使用的方法值得商榷，因为它以官方汇率折算的币值来计算，很难反映一个国家货币的真实价值。于是《经济学人》建议：与其用官方汇率来比较，不妨先用各国麦当劳的"巨无霸"价格，来验证一下各国货币的实际购买力，然后再来进行对比。例如，2007 年上半年该杂志公布的"巨无霸价格指数"中，美国一个"巨无霸"的售价为 3.22 美元，在中国为 1.41 美元（按官方汇率折算），那么美国的 3.22 美元与中国的 1.41 美元价值相等，所以中国的人民币被整整低估了 56%。

从表面上看，这种评估方法似乎是一种调侃，但细细一想，"巨无霸"价格确实是一系列不同价格系数的综合反映（牛肉、面粉、食用油、奶酪、店员工资、店面的租赁等价格因素都要折算进去），麦当劳的店面又分布于 100 多个国家，所以这个"巨无霸价格指数"还经常被引用。

受此启发，我走访各国也观察一些现象，并把它们和中国的情况进行比较，然后打出自己的印象分。我也借用"指数"这个夸大的词来概括自己的总体印象，以便横向进行比较。这种打分当然纯属我个人的主观印象和一孔之见，仅供感兴趣的读者参考，决无强加于人的意思。这就像遇见一位生人，和他有些交谈和接触之后，你总能得出一些自己的印象。就我个人而言，走了这么多国家之后，我比较相信基于自己经验和知识积累所形成的判断。我这里选了 15 个国家的 7 个项目来打自己的主观印象分。最高为 5 分，最低为 1 分。这 7 个项目分别是：（一）闲人 （二）贫民窟 （三）书店 （四）军人 （五）计程车 （六）治安 （七）排队。

下面是我的初步结论：

### （一）闲人"指数"

"闲人"指街上无所事事的年轻人，这个"指数"大致可以反映出一个国家的就业和失业的状况，乃至一个民族的发展潜力。中国的大城市生活节奏很快，"闲人"少，好像人人都在忙着什么事儿。瑞士的失业率低，给人感觉人人都有事干。美国大城市的生活节奏很快，社会竞争激烈，但黑人区明显松散，闲人较多。印度的"闲人"出奇多，说明这个国家人口政策乏力，失业率高。法国、希腊失业人数不少，无所事事者也不少，特别是巴黎郊外的北非移民居住区。以下是我的比较结果：

5分：中国、瑞士

4分：美国、英国

3分：法国、以色列、巴西、阿根廷、越南、俄罗斯、土耳其、希腊

2分：埃及、印度

1分：肯尼亚

## （二）贫民窟"指数"

发展中国家大都有贫民窟，它不是指一般的陋宅，而是指成片的，甚至一眼望不到边的那种简陋窝棚，基本没有卫生和水电设施。发展中国家都有大量的农村人口涌入城市，由于付不起昂贵的房价，就在路边、河边、山坡上搭起了棚子，久而久之就形成了贫民窟。这些贫民窟居住环境之恶劣令人难以想像：窝棚一般用废旧铁皮和油毛毡搭成，到处是垃圾和尘土，开放的臭水沟充满各种秽物。印度的贫民窟是世界上规模最大的，其大城市甚至会有一半以上的居民住在贫民窟里。非洲的贫民窟是世界上最恐怖的，如果没有警察"护航"而

贸然进去的话，一定会被洗劫一空，进得去出不来。在发达国家，贫民窟已基本绝迹。中国通过 30 多年的改革开放，贫民窟、棚户区大量减少，这是中国改革开放的一个了不起的成就。贫民窟也能反映一个国家绝对贫困人口的多少。我的贫民窟印象如下：

5分：瑞士、英国、美国、法国、希腊

4分：中国、俄罗斯、阿根廷

3分：土耳其、以色列

2分：越南、巴西、埃及

1分：印度、肯尼亚

## （三）书店"指数"

到哪儿我都喜欢逛书店，书店可以折射出一个民族的文化素养。我比较注意观察书店的多少、书店的种类、书店的品位、书店里顾客的多寡。这方面发达国家总体上做得较好。特别是伦敦、巴黎和纽约的曼哈顿，除了有许多环境舒适、服务周全的大型书店外，还有大量的个性化书店、旧书店、专业书店、特色书店等。非洲国家的书店最可怜，数量少，门面小，顾客稀，里面一般只有一些中小学教材，还兼售文具用品；这些国家也有少量专门为当地白人开的书店，都是从欧洲进口的书籍，当地人消费不起。如何提高人民的教育和文化水准是非洲发展面临的一个艰巨挑战。没有这种进步，非洲复兴恐难实现。中国的书店进步很快，特别是北京、上海、深圳等大城市都有许多大型书店和特色书店，可以打 4 分，但总体上，我们以人文、文学、艺术为主的书店还不够多，个性化的书店和特色服务还有待发展。新兴经济国家书店的共同特征是实用书籍为主，中国大部分的书店也是如此，高考试题、电脑技术、股票交易之类的书籍占了半壁江山。这大概也反映了新兴经济国家的特点，大部分人都忙于学习技能，都在"充电"以求改变自己的现状。但随着经济的发展，生活水平的提高，人们的文化和精神追求会越来越丰富，对不同书籍和书店的要求也会越来越多。我们书店的人气世界最旺，说明我们国家在向上走，一个热爱书籍的民族总是有希望的。我对书店"指数"打分如下：

5分：英国、美国、法国

4分：瑞士、希腊、阿根廷、以色列

3分：中国、俄罗斯、土耳其、巴西

2分：越南、埃及、印度

1分：肯尼亚

### （四）军人"指数"

我喜欢观察军人，无论是看一个国家的三军仪仗队表演，还是看街上军人的军容风纪。我总觉得军人的一举一动，可以体现出一个民族的某些特性，甚至是一种民族精神。军容风纪严格的军队，给人感觉有战斗力。松松垮垮的军人，总容易使人联想到不堪一击的溃军。比方说，土耳其军人一举一动，给人感觉有模有样。希腊军人举止看上去比较松散，卷着衣袖抽烟的我也看到过。这两个历史上的宿敌如果交战的话，我估计希腊军队要败下阵来。2007年夏天，希腊遇到数十年罕见的森林大火，军队却迟迟出动不了，大概印证了我的印象。

以色列的军人看上去比土耳其军人要随意一些，而且女兵很多，成了以军的一道独特风景线。以军个人素质相当优秀，我曾和以军一些青年军官交谈过，他们都能说一些英语，而且很懂专业技术，但交谈中又感到他们对周边阿拉伯国家的军队不屑一顾，似乎轻敌。我也见过不少在使馆前站岗的埃及士兵，一会儿向人要香烟，一会儿向人要饮料。埃以如果发生战争，埃及要胜，恐怕不易。

我曾随一个中国代表团访问过位于夏威夷的美军太平洋总部，也走访过美军陆军工程兵部队，见到许多专业非常娴熟的美军军人。我也曾在莫斯科红场看过俄罗斯军人换岗，很专业，很帅气，但也在公共汽车上看过略带醉意的俄军军官，感觉俄军的军纪有些涣散。中国军人总能给人留下深刻的印象。我认识的外国人中对中国军队赞扬最多的是美国已故知名作家索尔兹伯里（Harrison Salisbury），他1984年曾沿着红军长征路走了一遍，写了本《长征：前所未闻的故事》，成为中国当年的畅销书。后来他访问中国，我陪了他一个多月，他多次对我说：中国军队的素质是世界上最好的之一。我们的军人军纪严格，训练有素。每次电视里看到解放军出动抗灾救灾，总很感动。我在日内瓦经常听到非政府组织对联合国维和部队的批评，因为维和部队来自世界各地，素质良莠不齐，但对中国的维和部队，听到的都是赞誉。过去并不完全理解"人民军队"的准确含义，后来到第三世界国家走多了，才知道许多穷国国库空空，军饷无几，又没有政治教育，结果军队的纪律涣散，坑害人民，百姓怨声沸腾。下面是我对15国军人的印象：

5分：中国、英国、美国、土耳其

4分：俄罗斯、法国、以色列、瑞士、越南

3分：希腊、印度、巴西、阿根廷

2分：埃及

1分：肯尼亚

### （五）计程车"指数"

到哪里访问总要坐计程车，所以观察计程车的服务和管理水准成了我的一个爱好。我甚至觉得计程车的服务和管理某种程度上可以反映出一个地方的治理水平，包括政府的治理能力、公司的管理能力、腐败程度等等，也可以体验一个地方的民风民俗。坐计程车，可观察的东西很多：计程车的车况，司机的素质，服务规范与否，是否配有计价器，有了计价器是否使用，司机是否宰人，如何宰人，等等。总之，细细观察可以体会出很多名堂。发展中国家计程车的一个特点是"黑车"多，你一出机场，就会有很多人拉你坐他的车，说明这些地方无序文化还占主流。美国计程车司机座位背后都贴有"乘客权利宪章"，你一看就知道这是一个官司过多、律师过剩的法治国家。如果你忘了给美国司机小费，司机会把车门重重地一关，算是抗议，那一瞬间你就意识到了这里毕竟是资本主义的大本营啊，小费对司机的收入太重要了。在印度这样的国家，计程车上倒是有计价器，但很少使用，司机张口给你个价，你说要用计价器，他就问你要空调费、行李费等等，反正怎么都要敲你一笔。这很像印度的政治现实，名义上有完备的法律制度，但大家总能找出一万个理由不遵守。非洲一些国家的计程车有点不敢坐，除了车况恐怖外，还出现过很多"黑车"抢劫的事情。

在街上可以随手招到出租车的地方，一定是充满竞争和活力的国家，如中国和越南。凡是出租车需电话预约的地方，一定是竞争受到限制、社会福利颇多的国家，如很多欧洲国家。前类国家注重消费者的方便和权利，后类国家注重保护司机的权益，究竟谁更好，就看你站在谁的角度了。在哈萨克斯坦这样的国家，马路上任何车都可以当出租，只要你一招手，就有车停下来，然后双方谈个价就上路了。这说明这些地方市场经济还不发达，但也说明民情比较纯朴，人与人之间信任度颇高。中国大城市中，我感觉上海的计程车服务和管理，到目前为止，大概是国内最规范的。如果把上海单独列出来，可以打4分，中国的计程车总体水平在世界上大概位于中间的水平：明显好于一般的发展中国家，但仍不如发达国家规范。以下是我的计程车印象分：

5分：瑞士、英国

4分：美国、法国、希腊

3分：中国、土耳其、以色列、巴西、阿根廷

2分：越南、埃及、印度、俄罗斯

1分：肯尼亚

## （六）治安"指数"

看一个地方治安好坏，我采用一个最简单的方法，那就是看你晚上能否在大街上安全地散步。中国绝大多数地方都有一种安全感，大城市里女孩子晚上一个人散步基本不成问题。坦率地说，在世界上大多数国家里，这是一种奢侈，希望国人好好珍惜。美国把自己的

制度吹得天花乱坠，但美国的社会治安是发达国家中最糟糕的，真不知道美国还有哪个大城市的居民晚上可以自由自在地在大街上散步（除了警力重点把守的个别地段外）。2010 年，美国有线电视新闻网（CNN）列出了全球治安最差的十个城市，美国占了两个。这十个城市分别是伊拉克巴格达，委内瑞拉加拉加斯，巴基斯坦卡拉奇，美国底特律，美国新奥尔良，墨西哥华雷士，南非开普敦，以及俄罗斯莫斯科等。法国等西方国家大城市的社会治安明显走下坡，但整个国家的治安状况总体上还过得去。埃及最近的所谓"阿拉伯之春"发生后，社会治安状况急剧恶化。巴西社会的贫富差距太大，而且人口大都集中在城市，所以社会治安一直是巴西最大的社会问题之一。非洲国家的犯罪率奇高，一位南非朋友对我说，他访问上海感触最深的就是一场晚宴后，女孩子可以随意挥手叫一辆出租车回家，他说这在南非等于是"自杀"，"别说女孩子，男人也不敢"。以下是我走访各国的治安印象分：

5 分：中国、瑞士、土耳其

4 分：以色列、越南、英国、法国

3 分：美国、俄罗斯、印度、希腊、阿根廷

2 分：巴西、埃及

1 分：肯尼亚

## （七）排队"指数"

排队算是一种基本文明，体现了一个民族的修养和一种做事讲规矩的文化。应该说在大多数国家里，排队已成为内化了的普通习

俗。西方国家中，德国人和英国人排队是最认真的，先来后到，清清
楚楚，哪怕只有两个人也会排队。法国人排队也不差，只是看上去更
加随意一点，但即使大家看似随便站着或坐着，每个人都清楚地知道
谁在自己前面，决不会抢在别人前面办事。我印象中排队较差的是印
度人和我们中国人，哪怕只有三五个人，也往往争先恐后。即使排队
了，人与人往往也靠得很近，生怕别人插进来，也不容易优雅起来。
什么原因造成了这个问题？大概是由于历史上人口的压力，长期资源
相对紧缺，争先恐后的心态就慢慢地内化了，再加上市民文化教育不
足，问题就越发严重了。近年来，北京、上海等大城市里的排队状况
有明显进步，但我们还需进一步努力。以下是我的排队指数：

5分：英国、瑞士、美国、法国、希腊

4分：俄罗斯、阿根廷、以色列

3分：土耳其、巴西

2分：中国、越南、埃及、肯尼亚

1分：印度

归纳一下，我的7个横向比较项目中，中国得分如下：

军人：5分

治安：5分

闲人：5分

贫民窟：4分

计程车：3分

书店：3 分

排队：2 分

我由此而产生了这么几点感想：

第一，在今天这个世界上，没有强大的国防，就等于一个民族没有自己的脊梁。没有强大的国防，香港收不回来，西藏会分裂出去，台湾也会独立，超级大国更可以用任何借口刁难和讹诈你，就像入侵伊拉克那样，大军开进，宛如进入无人之地。"人权"、"民主"的口号背后都有强权的影子。1840 年鸦片战争之后的一个世纪里，西方上千个不平等条约把中国人压得喘不过气来。当时在英、法这样的国家，日本可以设大使馆，中国只能设公使馆。甚至到了 1945 年，中国以数千万生命换来了抗日战争的胜利，英国首相丘吉尔和其他西方领导人交谈时，提到中国还是用那种不屑一顾的种族主义语言。但当中国人民解放军于 1949 年 4 月 20 日向进犯中国内河的英国护卫舰"紫英号"猛烈开炮的一刹那间，中国的历史改写了，之后的朝鲜战争更是奠定了中国作为世界政治大国的地位。中国军队和世界上主要国家的军队都交过手，创造了辉煌的战绩。一个发展中国家的军队，如此出众，世界上极为少见。2008 年中国军队在抗震救灾中的表现再次赢得了世界的尊敬。

第二，邓小平多次说过，如果说他有什么专业，那就是军事。作为一个指挥过千军万马的领导人，他了解为什么我们的军队能打仗，他从中国军队的崛起中看到了我们民族有自立于世界民族之林的能力。这种能力使他、也使得我们国人对自己民族的崛起拥有了更多的自信心。今天这个世界上，很多第三世界国家缺少的就是这种自信心。没有了自信心，也就没有了自己独立思考和行动的能力，结果往往是只能接受别人的话语，听别人的指挥，照搬别人的模式，最后落得个凄凄惨惨。还有一些国家干脆把一切希望都寄托在别人的施舍上，结果成了扶不起的阿斗。对于一个经济落后的国家，如果没有民族自信心，那是发展不起来的。

第三，我们的社会治安状况总体比较好，体现了国家治理的巨大成绩，对于中国这样一个处于社会大转型时期的国家尤其不易。社会治安比较好也和我们的文化传承有一定的关系。我老讲这个例子：汶川地震2千万人受到影响，但没有出现大的恶性案件，而美国2005年新奥尔良市一个卡特里娜飓风灾害，就出现了成百上千起恶性犯罪案件。我们的社会虽然也存有各种各样的问题，但总体上民风淳朴，民心平和，这是我们文明的基本面，也是我们文化和道德建设的最宝贵资源。

第四，我们是个人口大国，但无所事事的人相对比较少，这说明了我们经济的发展带动了就业，说明我们人民有自强不息、发愤图强的传统，这是我们民族的希望所在。我们的棚户区大量减少，说明了我们在消灭贫困方面的成绩，也说明了人民居住条件的巨大改善。当然，这方面我们还有不少问题，有待认真解决。我们计程车管理与服务的水准，总体上高于一般发展中国家，也高于俄罗斯、乌克兰这样的过渡经济国家，但仍低于发达国家，这说明我们的工作还有改进的巨大空间。

第五，我们的书店处在世界的中游水平，这不太符合中国历史悠久的文化大国的地位。随着经济的发展，人民生活水准的提高，人们对文化生活的要求已经水涨船高。我们必须加大文化建设的力度，并可考虑在适当的时候提出"文化立国"的概念，指导我们的文化建设和软实力发展。不久前，中国政府明确提出了大力推动文化产业的发展，建设文化强国的宏伟目标，这十分令人鼓舞。

第六，我们的排队之差，令人汗颜。中华民族有很多优点，如吃苦耐劳、勤俭节约、自强不息等等，但和所有民族一样，我们也有自己的短处。比如，我们的市民文化基础非常薄弱。市民文化意味着大家讲礼貌、讲风度，讲君子之道，讲温良恭俭让。市民文化和公民文化相通，在政治生活中，市民文化就表现为公民文化，讲理性、讲宽容、讲法治、讲尊重不同意见。不排队不只是一种不良的习惯，它也折射出了我们文化中的某种无序状况：大庭广众下的喧哗和吵架、网上的人格侮辱和语言暴力，不少学者的文章也严重地缺乏理性。印度排队差，所以印度民主质量也低，政府拖拖拉拉，毫无效率可言，发展方面也远远落后于中国。我由此而想到中国的民主建设。我们的民主建设一定要从中国社会无序文化仍然较为严重这个现实出发，来进行设计和推动。

当然，这方面中国也会赶上来的。记得有人曾这样评论中国的成绩和问题：在硬件方面，你可以把西方二三百年的成就压缩到 50 年里完成，但在软件方面，则不可能这么快。这是一句公道话，但我们要抓紧。市民文化提高了，人更容易心情舒畅，社会更容易温馨和谐。我们还有中华文化的深厚底蕴，一旦激活，就会成为人心向善的巨大动力，这在 2008 年抗震救灾中得到了充分的体现：我们的人民展现出了那么多令世人感动的公德和善举。北京为了迎接奥运会，针对国人不排队等陋习，展开了一系列扎扎实实的纠正行动，并一直延续至今，这是值得称道的，也是实事求是的。我希望我们全社会都能行动起来，激活我们民族温良恭俭让的传统，纠正我们自己的陋习；只要持之以恒，一定会有成效，最终我们的国家一定能以一种文明、和谐、理性、民主的形象屹立于世界民族之林。

我也希望在我们推动市民文化和和谐社会的建设过程中，不妨采用打分这种方法来进行一些横向比较。可以考虑建立一批比较有公信力的民调机构，对我们各个地方、各个部门的表现，让公众来打打印象分，然后进行横向比较，这也是一种市民监督和民主建设。比方说，哪个城市排队状况最好？哪个城市市民待人最友善？哪个地方的人最有教养？哪个地方最尊重残疾人？哪个地方公共设施最完善？哪个地方的政府办事最有效率？哪个地方的腐败最严重？每年公布一些印象排行榜。这样可以激励各个地方的干部和市民更多地关心本地区、本部门的集体形象，学人之长，补己之短，持之以恒地这样做，我们的社会一定会变得更加温馨、和谐、文明。

第六章

# 软实力，更触动世界

　　中国模式的相对成功带来的不仅是中国的崛起，而且是一种新的思维和新的话语，一种现有的西方理论和话语还无法诠释的新认知。有人说，中国已经解决了"挨打"的问题，现在要解决"挨骂"的问题。其实，西方对中国的"骂"，背后透露出的是对中国政治软实力崛起的担忧，因为中国话语有可能成为终结西方话语霸权的重要力量。如果说世界已进入了"后美国时代"，那么世界实际上也已进入了"后美国话语时代"，在这个时代里，中国话语的分量举足轻重，好戏还在后头。

实际上，只要走出欧洲和北美，到处都有中国模式给人带来的触动：几乎中国周边所有的发展中国家和经济转型国家，都在研究和学习中国的经验，非洲很多国家和古巴等拉美国家也在关注中国的经验，西方有识之士也开始认真研究中国的政治软实力。中国的政治软实力是中国成功崛起的关键。我前面已经提到，中国的软实力不能仅仅是太极拳、中华美食、写意画、书法、孔子学院等等，同样重要的，甚至更重要的是中国话语、政治价值观、治理模式等等，而且这种软实力，不仅对于解决中国的问题，而且对于解决世界的问题都要有一定的影响力。中国模式的相对成功带来的不仅是中国的崛起，而且是一种新的思维、新的话语、新的范式变化、一种现有的西方理论和话语还无法诠释的新认知。有人说，中国已经解决了"挨打"的问题，现在要解决"挨骂"的问题。实际上，西方对中国的"骂"，背后透露出的是对中国软实力崛起的担心和疑虑，因为随着中国的软、硬实力的崛起，中国话语有可能成为终结西方话语霸权的重要力量。如果说世界已进入了"后美国时代"，那么世界实际上也已进入了"后美国话语时代"，在这个时代里，中国话语将具有举足轻重的分量。作为中国软实力的重要的组成部分，中国话语至少包括以下内容：

## 一、实事求是

1985 年 9 月加纳国家元首罗林斯先生来中国访问，想了解和学习中国改革开放的经验。9 月 18 日上午，邓小平在人民大会堂福建厅会见了他，我担任翻译。那段时间邓公的心情很好，他最关心的几桩大事都处理得比较顺利：农村改革非常成功，特区建设有新的突破，城市改革起步不差。邓小平告诉罗林斯："我们正在探索一条适合中国实际情况的发展道路。看来我们的路子走对了。"邓小平讲这番话时，我感觉他好像松了一口气。在这么大的一个国家里，探索一种前人从未走过的路，经过7年的艰辛探索，现在指导这个实验的最高领导人说"看来我们的路子走对了"，走出了一条既不沿袭苏联模式，也不照搬西方模式的中国式发展道路。这很像一个老师给自己指导的实验打分：结果不错。

当罗林斯当面恳请邓小平谈谈中国改革开放的经验时，邓小平说："如果说中国有什么适用的经验，恐怕就是实事求是，也就是说，按照自己国家的实际情况来制定自己的政策和计划。"邓小平还进一步解释，"在前进的过程中要及时总结经验。好的坚持、贯彻下去，不好的，不大对头的，就及时纠正。"然后吸了口烟，补充道，"恐怕这一经验比较普遍适用。"

罗林斯告诉邓小平，他还要去厦门访问，邓小平很高兴地说："那是我们的特区，有一些成绩，可以看看，但不要照搬我们的经验。"确实，邓小平对特区建设的关注，很能体现他倡导的那种"实事求是"的精神。早在1984年1月，邓小平就专门去深圳特区视察，他一开始就和当地领导打招呼："我暂不发表意见，主要是看和听。"当时国内对于特区"姓社"还是"姓资"很有争议。果真，邓在视察过程中很少发表评论，而且没有为深圳题词，几天后，邓小平抵达广州，对自己在深圳的所见所闻进行了思考，然后他才为深圳题词："深圳的发展和经验证明：我们建立经济特区的政策是正确的。"访问深圳后邓又去视察厦门特区，他还是以看和听为主，离开厦门后才题词："把经济特区办得更快些、更好些。"并一言九鼎地说，"我们建立经济特区，实行开放政策，有个指导思想要明确，就是不是收，而是放。"

后来我陪罗林斯去厦门特区访问，他一路兴致盎然，说中国的不少做法对加纳有启发，他还对福建省的领导说："西方人总是给你规定一个模式，只能照搬，但你们的邓小平说，千万不要照搬我们的模式，而是要实事求是。有几千年文明的国家才能讲出这样的话，这是一种西方远远不及的智慧。"我后来去加纳访问过两次，对罗林斯访华后根据自己国情推动的改革有一些感性认识，这些改革增加了加纳经济的活力。

回忆这些往事无非想说明一点：中国改革开放的初步成功，其指导思想的核心就是"实事求是"的理念，而且这个理念的意义超出中国的国界。"实事求是"是个很中国的概念，最早见《汉书·河间献王传》："修学好古，实事求是。"指的是一种做学问的诚实态度，后来明清之际兴起的"实学"又把它解释为通过对事物本身的探索来发现规律和法则，英文翻译成 seek truth from facts（从事实中寻找真理），应该说是比较到位的。后来毛泽东主席又把它上升为指导中国革命走向胜利的思想精髓。1978 年，邓小平把这个概念再次提出，认为毛泽东主席晚年的错误就是因为他违背了自己提出的这个理念，邓小平还把"解放思想、实事求是"正式确立为中国改革开放的指导思想。

由于有了这么一个"实事求是"的价值观，在过去的 30 年中，中国成了世界上意识形态偏见最少的国家之一，这使得中国可以以罕见的勇气、广泛地借鉴别人在现代化建设过程中的经验，大大地推动了中国方方面面的发展。从经济特区的建设到市场经济的形成，从企业管理到政府运作，从保险业到股票市场，从科技研发到商业物流，可以说在我们所有的行业，所有的领域，所有的部门，都大胆借鉴了其他国家的好经验、好方法。

这个概念给中国人带来了一种奔向现代化的觉醒，很像欧洲经历过的启蒙运动，中国人也经历了一个从"文革"时相信神到相信实践和理性的过程，中国的"实事求是"与欧洲启蒙运动提倡的"理性至上"有共通之处，这就是双方都摆脱了僵化的意识形态束缚，突出了人的理性精神，并且都推动了各自划时代的工业革命。但两者也有不同之处："实事求是"毕竟是中国古老文化与现代文明互动的产物，摆脱了过去西方理性主义所包含的种族主义和惟我独尊等历史局限，强调了一切理性活动需要由社会实践的结果来检验，而检验的标准就是：有利于人民的整体利益。

西方的理性主义，在创造了伟大工业文明的同时，也曾带来过种族主义、殖民主义等恶果。中国的实践表明，与西方大国在其理性主义指导下的崛起不一样，在"实事求是"指导下的中国崛起，没有给世界带来战争，而是带来了更多的和平和发展机遇。

实际上，中国今天是真正坚持了古希腊哲学家苏格拉底所提倡的怀疑精神与理性主义，不断地反省和批判未经中国自己实践检验过的概念和信仰，不断地探索和寻求解决中国问题和世界问题的新思路。相比之下，我觉得西方则故步自封甚至思想僵化了。比方说，西方总认为在发展模式方面，他们已经穷尽了真理，福山的"历史终结论"，代表的就是这种观点。而实际上，世界文化之丰富、历史之凝重、文明之精彩，真理和各种发展模式的探索正未有穷期。从哲学视角来看，"实事求是"的理念比"历史终结论"不知高明多少倍。

　　中国人有谦虚好学的美德，"三人行必有我师"的思想影响了一代又一代人，建立学习型社会是我们今天的口号，这些都很好，可以使中国永远力争上游，永远立于不败之地。在这个世界上走的地方多了，经常看到一些无知、偏见，甚至傲慢，有时也忍不住要谈谈中国人的智慧，而"实事求是"就是这样的智慧。我想，如果当初美国的布什政府有那么一点中国人的"实事求是"精神，就不会犯入侵伊拉克，推动中东美式民主化的大错。多少人在布什发动入侵伊拉克战争之前，就告诫美国政府，美国可以推翻萨达姆政权，但治理不了这个由什叶派穆斯林、逊尼派穆斯林和库尔德人组成的非民族国家，但美国听不进去。我走过十来个中东国家，包括以色列和它周边接壤的所有国家，深感中东问题的繁难和棘手，因为其冲突源于民族、政治、宗教、文化、语言、经济等错综复杂的矛盾，哪是天真的美国人靠"民主化"一句口号就可以解决的。

　　其实，如果美国喜欢，它尽可以继续推动其"中东民主化"计划，但结果一定很滑稽：巴勒斯坦已经选出了一个令美国头疼的哈马斯政府，埃及也会选出同样令美国头疼的"穆斯林兄弟会"执政。现在一些西方人欢呼所谓的"阿拉伯之春"，而我估计"阿拉伯之春"不久就会变成"阿拉伯之冬"，西方自己的利益可能受害更大。

　　同样，如果俄罗斯领导人当初有那么一点中国人的"实事求是"精神，就不会采用美国人帮它设计的"休克疗法"，而且不经过小规模的实验，就在整个国家推行这种激进的转变，结果加速了经济的崩溃。至今普京的助手还在感叹当初为什么没有学一点中国人的智慧。同样，如果我们一些亚洲邻邦当初也能有那么一点"实事求是"精神，就不会在条件远未成熟时就轻信美国的建议，贸然全面开放自己的资本市场，结果一场亚洲金融危机导致这些国家的经济崩溃，发展倒退了 20 年。

实际上智慧是不分国界的。我这里也可以做一个不完全恰当的比较：中国这种实践第一的观点似乎比较接近英国政治变革中的经验主义。经验主义也是一种智慧。历史上英国的工业革命和法国大革命都发生在 18 世纪下半叶，被称为"双元革命"。我们国内长期的教育中，对法国大革命总是赞扬得多。这种激进的疾风暴雨般的革命也影响了中国，从"文革"中我们看到了法国大革命的影响，要在人的灵魂深处闹革命，要按照一个崇高的理想，去改造一个社会的政治和文化形态。但在西方，许多思想家对法国政治变革模式持更为谨慎的态度，很多人认为其代价太大。甚至有史学家认为正是英国 18 世纪工业革命的成功，使英国经济远远领先法国和世界其他国家，从而使英国避免了法国血风腥雨的革命。

法国的理想主义道路，现在看来代价确实过高。1789 年法国大革命之后，先是 20 多年的拿破仑战争，后是 30 年衰退期，然后是 1848 年革命，后来又有 1870 年普法战争，法国战败。法国的政治制度一直比较动荡，到了 1946 年第四共和国还没有稳定，一直到了 1962 年的第五共和国时期，确立了总统制，国家政体才真正稳定下来。但法国经验中有一点值得中国注意，那就是坚持自己的政治和文化特色。他们认为英美文化总是强调弱政府，但法国人从不讳言：弱政府不是我们的传统，我们的传统是强政府。

中国经历了"文革"，经历了从 1840 年鸦片战争以来的无休止的战乱和动荡，最后在邓小平"解放思想、实事求是"思想的指导下，从 1979 年开始了持续至今的改革开放，这也是中国的工业革命。从某种意义上说，正是因为这场革命的成功，使我们避免前苏联经历的那种"休克革命"，并通过自己的工业革命使人民生活大为改善、使中国现代化事业顺利起飞，并形成了国人对"实事求是"和渐进改革的共识。我们在现代化的进程中还有不少问题，今后也会遇到新的挑战，但正如邓小平所说，"在前进的过程中要及时总结经验。好的坚持，贯彻下去，不好的，不大对头的，就及时纠正"。只要这样，我们可以逐步解决我们现代化进程中出现的各种问题。

我曾在伦敦参观过丘吉尔纪念馆，讲解员对我说，丘吉尔对国际关系理论做出了重要的贡献，因为他和美国的罗斯福总统起草了《大西洋宪章》，只有一页纸，但却影响了战后整个国际关系的演变。我告诉他还有一位中国人，叫邓小平，他只用了四个字就改变了13亿人的中国，并正在影响和改变整个世界的格局，这四个字就是："实事求是"。随着中国的进一步崛起，作为中国现代化指导思想的"实事求是"理念也会逐渐为外部世界所理解和接受，成为中国政治软实力的重要组成部分，为解决全人类面临的各种挑战提供一种新的思想来源。

## 二、和谐中道

"和谐中道"是中国文化的一个概念。早在儒家文明创生之前的《周易》，就提出了"中道"的思想，一般认为，"和谐"概念由"中道"衍生而来。"和谐中道"不是消极的妥协，也不是被动的中间道路，而是寻求积极的对立平衡，有原则地求大同、存小异。在过去30

年的改革开放中，这种精神得到了真正体现。邓小平改革开放思想的一个重要特征就是既反"左"，亦防"右"，走一条积极稳健的中间道路，确保中国不再走极端，不再走任何激进的路线，从而使国家能够在一个比较稳定有序的政治环境中实现国家和社会的现代化。

经过 30 年的改革开放，我们的方方面面都取得了巨大的进步，但同时也出现了许多不和谐的因素。我们的文化传统历来讲究和谐文化，特别是人与人的和谐，人内心深处的和谐，人与自然的和谐，但随着市场经济的迅速发展和社会巨变，这三个方面都出现了不和谐，人与人之间的互信少了，人的内心冲突多了，人对自然的破坏大了。现在提出建设"和谐社会"的口号，某种意义上就是呼唤回归传统，在一个新的基础上，重建这三种和谐。当一个社会经历翻天覆地的经济和社会变革的时候，出现不和谐现象恐怕在所难免，其他国家工业革命的时期也经历过类似的问题。但是如何在社会发展的一个更高层次上建设和谐社会对我们是一个全新的挑战。

但是中国有着"和谐中道"的深厚文化传统，这为我们回归和谐提供了宝贵的文化资源。一个中国人，只要懂中文，能读能写，"和谐"、"中道"、"与人为善"这些文化因子就会永远溶化在他的血液中。这种文化底蕴主要体现在两个方面，一是我们的社会普遍渴望和谐，这是一种庞大的社会"需求"。今天的国学热、中国文化热、慈善事业热、回归自然热，实际上折射出了我们人民渴望人与人之间的和谐，渴望人内心的和谐，渴望人与自然的和谐。二是这种文化底蕴，一旦被激活，就会成为我们民族走向和谐的巨大精神力量。汶川抗震救灾就一下子激活了蕴藏在中国人内心深处的这种文化底蕴，我们的人民展现了跨越职业、地位、收入的大善、大爱和血浓于水的中国亲情。这是一种伟大精神的"供应"。有需求，有供应，"供""需"相呼应，共同构成了中国社会走向和谐的精神动力，这种动力使我们今天可以有信心在物质文明飞速发展的同时，重新找回中国人的心灵家园，最终使我们的社会变得更加和谐、人道和温馨。

中国社会需要和谐，国际社会也需要和谐。随着全球化的发展，全球治理的问题日益增多，从反恐到全球变暖、从环境治理到消除贫困、从防止流行性疾病到国际金融体制改革等等，都需要世界各国通过协商来妥善处理。但我们这个世界上总有那么一些国家，一定要按照自己的意志来改造其他国家，否则自己就坐立不安、夜不能寐。西方冷战后流行两种理论，一个叫做"民主和平论"，认为民主国家之间不打仗，所以只要建立西方民主制度，世界就太平了。另一种叫做"历史终结论"，认为世界发展到了西方的自由民主体制阶段，就是人类历史的终结，剩下的就是西方引领世界各国走西方之路。

在这两种理论影响下，美国推行着所谓的"价值观外交"，弄得世界很不和谐。美国先是不顾国际社会的谴责，入侵伊拉克，然后又在格鲁吉亚、乌克兰和吉尔吉斯斯坦推行所谓的"颜色革命"，还在整个第三世界推动美式民主化和自由化，但效果不佳。伊拉克乱成一团，成了美国反恐失控的心头之痛；格鲁吉亚的政治乱局尚未结束。乌克兰和吉尔吉斯斯坦我都访问过：乌克兰选举情况表明，亲俄罗斯的人和亲西方的人势力旗鼓相当，结果纷争不断，国无宁日，整个社会无法和谐。吉尔吉斯斯坦也是很快陷入了无休止的党争，社会整合乏力，经济停滞不前，整体发展水平远远落后于我们的新疆地区。至于西方在发展中国家推动的"价值观外交"，更是导致了很多国家政局动荡，种族和民族冲突激化，民生更加艰难。美国在世界上的声誉也从来没有像现在这么糟糕。

我有时也思考这个问题：为什么在对外政策上，美国就绝对不愿意推动国与国之间的和谐呢？我前后去过美国不下十次，而且大都是从欧洲出发去的，得到这么一种感觉：美国与欧洲的一个很大差别就是宗教势力的影响更大。特别是"9·11"以后，美国的宗教情绪越来越浓，礼拜天教堂人满为患，由此而产生的就是一种更加强化了的美国"传教士精神"，认定美国是上帝的"特选之国"，而且是"惟我正统，别人都是异教"。加上前面说的"民主和平论"和"历史终结论"，这一切终于导致了美国把民主也宗教化，力求在全世界传播美式民主的"福音"。只要这个超级大国的这种心态不变，世界和谐恐难实现。

但是综观人类历史，"惟我正统，别人都是异教"的思维方式曾经导致了欧洲上千年的宗教和其他战争，几乎摧毁了欧洲文明。欧洲人总算从中汲取了一些教训，但很多欧洲人至今还是不愿意放弃所谓的"颜色革命"。美国则似乎还没有汲取多少教训。其实，任何一种宗教和理论，包括民主模式，一旦走向惟一和极端，就容易变成原教旨主义，如果还要把它强加给另外一个民族，就最容易引起反感和反抗，因为它往往损害了一个民族的集体尊严，特别是如果这个民族曾经经历过西方的欺辱，对西方有某种不甚愉快的屈辱记忆的话。

我们与人为善、"和谐世界"的理念和实践已经为中国赢得了更多的朋友和声誉。近年一系列国际民意调查都表明，中国的国际形象好于美国，英国广播公司2005年上半年就中国、美国和俄国在世界上的作用问题，在22个国家进行了民意调查，肯定中国在世界上发挥积极作用的为48%，而肯定美国的只有38%，肯定俄罗斯的只有36%。同一年美国大型民调机构皮尤中心在欧洲调查欧洲人对中国和美国的印象，结果包括英国、法国、德国、西班牙、荷兰在内的欧洲主要国家里，人们对中国的印象均好于对美国的印象。对于一个如此迅速崛起的国家，大部分国家不感到是威胁，反而觉得是好事，这已不易。在某种意义上，这也是对中国软实力的肯定。当然，我们一定要头脑清醒，因为民调结果由于种种原因会经常变化，2008年西方媒体歪曲报道西藏事件后，西方关于中国民调的结果就出现了变化。美国近年来挑拨中国和周边邻国的关系也使这些国家的民调出现了一些变化。所以我们还是要继续不断地壮大自己的硬实力和软实力，我们无须为国际上民调结果的起伏所左右，而应该谋长远，笑在最后，才笑得最好。

"和谐世界"既是一种世界观，也是一种方法沦。我们在和西方交往的时候，可以据此而指出他们极端主义倾向的不智。比方说，西方要在第三世界推动民主，我们就可以好言相劝，你这个方法太极端了，效果不会好，说不定还会搬起石头砸自己的脚。如果你真的关心人家的民主，建议你分三步走，先帮人家发展经济和教育，再帮人家建设市民文化和法治社会，最后人家产生了对你们这种民主制度的内在需求，你再帮助别人，也不迟么。要人家一步到位，怎么可能？你自己民主化的历史就是这样一路走来的。你要让别人向你学习，最好让人家采用中国提倡的"和谐中道"的方法来学，其结果一定比你们现在的方法好。实际上，在西方moderation（温和）也是一个褒义的概念，和我们的"中道"观念相通，只是他们一旦自我感觉好，就忘了这些，我们可以提醒他们。最终也只有当中国、西方和世界各国都携起手来，取长补短，真诚合作，才能共同对付整个人类面临的各种严峻挑战，建设一个较为和谐的世界。

## 三、消除贫困应该成为普世价值

在约翰内斯堡召开的一次国际会议上，一位非洲外交官给我讲了个笑话：联合国开会讨论如何在世界各国消除贫困，结果无法达成共识，会议无果而终。记者问会议主席为什么是这种结局？会议主席双手一摊，遗憾地说："这是因为美国人不理解'世界各国'这个概念、欧洲人不理解'消除贫困'这个概念。"这个夸张了的故事在某种程度上反映了发展中国家对西方在解决世界贫困问题上无所作为的看法：美国奉行单边主义，惟我独尊，意识形态挂帅，到处推销和输出自己的政治模式，而对解决世界贫困问题没有足够的热情。倒是微软公司的比尔·盖茨看得更远，他重金行善，从印度的贫民窟到非洲的难民营，都留下了他的足迹，这也改善了微软的国际竞争环境。我想如果美国政府能从比尔·盖茨的行善中悟出点道理，也许会认识到如果美国从自己一年约 7 000 亿美金的国防预算中，拿出十分之一来帮助世界穷人的话，对维护美国形象和安全所创造的价值，会远远大于把这笔钱用于军备。

欧洲虽然奉行多边主义，但在解决世界贫困的问题上，政策乏力。欧盟国家高额补助欧洲农业，使得欧洲许多的农产品和畜牧业产品的出口价格低于非洲，非洲国家怎么竞争？"今天欧洲的牛都可以拿到这么多补贴，比我们非洲的人还富有"，非洲很多人如是说。西方总是要求发展中国家按照西方经济学教科书的描述来进行改革，但自己却不这样做，欧美对自己农业的巨额补贴，就说明了这个问题。欧洲也未能提出解决贫困问题的有效思路和措施，其对外援助大都附加诸如民主化这样的政治条件，而发展中国家推行西方民主化成功的不多，陷入内耗甚至内战的不少，结果民生更为艰难。欧洲援外项目还有一个弱点，就是文牍主义严重、总体效率不高。各种项目都经过繁琐的手续，从可行性报告到各个阶段的进度和审查，很多活动都必须由欧洲"专家"来做，结果往往一半以上的援助资金又回到欧洲人自己的腰包。坦桑尼亚工业部一位官员，指着阿鲁沙当地的一所老校舍对我说，"过去西方传教士来这里建了不少学校，没有这么多手续，不是也把事情办成了么？"一位非洲国家的大使曾略带夸张地对我讲："我们和欧洲人一个项目尚未谈判完，中国人已经帮助我们完成了三个项目。"

美国的"9·11"悲剧造成了约3 000人死亡，令人痛心，但这不是一切。世界上每天死于饥饿与营养不良的儿童估计有18 000人，也就是说每天都有相当于6个"9·11"死亡人数的儿童死去。2007年10月，英国等西方主要媒体将一个英国小女孩在葡萄牙失踪一事作为头条新闻，并连篇累牍地报道，这也无妨，因为此事有其新闻价值，但我们这个世界上究竟有多少人知道每天在发展中国家有18 000个儿童死去？联合国前粮食署执行干事莫里斯先生是个很有正义感的美国人，他曾这样说过："如果明天所有媒体都打出头条新闻：'今天共有45架波音747客机失事坠毁，机上人员全部遇难，而且遇难者全部为儿童'，那这个世界还能无动于衷吗？"莫里斯用这种形象的语言告诉世界：全球的饥饿和贫困问题有多么严重。

根据世界银行 2007 年的估计，世界 65 亿人口中，每天收入不到一美元的接近 10 亿，每天收入不到 2 美元约 26 亿。换言之，目前世界有超过一半以上的人还生活在极端贫困或相当贫困之中。如果说用美元来计算世界各国的贫困程度不一定准确，那么我们也可以这样说：今天这个世界上，约有 1/6（近 10 亿）的人属于赤贫、常年挨饿、食不果腹；约有 1/5（约 13 亿）人，没有安全饮水；超过 1/3 的人（26 亿）没有基本卫生设施，总共有 30 多亿人生活在贫困之中。

我在想为什么欧洲 18 世纪启蒙运动提出自由、平等、私有财产权等人权的时候，没有把消除贫困这么一个最基本的问题作为人权提出来。一个主要原因恐怕是对这些启蒙思想家来说，极端贫困不是他们关心的主要问题，他们代表的是新兴的有产阶级，而且在那个年代里，种族主义、殖民主义、奴隶贸易都是合法的，虽然欧洲当时的贫富差距已经很大，但极端贫困现象主要发生在殖民地，不在欧洲。当时欧洲白人中贫穷落魄的人，也有较多的补偿机会，比方说，他们可以去殖民地冒险发财，去非洲和美洲拥有自己的农场和牧场。

我前面已经提到过，以提倡人权著称的法国为例：在启蒙运动影响下产生的 1789 年法国《人权与公民权利宣言》，其中的"人"和"公民"在法文里指的就是欧洲男性白种人，不包括妇女，不包括有色人种，不包括华人，也不包括穷人。美国民权运动领袖马丁·路德·金的名言："我梦想有一天，我的四个孩子将生活在一个不是以肤色深浅，而是以品格的优劣作为评判标准的国家。"他讲这些话的时候，是美国通过载有"人人生而平等"《独立宣言》的 187 年之后。

我们不忽视西方这些历史文献在历史上曾发挥过的重要作用，但是我们也要以"实事求是"的价值观来审视今天很多世界问题的历史与文化成因，探讨为什么西方主流价值体系和一些发达国家至今都对解决第三世界贫困问题缺乏热情。

美国从不认为消除贫困是人权问题。欧洲最多把消除贫困看做是消除享受人权的障碍。而对于中国，这不仅是一个人权问题，而且是一个核心人权问题，更重要的是，中国认为这首先不是个理论和法律问题，而是个政治实践问题，中国在实践中已经这样做了，而且还将继续这样做。中国模式在消除贫困方面的效果明显好于西方主导的发展模式，这种认知上的差别就是主要原因。

今天已经是 21 世纪了，但是占世界人口一半的人还处于贫困状态，特别是当人类已经有足够的资源和财富来解决这个问题的时候，世界还是让这种悲剧持续下去，这是违背人类的基本良知的，也是违反人权的。我们必须关注世界主流价值体系在这个问题上存在的偏差，并有必要把历史形成的这种偏差逐步纠正过来。在过去的 30 年中，中国用自己消除贫困的伟大实践纠正了这个偏差。这也表明只要一个国家认真地把解决贫困问题当作一种核心人权来抓，它是可以在消除贫困方面取得巨大成绩的。中国在扶贫领域的成功经验，是中国软实力的重要组成部分，我们应该很好地总结自己在这方面的经验，从中找出一些带有普遍意义的思路和做法，世界范围内的扶贫需要中国的智慧。

如果世界贫困问题迟迟得不到缓解，世界未来的各种矛盾可能会进一步激化。2002 年夏天我曾参加过在南非举行的世界可持续发展大会，专门去听了一些反全球化非政府组织论坛的讨论，他们的观点往往很偏激，但也从另一个角度反映出这个世界政治和经济秩序中的严重不公。讨论中，一位激进的非洲学者就这样说："富国不要得意忘形，现在世界的穷人也有三样武器来对付你们，这就是无穷无尽的难民潮、各种传染疾病和全球继续变暖。你们越不帮助我们，这三个武器的威力就会越来越大。"他的话赢来一片掌声。他的观点偏激了，但应该看到当今世界的贫困问题已经与各种全球性的问题联系在一起，贫穷导致疾病，导致难民潮，导致全球气候变化，这些问题都需要世界各国携手来解决，否则整个世界的前景不容乐观。

中国自己的扶贫事业还面临各种挑战，要走的路还相当长。我们应考虑在继续推进国内扶贫工作的同时，推动国际社会把消除贫困看作是一种核心人权和新的普世价值，逐步纠正西方主流价值在这个问题上长期存有的偏差，这也是我们中国人的世界眼光和人类精神。我们甚至可以考虑推动在联合国人权体系内通过一个消除极端贫困的国际公约，最终使所有的国家都能把消除贫困当作一种核心人权，当作一种新的普世价值。如果这件事能够做成，这将是中国为占世界人口一半以上的穷人做的一件大好事。因为一旦通过缔结国际公约而确立了这种核心人权和普世价值（这非轻而易举的事），支持扶贫就成了一种义务和责任，而不仅仅是施舍，更不只是一种口号。

现在西方减少对发展中国家提供援助一般有两个理由，一是发展中国家腐败严重，所以无法提供援助。二是因为西方国家都是民主国家，他们国内的选民"同情心疲倦"，不愿意提供更多的发展援助，政府也无能为力。但是如果西方把消除贫困看成是一种核心人权和普世价值的话，这些就不能称其为理由，他们应该找出新的、不易受腐败影响的援助方法来帮助别人，而且需要努力说服本国人民支持在世界范围内扶贫，就像他们支持公民政治权利、总是认为那些人权是核心人权，任何情况下都要支持一样。

当然，贫困国家自己一定要承担起消除贫困的首要责任，如果自己不争气，外来援助再多，也难发挥作用。我走访过的不少发展中国家，他们的政策往往游走于两个极端，要么把一切问题都归咎于西方殖民主义，自己什么责任也没有，要么就是全盘接受西方的模式，一切按西方的建议去做，结果是邯郸学步，人家好的地方没有学会，自己好的东西都丢了。在很多贫穷落后的国家里，部族矛盾和宗教冲突剧烈、腐败程度令人发指、政府缺乏社会整合能力。但是从人权角度出发来扶贫，应该超越这些制约因素。不能由于一个国家的政府无能，国际社会对其人民的极端贫困就可以不闻不问。今天国际社会在帮助第三世界扶贫的方面，已经积累了很多务实有效的经验。我相信，只要整个国际社会同心协力，以今天全世界之智慧、财力和物力，国际社会完全有可能在一代人的时间内基本解决世界极端贫困的问题，从而大大减少因严重的贫困而引发的各种全球性的棘手问题。

## 四、政府是必要的善

西方历史上由于强政府曾带来过很多问题：宗教迫害、极权主义、民族主义引起的战争等等，所以西方很多人把政府看做是坏事的祸根，一种"必要的恶"（necessary evil），也就是说，最好不要政府，但这看来又行不通，所以要对它多多限制，防止其做坏事。西方今天也要求发展中国家与它一起削弱政府，但忘记了在发展中国家更大的问题是政府能力普遍太弱。很多发展中国家政府国内政令不通，甚至政令出不了自己的首都，税收不上来，军队警察也管不好。对于发展中国家来说，关键是改善和加强政府能力。发展中国家如果是一个弱政府，往往连自来水、供电、社会治安、儿童免疫、初级教育等最基本的服务都提供不了，更不要说实现现代化，赶超西方国家了。

中国是另一种情况。中国的历史传统也和西方不一样：中国历史上的辉煌时代都和强势朝廷联系在一起。中国人传统中把政府看做是"必要的善"。我们的文化中，农民把县长，甚至村官叫做父母官，这个概念西方人难以理解，但这是中国政治文化传承的一部分。一个民族的政治文化一旦形成，一定有其产生的原由及其存在的历史原因。你可以不喜欢、不赞成，你可以尝试着对它进行改造，但其真正的改变一定是耗费时日的，甚至是难以改变的。有人说过去历史上，中国自然灾害多，为了防灾治灾，强势政府就应运而生了，强势政府的传统就逐步形成了。强势政府确实是中国政治文化传统的一部分，一旦形成了，就有其相对的稳定性。强势政府的优点和缺点都很明显：优点是可以集中力量办大事，弱点是容易导致专断。

我们在现代化的进程中，对于自己的制度，应该扬长避短、趋利避害。邓小平比戈尔巴乔夫高明得多。他认为没有必要放弃强势政府的传统，而是要使之转型，从过去为实现一个乌托邦理想而奋斗的政府，转化为一个为实现现代化而工作的政府。实践证明这种方法比另起炉灶建立一个新的政治制度和管理体系要有效得多。一种新政治制度从创立到运作，绝非轻而易举之事，俄罗斯为此付出了沉重的代价，直到普京上台，才开始理出一些头绪。中国通过政府转型，为改革开放服务，虽有不足，但总体上是一种利远远大于弊的选择。

从英国经济学家凯恩斯 1930 年代强调政府干预以来，政府的作用，除了极端的新自由主义信徒之外，已经很少再有人否定了。从保证宏观经济环境的稳定，到提供各种社会服务，到防止恐怖主义和大规模杀伤性武器的扩散，都需要政府发挥作用。毕竟现代国家的功能已经非常全面了。即使在西方国家里，法国这样的国家也是以强政府著称的，其总统的权力明显大于立法机构和司法机构。

从国际经验来看，一个发展中国家有一个现代化导向的强势政府在某种意义上是一种幸运。古今中外，有这么多强势政府，但真正致力于现代化、致力于提高人民生活水平的不多。在非洲和拉美，很多强势政府没有能够促进经济发展，而是大搞独裁，贪污腐败，老百姓怨声载道。换上了民选政府，往往又太弱，无法整合不同意见，无法形成全社会对实现现代化的共识，更无力推动实现现代化所需要的各种改革。但是在东亚，"四小龙"在强势政府引导下成功地实现了现代化，中国也在强势政府的领导下迅速地崛起。

纵观这个世界，没有一个现代化导向的强势政府，发展中国家很难实现现代化，更不要说赶超发达国家了。邓小平对这个问题有一个非常清醒的估计。邓小平认为当代西方主导的世界经济秩序是非常不合理的，本质上很难让世界上的穷国富裕起来。邓小平反复强调要坚持社会主义，它的一个重要考虑就是利用中国的强势政府，来组织和推动中国的现代化事业，参与国际竞争，使中国成为一个真正的发达国家，而不是发达国家的附庸。1989 年，邓小平曾坦率地说："西方世界企图使社会主义各国都放弃社会主义道路，最终纳入国际垄断资本的统治。现在我们要顶住这股逆流，旗帜要鲜明。因为如果我们不坚持社会主义，最终发展起来也不过成为一个附庸国，而且就连想要发展起来也不容易。现在国际市场已经被占得满满的，打进去都很不容易。只有社会主义才能救中国，只有社会主义才能发展中国。"邓小平的高明之处还在于，他不是要中国和西方主导的秩序一味对抗，而是要我们参与进去，发挥自己的体制优势，利用这个不甚公正的秩序来发展自己，并力求在这个过程中逐步影响它、改变它。

在一个游戏规则完全由发达国家制定的世界上，不通过强势政府来推动经济，参与国际竞争，要发展起来是很不容易的，恐怕最多也只能跟在发达国家后面爬行。实际上，西方国家在自己的历史上，也是国家开路的，英国的炮舰政策，就是一个例子，商人扩张到哪里，英国的军舰就跟到哪里。18世纪时，英国还从印度进口棉布，政府采用了关税保护政策，待自己经历了工业革命，由进口纺织品转为大量出口纺织品的时候，他就要求别人开放市场，而背后是炮舰政策的支持。英国对整个印度的控制，很长时间内都是通过英国政府主导的东印度公司进行的。当前的世界面临着诸多严峻的挑战，如能源危机、粮食危机、美国引发的金融海啸、欧洲的主权债务危机等。这些危机的主要成因是西方制度深层次的问题以及西方所主导的不合理的国际经济政治秩序，但政府能力弱小的发展中国家总是这些危机的更大的受害者。

当然，政府作用过大，也会产生副作用。政府权力过大导致"寻租"腐败增多，这是一个需要通过政治改革来解决的大问题。关键是要加强体制化的监督，包括媒体的监督、公民社会的监督和法治社会的建立。一位哲人说过，政府有两个功能：第一管好人民，第二管好自己。我们要通过政治改革，加强人民有序的政治参与，建立人民的监督机制，建立令所有腐败分子望而生畏的反腐败机制，把强势政府的积极作用继续发扬光大，把其可能带来的负面效应降到尽可能低的水平。

在中国的特殊国情下，强势政府指的不仅是集中力量办大事，而且还包括利用自己的力量，来转变、弱化、减少甚至放弃政府的一些职能。我们今天说转变政府职能，第一是要处理好政府与市场的关系，政企有各自的分工，政府从一些只有市场主体才能进入的领域中退出。第二是要处理好政府与社会的关系，建立一种既是强势的，又是公共服务型的责任政府等，让社会力量逐步壮大，逐步实现更多的社会自我管理。我们试点的"小政府、大社会"就是这种思路的有益尝试。这种改革是一个强势政府通过"革自己的命"来实现的，这也是中国国情下政府"必要的善"之一部分。

总之，我们的政府职能转变，还有很多事情要做，还有很多的关系要理顺，还有很多的矛盾要解决，我们政府的职能，有些要加强，有些要削弱，有些要调整，但中国在很长时间内仍需要一个现代化导向的比较强势的政府，这一原则不能动摇，这对于实现中国的现代化，走自己独立自主的道路，至关重要。对于很多第三世界国家来说，他们的历史和我们的不一样，他们很多国家在历史上，也曾有过强势政府，但大都是非现代化导向的腐败政府，结果国家没有搞好。现在这些国家中有不少又采用了西方民主模式，但效果也不好，政府往往没有整合能力，贪腐问题也没有减少，甚至更为严重。这些国家还在探索自己实现现代化的道路。

从发展中国家实现现代化的经验来看，不管通过什么方法，普选也好，多党制也好，一党制也好，无党制也好，一党独大也好，君主制也好，如果不能形成一个致力于现代化事业的比较强势的政府，那么实现现代化，赶超发达国家，永远只能是纸上谈兵。越来越多的发展中国家对中国模式感兴趣，说明他们也开始意识到这一点。他们最终会通过实践和比较认识到"政府是必要的善",在全球化竞争日益加剧的今天更是一条真理。

## 五、拿来主义,非送来主义

一个民族向其他民族进行大规模的文化借鉴,一般都有一个对外来文化的筛选和内化的过程。这种筛选可以是主动进行的,也可以是自然而然发生的。中国历史上引进佛教和马克思主义,现在引进西方文化也是这样一个过程。日本过去引进中国文化和西方制度也是这样进行的。欧洲情况也类似。18世纪启蒙运动的时候,伏尔泰等法国启蒙思想家,就有选择地引进了中国儒家文化的一些思想。他说:中国可以对神无知,但不能对道德无知。他引用孔子的话,如"己所不欲勿施于人",认为基督教禁人行恶,而孔子劝人为善,这是更高层次的。

当时欧洲社会处于转型期,由封建专制转向资本主义,人们追求理性、平等、自由。而当时的启蒙思想家认为:中国的科举制度和儒家人伦道德,远远好于欧洲的贵族世袭,对他们来说,这就是理性。儒家学说中的人性的一面和内在的自由,被用来反对基督教中的神性统治。中国的皇帝也遵守天理天则,这个观点被用来反对欧洲的专制。应该说,在欧洲启蒙运动的初期,中国文化起了一种推动作用。但欧洲奉行的是拿来主义,从反对世袭到赞赏中国的德治,最后走到自己的法治。

更进一步说,欧洲自己价值观的演变也是一个不断自我筛选的过程,殖民主义,种族主义,过去都曾是欧洲的主流价值,但今天欧洲重新界定欧洲价值观的时候,就把这些内容从自己文化中去掉了,欧洲也在与时俱进。虽然不少欧洲人骨子里还是秉持这些价值，但公开主张这些价值的人确实很少了。

拿来主义与过去的"中学为体，西学为用"不是一个概念。晚清时候的"中学为体，西学为用"是建立在传统的"中国为天下中心"的世界观基础之上的，好像孔夫子的儒学已经穷尽了一切真理，所以中国官员认为没有变革的必要，更不要说感到变革的紧迫感了。而过去这 30 年，完全不是这个情况。邓小平说得非常明确："不搞社会主义，不搞改革开放，死路一条。"

中国是全方位的开放，全方位的向外国学习，学习人家一切好的东西。但以我为主，自己来拿，不让别人牵着鼻子走。外国的东西，要通过中国的实践来检验，有些可以全部接收，越多越好；有些可以借鉴一部分；有些可以坚决拒绝；有些现在条件还不成熟，待条件成熟时再来借鉴；有些可以观察一段时间，先不贸然引进。

一个民族一旦不愿意向别人学习往往就是这个民族走下坡的开始。"文革"中，我们闭关锁国，老子天下第一，结果导致了愚昧落后。美国现在只知道教训别人，不知道向别人学习，这也说明美国开始走下坡了。我的一位很好的法国朋友说他现在最痛苦的事就是每天开车上班都要路过三家麦当劳，他自豪地告诉我，他一生中，从没有尝过一口可口可乐。我很理解这种法国人特有的对美国文化的反感。不过我觉得从心态上来说，还是中国的态度比较好。麦当劳的东西虽然是所谓的"垃圾食品"，和中华美食无法媲美，但它有我们可以学习的地方：它的卫生标准，它的标准化配餐，它的鲜明色彩，它的快节奏等等，使它在饮食大千世界有一席之地。麦当劳进入中国后，也很受欢迎，除了有它自己的特色外，也确实推动了中国快餐业的发展，甚至使不少人质疑为什么我们这个泱泱食品大国，就拿不出一个可以走遍全国的一流快餐品牌呢？更不要说拿出一个驰名世界的快餐品牌了。麦当劳在中国存在和发展的事实，等于是在时时刻刻提醒我们：中餐至少在快餐这个领域内还有很大的潜力可挖，还有很多东西要向别人学习。

过去 30 年的历史证明，中国终于在对外开放和独立自主之间找到了一个平衡点。毛泽东过去说过：我们愿意把西方当老师，向西方学习，但是老师老是欺负学生，学生只能反抗，最后演变成了一切都和西方对着干，一切都要自力更生。"文革"后，我们通过改革开放，终于在对外开放和独立自主之间找到了一个积极的平衡点，这就是努力学习人家一切长处，不断地壮大自己，这使中国和西方的关系出现了全新的格局：某些领域内，我们双方利益重叠，一荣俱荣，一损俱损，双方合作共赢。另外一些领域内，双方利益有冲突，但我们已经学会了有礼有节地斗争，既坚持原则，又不走极端，最大限度地捍卫自己的民族利益，但也拒绝狭隘的民族主义。这种拿来主义的理念为中国创造了一个又一个宝贵的发展机遇，使我们自己迅速地发展了起来，也使我们和西方周旋的能力和空间越来越大，这是拿来主义的胜利。今后也一样，不管中国与其他国家的关系出现什么问题，我们对于别人的长处，都要虚心学习，但是在这个学习的过程中，中国决不失去自我，而是要逐步壮大自我。

一个处在社会转型期的发展中国家，比较容易看到别人的长处，自己的短处，会认为，"拿来主义"太繁琐，还不如"送来主义"，全盘照搬别人好的做法就是了。其实"送来主义"效果都不好。对于外国好的经验和方法，根据我们自己的国情来借鉴，而不是照搬。中国自己吃过全盘照搬的苦头。如 20 世纪 50 年代学习苏联，一切都照搬苏联，苏联人口少，鼓励生育，我们也照搬，生得越多越好，结果导致了人口增长过快。从改革开放的 30 年来看，总体上我们保持了"拿来主义"。比方说，在金融改革这个领域内，我们学习了很多西方的经验，但对开放资本市场则采取了谨慎的态度，从而使我们成功避免了后来席卷世界的金融海啸，否则后果不堪设想。金融海啸使得许多国家人民的生活水平大幅降低。但现在海外一些媒体把中国模式简单地描述为"北京共识"对抗"华盛顿共识"，这是不准确的。中国经验的真正独特之处在于：我们大致保证了自己的政策空间，也就是说，由自己来决定何时、何地、以何种方式采用外国的思想，或是不采用外国的东西。

非洲很多国家的经历很能说明问题：冷战的时候，一种是苏联的"送来主义"，一种是西方的"送来主义"，他们都接受了。当然，他们也难，因为如果不按照苏联或者西方的要求去做，他们就得不到经济援助。问题是一旦自己失去了决定取舍的主权，让别人牵着鼻子走的时候，往往导致灾难，因为别人很难真正了解你的国情。俄罗斯的改革就犯了这个错误。由哈佛教授设计的"休克疗法"，一下子在全国推行，以求一夜之间建立市场经济制度和多党制的民主制度，结果是灾难性的。关键是西方不了解俄罗斯的实际情况，不了解其他国家的国情，但又喜欢指手画脚，所以提出的各种方案大都从意识形态出发，从价值观出发，结果成功率很低。相反，我们现在是以我为主，请你们提出建议，我还要你们"竞争上岗"，然后我有选择地采用，这样做效果好得多。

在拿来主义方面，中国大陆特别幸运的是在中西文化融合方面已经有了三个发展起来的华人社会：香港、台湾、新加坡。我们受益的不仅是三地的资金、人才，而且也受益于他们的软件建设：比方说，香港和新加坡的法治建设和反腐机制建设、台湾的中西融合的市民文化、三地在经济发展和管理方面的经验等等。他们在自己的发展过程中，已经把很多西方的东西，在中国文化的环境下创造性地转化了、内化了。中国大陆向他们学习的时候，会感到比直接向西方学习要容易一些。这三个华人社会在中西文化融合方面的成功经验，对中国在许多领域内实行拿来主义有积极的影响。同时，在中西文化融合方面，中国大陆也积累了许多自己的经验，特别是加入世界贸易组织前后所进行的大量改革与创新，使中国一跃成为世界第二大经济体，改变了世界经济大格局，其产生的效益和经验又反过来辐射到港澳台等华人地区。

现在国际上讨论发展问题时，越来越多的发展中国家提出要保持自己的"政策空间"，并总是用中国作为例子，来说明一个国家只有坚持自己的"政策空间"，才能发展起来。如果丧失了自己的"政策空间"，跟着西方亦步亦趋，最后的结果几乎都不好。所谓保持"政策空间"，其意思就是拿来主义，就是按照自己的需求来对外来的东西作出筛选，合适的要学习，不合适的要拒绝。中国所走的拿来主义之路已经在国际上得到了广泛认可。我们今后也应继续这样做，才能使国家的命运操纵在自己手中，才能最好地利用好外部资源，把自己的国家建设得更加繁荣富强。

# 六、民主与专制还是良政与劣政？

几年前，我曾在巴黎参加一个学术研讨会，听到一位美国学者侃侃而谈。他说，过去古希腊雅典共和国与斯巴达打仗，打了27年，最后民主的雅典失败，专制的斯巴达胜利，从历史进程来看是 1:0，专制获胜。第二次世界大战后开始了冷战，民主的西方阵营打败了专制的苏联阵营，这是 1:0，民主获胜。但是迄今为止，民主与专制的对抗只是打了一个平手，下一波会怎样？可能就是中国和西方做对了，现在俄罗斯的普京也开始专制了，所以要当心中俄联手。最后是民主获胜，还是专制获胜，尚无定论。

大概是经历过"文革"的缘故，我对从意识形态出发而大大简化历史的论述总抱有深深的疑虑。这是美国极端保守主义的观点，这种按照自己意识形态的偏见，把数千年的人类历史解释成为民主与专制斗争的历史，比中国"文革"时候把数千年的中国历史解释成农民阶级和地主阶级斗争的历史还要荒谬，因为毕竟在中国历史上还存在着农民阶层和地主阶层的矛盾，只是历史本身要曲折复杂得多。而民主这种政治形态，在雅典民主失败之后的上千年内，在欧洲几乎销声匿迹了，欧洲中世纪神权主义和后来的殖民主义、种族主义、民族主义、法西斯主义都给这位学者有选择地遗忘了，这种冷战思维在今天的西方还很有市场。

不可否认，西方向世界提供了一个概念：民主与专制的对立。不少国人也喜欢用这个概念作为分析问题的框架。这个概念有其存在的理由，因为它可以解释一部分政治现象，比如，希特勒是通过民选上台的，但上来之后就开始搞专制。

但是细想一下，这个概念明显地缺少阐释力，越来越成为一种意识形态的工具，因为这个观念显然把千差万别的世界政治形态过分简单化了：这个世界只剩下民主与专制的对立，不是民主就是专制，而民主是好的，专制是坏的，专制就是法西斯，就是希特勒。这种过分简单化的分析框架，自然限制了这个概念的诠释能力。比方说，萨达姆时期的伊拉克是专制，美国入侵后的伊拉克是民主，但是大部分伊拉克人迄今为止还认为，今天的民主还不如过去的专制。再比方说，蒙博托统治时期的扎伊尔是专制，现在的刚果民主共和国是民主，但是从普通刚果人的角度来看，两者都很糟糕，而这个转折过程中又爆发了屠杀和战争，数百万人丧生。

把这个概念套用到中国，也面临窘境。西方把蒋介石时代叫专制，把毛泽东时代叫专制，把邓小平开创的新时代也叫专制，而经历过这些时代的人都知道这些时代的巨大差别。这一事实本身就表明了民主与专制概念的局限性。其实，只要有点"实事求是"的精神，就可以点破这种西方话语的盲点。用民主与专制的二元对立可以解释一部分世界事务，但确实已经无法解释当今这个复杂的世界了，想用所谓世界民主国家联盟的方法来处理当今的世界事务更是愚不可及。

在发展中国家里，消除贫困最成功的是拒绝西方政治模式的中国，在阿拉伯世界里现代化最成功的是实行君主制的阿联酋和卡塔尔，在新兴经济体中，强势政府的新加坡和行政主导的香港都干得比较出色，其治理水准远远好于菲律宾、阿尔巴尼亚、印度、乌克兰这样的"民主国家"。既然民主与专制概念无法解释上述这些简单的事实，那么有没有比民主与专制对立这种观念更具有阐释力、更客观中性的概念呢？有。如果说世界政治一定要简单地分为两大类的话，那就应该是良政（good governance）与劣政（bad governance）两类。良政的方式可以是西方民主形式的，如瑞士、丹麦，也可能是非西方民主形式的，如新加坡权威模式，现代化导向的中国强势政府模式，行政主导的香港模式，开明君主制的阿联酋模式。劣政的方式可能是西方民主制的，如海地、伊拉克，深陷主权债务危机的希腊等，也可能是非西方民主制的，如缅甸。

西方人习惯了民主与专制对立这个概念，因为这似乎赋予他们一种道德优越感。2006 年，在布鲁塞尔欧盟总部举行的一次关于中国政治改革的研讨会上，一位欧洲学者直截了当地问我，中国政府的产生不是通过多党竞争和普选，怎么能有合法性？我便问他："如果你这种话语也能够成立，那么是不是美国的开国元勋都没有合法性？因为他们根本没有经过任何选举就自称代表了美国人民。泰国采用了西方民主制度，但选来选去，选出来的人的威望从未超过泰国国王，泰国国王的合法性从哪里来？美国最不受公众信任的政治人物是谁？是美国国会议员，可他们是选出来的。整个西方都是在现代化实现了之后才实行了普选，我们是否可以推论：实现现代化以前的西方各国政府都没有合法性？美国黑人和妇女权利的获得，不是通过民主制度，而是在强大的民权运动推动下，最后由司法判定而确定的。从历史上看，如果靠一人一票，美国根本废除不了奴隶制度，奴隶制度是通过战争废除的。你们这个欧盟也不是选出来的，怎么就有了合法性？"他无言以对。

我们一些国人也和戈尔巴乔夫一样，比较认同西方的"民主与专制"话语，他们也接受这个话语的预设：世界就剩下民主与专制对立，并提出了中国要融入以西方为首的所谓主流文明。其实，主流文明如果是中国人一起参与形成的，如《联合国宪章》所代表的国际政治话语，我也赞成。但如果主流文明意味着全盘接受西方的政治制度，那融入恐怕就是危机的开始。苏联就是这样解体的，南斯拉夫也是这样解体的。很多发展中国家，一旦融入进去，也就成为失败者

（当然，这不是说，不融入就一定胜利）。2008年西方所谓主流文明的媒体对西藏骚乱事件的报道，就可以看出这种西方话语占主导的文明对中国怀有根深蒂固的偏见。西方长期的反共倾向和支持藏独已经成为一种流行话语，正因为流行，所以西方普通民众会轻易地相信自己媒体的煽动，这也再一次证明了流行本身也是一种洗脑，其效果绝对不亚于任何政府对舆论的控制，这也是西方社会摆脱不了自己意识形态偏见的重要原因。

苏联的垮台给了我们一个很好的教训。苏联共产党下台了，国家解体了，但是西方还是不愿意接受你作为一个平等的成员，而是把你继续看作潜在的威胁，总想把你越削弱越好。俄罗斯的一位资深官员曾这样说，北约总是步步紧逼，压缩俄罗斯的战略空间。先说，我们是朋友，借用一下你的车库，然后说，我要住到你的房子里，最后说，我要和你的夫人睡觉，所以俄罗斯不得不反抗。中国与西方，特别是美国之间的问题，不只是一个意识形态之争的简单问题，而是一个国家利益的问题，一个地缘政治、地缘经济的问题。只要你强大，你需要资源，你有自己不同的文化和价值观，他心里就不舒畅，他就要排挤你，控制你，改变你。你查一查所谓西藏流亡政府的资金来源，多少是来自西方的各种机构？这本身就说明很多西方人盼望西藏从中国独立出去，其实他们很多人也盼望台湾独立，新疆独立，内蒙古独立，希望中国能像苏联和南斯拉夫那样解体最好，只是13亿中国人都说"不"，他们才无能为力。

主流文明这个东西是和国家利益连在一起的，按照西方的游戏规则来玩，他可以在任何时候指控你，违背了游戏规则，干涉你的内政，而他怎么做都是对的，把人家国家弄得四分五裂，也不需要说一声抱歉，因为他那个民主是所谓普世价值，你采用了他的民主制度，四分五裂，那是你自己的事，与他无关。所以所谓主流文明，经常是很不文明的，我们在学习西方各种长处的时候，对此一定要心中有数，拿来主义的方法可以，送来主义的方法不行。中国人赞成民主，但这个民主是要能使中国繁荣富强的民主，而不是使中国四分五裂的民主。美国特别提防一个强大中国的出现，连一个强大的欧洲，他都不喜欢，光是一个欧元就给美国带来多少麻烦？他能不提防强大的中国吗？他提防中国崛起会挑战自己在各个方面的利益。

1991年的时候，俄罗斯人曾充满了对美国的崇拜。俄罗斯社科院一位朋友对我说："当时美国来'占领'我们国家都可以，因为大家以为这样一来，我们社会就可以进行彻底改造，大家就可以过上物质极大丰富的生活了。"但美国很现实，始终把俄罗斯民主锁定在几个人物，如盖达尔、丘拜斯、雅林斯基等。只有这些人代表民主，其他人都不是。民主体制下的共产党等其他政党应该都是可以参加民主选举的，但在叶利钦与议会冲突时，美国并不支持双方通过民主程序来裁决，而是支持一方以武力对付另一方。美国是认人而不是认制度的。美国后来支持非常独裁的叶利钦。如果这样做是例外也罢，但你仔细一看，美国在伊拉克、巴勒斯坦、埃及、黎巴嫩都是这样做的。如果中国搞一人一票，美国也一定只支持他认定的几个持不同政见者，其他人上台，都不是民主。对于中国来说，除了亲西方还不够，还要放弃台湾、西藏甚至新疆。即使放弃了，他还是不会接受你，因为你还是太强。

按西方的游戏规则来玩，你不仅要按他的要求选举，他还要派人来监督，还一定要选出亲他的人，亲美国的人。巴勒斯坦选出了一

个哈马斯，西方不承认，伊朗选出了内贾德，西方也不接受。黎巴嫩
2006 年选出了一个亲西方的政府，西方一片赞扬声，但赞扬的话语未
完，以色列的炮火就打来了，黎巴嫩政府呼吁美国干预来停止以色列
对黎巴嫩的轰炸，但美国故意拖，让以色列继续轰炸南黎巴嫩，希望
借此削弱亲伊朗的真主党。一位黎巴嫩政治学者对我愤愤不平地说，
"你即使选出了一个亲西方的政府，西方还要把你分门别类，区别对
待，看你是盟友，还是一般朋友，还是走狗，黎巴嫩民选政府在西方
的眼中大概连走狗都不如，所以只能被牺牲掉。"西方民主口号不管
如何动听，总是掩盖不了自己的利益盘算。

　　实行西方式民主化，在第三世界国家经常意味着无穷内耗的开
始。西方国家已经富裕起来了，人均消费的资源是发展中国家的数十
倍，它可以经得起这种内耗，比利时近 600 天没有中央政府，地方政
府还照样运作，国家也照常运转。而对于第三世界，不要说 600 天没
有中央政府，100 天没有中央政府，国家可能就要陷入内战了。你内
耗开始了，那只能由代表主流文明的西方来干预，西方又会支持不同
的派别，最后使你无法整合自己的力量。中国近代史上，西方大国为
了自己的利益，支持各自青睐的中国军阀，让中国打内战，他们发战
争财，中国大地上多少生灵涂炭。

　　退一万步说，即使西方的政治制度，代表了未来世界惟一的政治
文明，中国也只有这一条路可以选择，中国也一定要按照自己的国情
来逐步借鉴和接受，决不能允许任何一个外国来主导这个过程，否则
后患无穷。作为一个有 5 000 年文明历史的超大型国家，其最终的政
治制度形式一定是独特的、惟一的，它应该包含西方制度的长处，也
包括自己传统形成的好东西，这才是中国政治改革的正确方向。德

国前总理施密特也说过："中国文化同西方文化有着本质不同，因此，中国的社会发展必须走与西方国家不同的道路。就如当年古罗马不同于古希腊，雅典也不同于斯巴达，今天中国的社会关系也同样与美国、德国、英国的社会关系有本质不同，一切都按照美国模式操作的想法，只有美国人才会有。"

说到底，无论是西方民主制度还是其他什么制度，都是手段，最终的目的都必须体现在良政上，体现在人民的满意和认同上，所以良政与劣政才是当今世界政治中最重要的观念。我们应该多多使用，全世界都应该多多使用。中国是一个大国，人口比整个西方世界的人口加在一起还要多，在中国经过实践而成功的东西就是真理，西方可以不理解，可以反对，可以歪曲，但只要事实证明我们的做法是正确的，是中国老百姓拍手叫好的，西方最终只能努力来理解你，阐释你，并最终不得不接受你。历史证明，西方是承认实力的。只有当西方真正认识到，它不仅不能阻止中国硬实力的崛起，而且也无法阻止中国软实力崛起的时候，它才会真正地接受你。还是我前面打过的那个比方：这就像学外语，如果你认为世界上只有英语好，那么你就永远是别人的学生，他永远可以说你哪些地方不对了，甚至给你打个不及格。现在中国崛起了，学习中文的人越来越多了，中文也自然会成为国际社会的一种强势语言，你要和我交流，就要好好学习我的语言，尽量达到我的母语水平，我还可以纠正你的发音和语法，也可以给你打不及格。

其实，西方许多有识之士，如美国《新闻周刊》总编法瑞·扎卡里亚（Fareed Zakaria）也认为，世界今天已进入了"后美国时代"。在这个"后美国时代"里，中国的政治软实力可以丰富人类处理一系列全球棘手问题的能力。因而中国崛起的进程不是一个所谓中国融入西方主流文明的过程，而是双方平等相待、取长补短的过程，最终中国以及其他一些新兴国家，将和西方一起成为世界新秩序的共同设计者、领导者和建设者，原因很简单：没有中国的软、硬实力的参与，全球化带来的世界性问题一个也解决不了。

## 七、崛起的中国精神

历史好像注定要考验一下我们这个民族，而且选择了改革开放30年之后的2008年。先是遍及半个中国的冰冻雨雪灾害，后是拉萨暴乱、奥运火炬在西方传递受阻，后来又发生了天府之国的山崩地裂。这些突如其来的挑战，对中国的综合实力是一种考验、对我们的发展模式和体制能力是一种考验、对我们民族的文化底蕴和精神力量也是一种考验。令人欣慰的是，我们以高分通过了这些考验：一场冰冻雪灾，回家的路变得异常艰难，但举国上下同心协力，以决心和爱心，渡过了难关。藏独反华势力的挑衅，未能实现他们所期望的"袈裟革命"，反而使全世界华人前所未有地团结一致。四川地震，举国同悲，世界震惊。国人不知流了多少眼泪，但大灾大难，也衬托出了我们国力的增强和我们自强不息的民族精神。回头一看，这些坏事在某种意义上都变成了好事，中华民族从来没有像今天这样团结，这样自信，这样坚如磐石。

世界将会特别地记住中国在2008年抗震救灾中所显示出来的中国力量、效率、责任以及中国元素和中国精神，因为这一切触动了世界。事实证明：我们的发展模式，虽不完美，但在过去30年中创造了巨大的社会财富，从根本上改变了中国数千年的积贫积弱的局面，中国今天的力量令人惊叹：这么多的物资在这么短的时间内集中起来，真是要钱有钱，要物有物，要人有人，民间善款几天内就超过百亿。我们的军人、医生、护士、援救人员，装备精良、训练有素，恪守职责、奋不顾身。一个印度尼西亚朋友问我："绵阳是中国的发达地区吗？"我说不是。他说："那怎么会有高速公路、连锁超市，还有那么多汽车、彩电和手机？"我们给受灾居民的补贴是每人每月600元，日均20元，超过了世界一半人口的日均收入（不到2美元，约等于12元人民币）。如果没有过去30年的改革开放，这一切怎么可能。

我们的体制创造了中国效率，令世界惊讶。政府不同部门的协调，快速、高效、有序，十几万精锐部队，数十个专业兵种，近400支专业救援队，近5万医务人员，第一时间赶往第一线，很快覆盖了每一个受灾的村庄。没有过去30年的改革开放和体制创新，我们国家的管理和协调怎么可能会有这样的效率。

中国公民的社会责任感在这次磨难中也得到了充分显示。数十万自愿者从四面八方赶来，拖着行李箱，背着包袱，开着自驾车，从全国各地涌向灾区。他们不少人属于中国迅速崛起的新兴阶层，从企业家到公司雇员，从车友会会员、户外运动爱好者到年轻的网络发烧友，他们构成了这次抗震救灾的一支生力军。我们的公民社会与政府力量实现了高度的良性互动，共同构筑了一个强大的援救体系。我们国民的个人选择已空前的多样化，却又与社会的整体意志空前一致，这一切对于中国的社会进步，对于中国今后公民社会的建设都具有重要意义。

在这次抗争中，我们还看到了大量闪光的中国元素。我们的领导人实践着"民为贵，社稷次之，君为轻"的古训，他们在第一时间赶往灾区，指挥救灾。我们的教师实践着"为人师表"的格言，奋不顾身地抢救学生。我们十几万军人，几乎是没日没夜地拼命救人，将军冲在最前面，身先士卒，不辱使命，体现了西方难以理解的"人民军队"的理念。普普通通的中国人展现了这么多中华传统中的人性光辉。我们老百姓的最普通的人性细节，打动了很多外国人：一个家毁人亡的老妇，把自己的矿泉水让给外国记者喝；摩托车司机把外国人从交通不便的地区带了出来，执意不肯收费；一个个连锁超市免费向灾民提供商品；德国志愿者把捐助的帐篷送给受灾的乡亲，乡亲们一定要用几篮子鸭蛋回赠，中国人不白拿别人的东西。英国记者在映秀村看到死去孩子留下的作业本，上面是孩子抄写的密密麻麻、工工整整的方块字，他感慨地说：中国一个落后村庄孩子的作业可以使所有英国的同龄孩子感到惭愧。外电普遍惊讶：尽管是这么大的一场灾难，受灾的人数和地域超过美国的新奥尔良市数十倍，但恶性的趁火打劫事件几乎没有，而美国 2005 年一场"卡特里娜"风灾，出现了很多起抢劫、强奸和枪杀案件。

我们做到了很多西方国家未能做到的事情。我们的领导人在地震 2 小时后就登上了飞向灾区的飞机。而 2005 年"卡特里娜"飓风袭来，美国前总统布什还继续在他的德州农场休假，布什也因此受到了当时美国媒体的批评。我们的军队在地震后 20 分钟内就启动了应急反应机制，数万军人在第一时间赶赴灾区抗震救灾。相比之下，2007 年夏天，希腊经历了罕见的森林大火，但希腊军队调度乏力，错过了救灾的最佳时机，结果酿成了生命、财产和生态的巨大损失。我们把拯救生命放在高于一切的地位，"一线希望，百倍努力"，最后救出的人包括一位被埋在废墟达160多个小时的80多岁的孤寡老人，而法国2003年8月突来的热浪，造成了1万多老人非正常死亡，令世人震惊。在人权方面，虽然中国仍有不少需要改进的地方，但是在尊重生命权方面，中国今天的伟大实践足以让天天谈论人权的许多西方国家汗颜。

多少人曾担心，经济市场化的大潮使得我们的社会变得冷漠、自私和互不信任，但这场突如其来的大灾表明，我们中华民族的文化底蕴何等深厚，大家不分地区、不分阶层、不分贫富，有钱的出钱，有力的出力，从最高领导人到"80后"的士兵和志愿者，都展现了血浓于水的人间真情和一个个具体的爱国行动。这场抗震救灾也成了我们社会人心向善、心灵历练的一个伟大里程碑。事实证明：在中国走向富裕的过程中，我们独特的文化底蕴，一旦激活，就能促使我们社会变得更加温馨和谐。

中国力量、效率、责任和文化元素的背后，是一种伟大的中国精神的崛起。这种精神的特点是：为政就必须励精图治，为民就必须兢兢业业，人心就是要向善，社会就是要和谐，民心就是要坚毅，民族就是要团结。在我们社会走向现代化和多元化的今天，这种精神的崛起尤为可贵。

世界普世价值的形成过程是一个不同文明取长补短的互动过程，这个过程无人可以垄断，其发展也正未有穷期，中国人要为此作出自己的贡献。中国精神为"民主"理念注入了新的元素：民主不能止于投票，民主必须落实到良好的政治治理，治理必须"以人为本", 必须高效勤政。中国精神也为"人权"理念注入了新的内容。人权应以人性为基础, 人权可以和先人后己的责任感交相辉映, 相得益彰。对于那些只知从个人自由角度来解读人权的人, 这是一种全新的境界。

2008年5月19日下午21点28分, 13亿中国人为地震罹难者默哀。但是在北京天安门广场的哀悼结束后, 聚集在广场的群众迟迟不愿离去, 他们眼里含着泪花, 大声呼喊"汶川, 顶住, 四川, 挺住, 中国, 加油!"我从电视上看到这个场景, 心灵很受震动。这种场景不会出现在其他任何一个国家, 这是独一无二的中国精神, 因为惟有我们才有"家事、国事、天下事, 事事关心"的传承; 惟有我们才有"先天下之忧而忧, 后天下之乐而乐"的古训; 惟有我们才有上千年领先世界之后因内忧外患而跌入低谷的悲壮; 惟有我们才有通过改革开放而重新崛起并实现中华复兴的伟大抱负, 这一切最终都体现在"中国, 加油!"这一句发自中国人内心的呐喊之中。

这种中国特有的精神触动了世界。

西班牙《世界报》这样说: "这些志愿者、战士和救援人员不屈不挠的精神把这个已经无数次遭受过外来入侵和各种灾难的国家一次又一次地从废墟中拯救过来。"而中国在过去30年经历了巨变, 它的人民就是比别人"走得更快, 工作得更勤奋, 而且看得更远。"美国媒体也感慨: "在8级地震的废墟上站起来的中国, 是那么令人惊讶的现代、灵活、开放。"俄新社也发表评论: "我们知道, 一个总理在两小时内就飞往灾区的国家, 一个能够出动十多万救援人员的国家, 一个企业和私人捐款达到数百亿的国家, 一个因争相献血、自愿抢救伤员而造成交通堵塞的国家, 永远不会被打垮。"这次地震让全世界都看到了一个仁爱的中国，一个极具竞争力的中国，一个坚不可摧的中国。

地震后的 2008 年 8 月，随着一轴"中国画卷"的徐徐展开，举世瞩目的奥运会在北京盛装开幕。中国奥运军团的傲人成绩，中国民众的爱国热诚以及"四海之内皆兄弟"的宽广胸怀，再一次展现了这种可贵的中国精神。"真正认识中国和了解中国人是需要时间的。我正是用了几十年，才真正了解和感受到这个国家的伟大，这个民族的坚韧不屈和善良。"国际奥委会终身荣誉主席萨马兰奇用这番话表示了一个世界公民对中国精神的敬意。

中国人民有伟大的抱负，我们还有很长的路要走，我们还要虚心学习世界各国的长处，我们崛起的路上还会遇到各种挑战，围堵，甚至危机，但只要我们坚持百折不挠的中国精神，我们就能克服各种艰难险阻，最终实现中华民族的伟大复兴。

## 八、面向未来的中国模式

中国还在迅速而稳健地崛起。与此相比，从日本到整个美国，从希腊到整个欧盟，今天却陷入了危机。经济没有搞好，政治危机不断，热衷于推动颜色革命的西方突然发现自己竟面临着"希腊之春"的蔓延和"占领华尔街"的威胁。中国崛起的模式因而也成了国际社会最热门的话题之一。

中国模式在国内还有些争议，大致有两种人不赞成中国模式。一种是不赞成"模式"的提法。他们认为应该用"中国道路"等概念，因为"模式"这个词会给人一种发展道路凝固化的感觉，甚至有模式输出的嫌疑。但就我而言，"中国模式"就是"中国道路"，"中国道路"就是"中国模式"。只是"模式"这种表述方法国际上比较通用。"模式"这个概念在国际上更多地被解释成一种独特经验的总结，而非一成不变的僵化的东西，就像我们过去30来年中经常提到的苏南模式、深圳模式、浦东模式等一样，是对这些地方改革开放经验的总结，毫无僵化和强加于人的意思。

还有一种人是不赞成"中国模式"的内容。这些人只认同西方模式，他们认为只要你跟西方不一样，你就没有转型到位。从他们的角度来看，中国怎么能有自己的模式，世界上只有放之四海而皆准的西方模式。好在大多数中国人不信这个邪。要是中国人当初没有自己的主心骨，没有坚持自己独特的发展道路和模式，那么我们恐怕连整个国家都解体了，还谈什么中国崛起。

这些人今天又遇到了新的困境：他们最青睐的美国模式如今陷入了深重危机，导致美国民众资产大幅缩水，美国国运直线下降。这些人也许可以读一读美国日裔自由派学者福山先生2011年1月在《金融时报》上发表的《美国民主没有什么可以教中国的》一文。曾认为"历史发展到了西方制度就终结了"的福山先生写下这么一个标题就足以让人感叹了。

中国的崛起是一个超大规模的文明古国的崛起，她的历史和文化底蕴太丰富了。把美国模式搬到中国大概就像用麦当劳文化改造八大菜系，怎么可能成功？我们对美国模式的态度，应该是借鉴其合理的地方，就像麦当劳，也有不少值得我们借鉴的地方，但我们的基本立场不是让麦当劳征服八大菜系，而是要用八大菜系来吸纳麦当劳，最终把它的长处"收编"过来，而不是被麦当劳征服。

坦率地说，我们的模式也有自己的问题，但是美国模式乃至整个西方模式在非西方国家的表现实在太差。中国模式的成绩单除以2，除以4，除以6，都比采用西方模式的非西方国家亮丽。西方模式在西方本土的表现也越来越难以令人恭维，否则就不会有今天从希腊到美国的危机了。

面对未来，在政治方面，中国发展的大趋势将不是复制西方政治模式，而是在全球互动的基础上日益回归中国本土的政治理念，特别是"民心向背"和"选贤任能"的理念。这些理念也是今天中国模式的核心竞争力。中国已经在探索把"选拔"和某种形式的"选举"结合起来，这种方法的效果已经明显地好于西方单靠"选举"的模式，因为它坚持了中国人"治国必须是人才"的理念，有助于克服西方单靠"选举"带来的诸多问题，如缺乏人才观、短视主义、民粹主义、过度福利主义等。

在社会方面，中国社会发展的大趋势将不是西方所主张的社会与国家对抗模式，而是社会与国家之间大规模良性互动的模式。在经济方面，中国经济发展的大趋势将不是我们一些书生从西方教科书上批发来的，在西方也从未存在过的所谓"完全市场竞争模式"，而是现有的"混合经济"模式的进一步完善，即把"人本经济"与"市场经济""看得见的手"与"看不见的手"更好结合起来的一种现代"混合经济"模式。这种"混合经济"模式会有一个逐步完善的过程，但其总体竞争力已经给西方乃至世界带来了震撼。

中国是一个人口比欧盟、美国、日本、俄罗斯之和还要多的国家。过去30多年里，中国经历了一场翻天覆地的工业革命、技术革命、社会革命，但国家保持了团结和稳定，绝大部分人的生活水平有了显著提高，我们还成功地避免了 1997 亚洲金融危机和 2008 年的金融浩劫。纵观世界任何国家，能够取得其中一项，就已经了不得了，但中国几乎全部实现了，这就是中国模式成功的证明。

中国模式形成于全世界范围内的激荡和竞争之中，背后是数千年的伟大文明传承。有历史底蕴的东西就是有生命力，竞争产生的东西就是厉害，所以这个模式不会走向崩溃，只会进一步完善后走向更大的辉煌。中国模式亦是中国最重要的软实力之一。

在中国继续崛起的过程中，我们一定会更加开放，一定会更多、更广、更深入地融入世界，同时也会更多地珍视和维护自己的独一无二，因为正是这些独特之处构成了中华民族对整个人类智慧与文明的伟大贡献。中国崛起和中国模式已经触动了整个世界，并将继续触动这个世界，而我们也希望这个世界会因为这种触动而变得更加和平、人道、公正和美好。

# 原 版 后 记

　　一本书一旦出版，便获得了自己的生命，读者或褒或贬，均不在作者的掌控之中，但我也认为自己写作此书的意愿，即用中国话语来论述中国和世界，只会随着中国的崛起，而越来越具有生命力，因为它或多或少地反映了一个大势：西方话语已经难以解释今日之中国，也无法应对各种全球问题的严峻挑战。西方主导的这个世界矛盾重重，危机四伏，西方的智慧已不那么够用，世界需要中国的智慧。

　　用比较随意的文字和平铺直叙的风格来探讨与中国崛起有关的核心问题，对我也是一种尝试，因为我一直认为这类问题的研究和讨论应该超出象牙塔，超出刻板的说教，超出偏颇的西方话语，成为普通民众都可以理解、都可以参与的事情，毕竟这些问题涉及中国未来发展的方向，最终也关系到每个中国人的生活和利益。

　　本书初稿的一些章节曾先后在《学习时报》和《环球时报》上发表，引起了一定的反响，使我受到了鼓舞。《环球时报》网站还替我开设了专栏，使我的文章能够与更多的读者见面。我谨借此机会向《学习时报》的周为民总编和兰文飞编辑以及《环球时报》的王文编辑致以最诚挚的谢意。同时，我也真诚感谢所有关心我的读者，希望继续得到你们的帮助和指教。

写作期间，有机会在复旦大学、清华大学、北京师范大学、上海社会科学院、浦东干部学院等地作了演讲，使自己书中的一些观点得到进一步的提炼。成书过程中，又得到了许多学者和朋友的热情鼓励和帮助，特别是李君如、姜义华、萧功秦、刘吉、萧思健、沈丁立、陈志敏、殷存毅、黄仁伟、周建明、许世铨、李家泉、王群、齐书深、沈大伟、陆小潮、林令山、安建国、赵军湘等，这里谨向他们一并诚恳致谢。

我还要深深感谢我九十高寿的父亲张子嘉，他一直是我文字的第一读者，他的很多带有历史沧桑感的评论，总使我受到启发。

我更要特别感谢我的妻子慧慧和儿子逸舟。没有他们的理解、关心和支持，此书是难以问世的。

要感谢的人还有很多，特别是书中提到的那些与笔者交谈过的世界各地的朋友，他们帮助我更好地了解了这个世界。

最后，我还是感念邓小平。1988 年 5 月，一位发展中国家的总统来北京，希望邓小平谈谈中国改革开放的主要经验，邓小平回答："解放思想、独立思考，从自己的实际出发来制定政策。"他还补充说："不但经济问题如此，政治问题也如此。"总统接着又询问邓小平应该如何与西方打交道，邓的回答是四个字："趋利避害。"在本书完稿之时，在纪念改革开放 30 周年之际，谨以邓公的箴言与读者共勉、与国人共勉。

张维为

2008 年 7 月 26 日于日内瓦

**图书在版编目（CIP）数据**

中国触动：百国视野下的观察与思考 / 张维为著 .
—修订本 .—上海：上海人民出版社，2012
ISBN 978-7-208-10455-6

Ⅰ . ① 中… Ⅱ . ① 张… Ⅲ . ① 政治—研究—中国—现
代 ② 中国经济—研究—现代 Ⅳ . ① D6 ② F12

中国版本图书馆 CIP 数据核字（2011）第 253487 号

责任编辑　袁晓琳　蔡　欣
装帧设计　水玉银文化

世纪文景

**中国触动：百国视野下的观察与思考**

张维为　著

出　　版　世纪出版集团　上海人民出版社
　　　　　（200001 上海福建中路 193 号 www.ewen.cc）
出　　品　世纪出版股份有限公司　北京世纪文景文化传播有限责任公司
　　　　　（100027 北京朝阳区东土城路 8 号林达大厦 A 座 4A）
发　　行　世纪出版股份有限公司发行中心
印　　刷　浙江新华数码印务有限公司
开　　本　700 × 1020 毫米　1/16
印　　张　16.5
插　　页　8
字　　数　170,000
版　　次　2012 年 6 月第 1 版
印　　次　2014 年 8 月第 15 次印刷
ISBN　978-7-208-10455-6/D.2022
定　　价　36.00 元